启航生涯 点亮未来
小学生涯教育的探索与实践

潘淑幼 主编

·广州·

版权所有　翻印必究

图书在版编目（CIP）数据

启航生涯　点亮未来：小学生涯教育的探索与实践/潘淑幼主编. ——广州：中山大学出版社，2025.6

ISBN 978 - 7 - 306 - 08464 - 4

Ⅰ. G623.92

中国国家版本馆 CIP 数据核字第 2025HL3849 号

出 版 人：王天琪
策划编辑：张　蕊
责任编辑：赵琳倩
封面设计：曾　婷
责任校对：凌巧桢
责任技编：靳晓虹
出版发行：中山大学出版社
电　　话：编辑部 020 - 84111997，84113349，84110283，84110779，84110776
　　　　　发行部 020 - 84111998，84111981，84111160
地　　址：广州市新港西路 135 号
邮　　编：510275　　　　　传　真：020 - 84036565
网　　址：http://www.zsup.com.cn　　E-mail：zdcbs@mail.sysu.edu.cn
印 刷 者：佛山市浩文彩色印刷有限公司
规　　格：787mm×1092mm　1/16　18 印张　384 千字
版次印次：2025 年 6 月第 1 版　2025 年 6 月第 1 次印刷
定　　价：58.00 元

如发现本书因印装质量影响阅读，请与出版社发行部联系调换

编 委 会

顾　问：宋春燕

主　编：潘淑幼

副主编：邱燕芳　钟志慧

编　委：彭佩霞　林观有　何小文　何国星　潘智刚
　　　　王文朴　陈敏贤　刘　辉　毛景林　张纪红
　　　　朱国威　李　文　冯彩聘　姚志城　彭淑愠
　　　　黎芷彤　邱剑锐　邓浩斌　杨　莉　佘桂娜
　　　　蒋文彤　杨万红　甘杏莹　沈伟绪　黄舒婷
　　　　黄　冰　潘泳欣　魏骏霖

序

在人生的漫漫旅程中，小学阶段宛如晨曦初现，充满了无限的可能与希望。小学，是孩子们梦想开始萌芽的时期，更是他们认识自我、探索生涯、适应生涯的起点。在这人生的关键时期，对其开展生涯教育至关重要。早期为孩子们播下生涯的种子，才能为他们未来的道路奠定坚实的基础，使他们在面对人生挑战时，能够拥有更多的自信、决心和勇气，能更坚定地前行。

本书深入探讨了小学生涯教育的内涵及意义，详细介绍了小学生涯教育校本课程——出彩生涯课程，分享了具有小学生特点的、多样化的实施途径。校内有童梦生涯课堂、生涯主题班队会、"生涯日"主题活动，校外有校外导师进校园、社会生涯体验、"彩虹桥联盟"等。这些独具一格、别出心裁的活动为学生提供了全面、系统、个性化的生涯教育服务，也为教育工作者和家长提供了全面而清晰的实践框架。

本书主要内容包括生涯课堂教学配套的教学设计、各类生涯教育主题活动方案、社会实践课程、校外导师进校园课程以及生涯教育各类资源。课堂教学设计从培养健康的生活习惯，到激发兴趣与梦想，一步步引导学生认识自己、发现自己的潜力。社会实践课程和校外导师进校园课程的设置具有创新性和实用性。企业探索、职业体验等活动能够让学生跳出课本，真实地接触不同职业，从而拓宽视野，增强对社会职业的认知和理解。还有丰富的生涯教育资源，为小学生涯教育提供了坚实的支持与保障。

生涯教育是一项持久且深远的工作，需要我们投入长期的努力。因此，我们要充分认识到生涯教育的重要性，采取切实有效的措施，持续推进其深入发展。希望本书能像一盏明灯，点亮生涯教育工作者的实践之路，进而点亮学生的未来，让每一个学生的生涯都绽放出属于自己的精彩！

（华南师范大学副教授、硕士生导师，广东教育学会生涯教育专业委员会常务理事长）

目 录

第一章 对小学开展生涯教育的认识 ··············· 1
　　一、小学开展生涯教育的原因 ················· 1
　　二、小学开展生涯教育的内涵 ················· 3
　　三、小学开展生涯教育的方式 ················· 4
　　四、小学生涯教育校本课程的开发与实施 ········ 10
　　五、小学生涯教育集团创建 ·················· 19

第二章 小学生涯教育专设课堂教学设计 ············ 36
　　一、照镜子 ································ 36
　　二、说说我自己 ···························· 38
　　三、爱上不完美的自己 ······················ 40
　　四、健康的生活习惯 ························ 42
　　五、兴趣是动力之源 ························ 44
　　六、梦想守护计划 ·························· 46
　　七、青春的脚步悄悄来临 ···················· 49

第三章 小学生涯教育学科渗透课程教学设计 ········· 52
　　一、观中华国宝之赵州桥，争当最佳小导游
　　　　——小学语文渗透生涯教育教学设计 ········ 52
　　二、感动知学贵，职业见真情
　　　　——小学语文口语交际渗透生涯教育教学设计 ·· 57
　　三、生活与百分数
　　　　——小学数学渗透生涯教育教学设计 ········ 62
　　四、学做图案设计师
　　　　——小学数学渗透生涯教育教学设计 ········ 71
　　五、数学广角（搭配二）
　　　　——小学数学渗透生涯教育教学设计 ········ 75
　　六、Unit 3 Where did you go? Lesson 5 Read and write
　　　　——小学英语渗透生涯教育教学设计 ········ 78

七、《丽声妙想英文绘本》第一级 Where is baby?
　　——小学英语渗透生涯教育教学设计 …………………………… 83

八、从"中国制造"到"中国创造"
　　——小学道德与法治渗透生涯教育教学设计 …………………… 87

九、小水滴的诉说
　　——小学道德与法治渗透生涯教育教学设计 …………………… 94

十、魅力社区新生活之设计未来智能小区模型
　　——小学综合与实践渗透生涯教育教学设计 …………………… 98

十一、开心农场
　　——小学劳动与技术渗透生涯教育教学设计 …………………… 103

十二、紫菜蛋花汤
　　——小学劳动与技术渗透生涯教育教学设计 …………………… 108

十三、小小3D产品设计师：创意水杯
　　——小学信息技术渗透生涯教育教学设计 ……………………… 111

十四、小小园牌设计师
　　——小学美术渗透生涯教育教学设计 …………………………… 115

十五、嘎达梅林
　　——小学音乐渗透生涯教育教学设计 …………………………… 119

十六、造一艘小船
　　——小学科学渗透生涯教育教学设计 …………………………… 121

第四章　小学生涯教育主题班队会设计 ……………………………… 125
一、认识自我，引航前行 ………………………………………………… 125
二、不一样精彩的你和我 ………………………………………………… 127
三、密室逃脱之防火护生命 ……………………………………………… 131
四、隔代不隔爱，互学共成长 …………………………………………… 134
五、你我手拉手，共育文明花 …………………………………………… 138
六、"职"为你而来 ……………………………………………………… 141

第五章　小学生涯教育主题活动方案 ………………………………… 148
一、一年级学业生涯启航体验之旅活动方案 …………………………… 148
二、高年级学生学业生涯体验之旅活动方案 …………………………… 156
三、"感恩母校情，追梦向未来"六年级感恩礼活动方案 …………… 157
四、"厉害了，我的国"财商游戏节活动方案 ………………………… 159
五、"我是未来科学家"科创节活动方案 ……………………………… 161
六、"我是艺术小达人"才艺大赛活动方案 …………………………… 170

七、"我能行"最炫舞台展示活动方案 …………………………… 175
　　八、"梦起航，秀风采"未来职业梦想秀活动方案 ……………… 176
　　九、"梦飞扬，树理想"未来职业梦想说活动方案 ……………… 178
　　十、"出彩策展"活动方案 …………………………………………… 180

第六章　多彩社团成就出彩少年 ……………………………………… 184
　　一、和声悦耳，舞出绚丽彩虹 ……………………………………… 184
　　二、语言天地，彰显少年风采 ……………………………………… 185
　　三、创意工坊，描绘多彩世界 ……………………………………… 187
　　四、运动达人，身心和谐发展 ……………………………………… 188
　　五、科创未来，启迪智慧之光 ……………………………………… 189

第七章　小学生涯教育社会实践课程 ………………………………… 191
　　一、企业探索之参观联邦家私集团活动方案 …………………… 191
　　二、企业探索之参观广东中海万泰技术有限公司活动方案 …… 192
　　三、企业探索之参观佛山市艾乐博机器人股份有限公司活动方案 … 193
　　四、企业探索之"老赖不赖"超安全门窗馆研学活动方案 …… 194
　　五、"罗定爱之行"农家体验活动方案 …………………………… 195
　　六、"关爱零距离，情暖老人心"走进养老院关爱老人活动方案 … 196
　　七、"画出梦想的职业"暑假职业体验实践活动 ………………… 197

第八章　校外导师进校园课程 ………………………………………… 199
　　一、利用家长资源，提升职业认知
　　　　——家长进课堂活动方案 ……………………………………… 199
　　二、以校友之名，分享成长路
　　　　——校友返校分享经验活动方案 ……………………………… 200
　　三、小学生数字货币启蒙教育计划
　　　　——校外专家导师进课堂活动方案 …………………………… 201

第九章　小学生涯教育资源 …………………………………………… 203
　　一、小学生涯教育专设课堂之职业启蒙活动手册 ……………… 203
　　二、小学生涯教育校长说 …………………………………………… 213
　　三、构建生涯"生态圈"，让作业焕发活力 …………………… 237
　　四、寒假生涯教育项目式作业 ……………………………………… 239
　　五、暑假生涯教育项目式作业 ……………………………………… 242
　　六、大沥镇中心小学生涯教育"彩虹桥联盟"成立活动方案 … 248

第十章 小学生涯教育导师成长研究 ················ 250
一、教师职业生涯第一课 ······························ 250
二、基于教师职业生涯发展的增值评价探索 ················ 252
三、构建小学生涯教育家长导师培训体系 ················ 255
四、家长导师成长茶话会活动方案 ······················ 264

第十一章 集团经验 ·································· 268
一、健康生活之快乐毽球
　　——邵边小学毽球校本课程构建与实施案例 ············ 268
二、立足校本，多元发展
　　——生涯教育集团"五育融合"课程构建的规划设想 ······ 272

参考文献 ··· 276

第一章　对小学开展生涯教育的认识

一、小学开展生涯教育的原因

生涯之学立基石，着眼一生育人才。为实现我国发展战略目标，满足学生发展指导需求，开创国内系统开展小学生涯教育的路径，大沥镇中心小学从多个角度思考、开展生涯教育。

（一）基于夯实小学生成长根基的需要

小学阶段是世界观、人生观、价值观的奠基阶段，是儿童发展的关键阶段。在此阶段，小学生逐渐展现出对个人生理及心理健康的关注，并开始掌握体验式学习和创意性思考的技能。此时，我们可以通过对小学生进行有意识的生涯教育，帮助小学生建立起健全的心智和完善的人格，引导小学生学会自我认识。同时，加深他们对生命价值、生活意义的理解，引起他们对自身发展潜力与未来人生道路的关注。帮助他们学会建立起所学知识与理想追求之间的联系，规划未来人生发展的方向，并不断调整、摆正自己在人生发展中的位置。让学生学会感悟生命、感恩生活、规划生涯，知道"我是谁""我要到哪里去""我该如何到达那里"。帮助他们从小树立起"世界因我而不同""有我在，中国一定强"的坚定信念，明白他们的任务不是简单的学习、考试、做作业，而是要创造性地去解决生活、生命、生涯中的各种问题，成为中国特色社会主义建设者和接班人。

（二）基于新时代人才培养要求

《国家中长期教育改革和发展规划纲要（2010—2020年）》提出：建立学生发展指导制度，加强对学生的理想、心理、学业等多方面的指导。[1] 党的二十大报告提出：培养什么人、怎样培养人、为谁培养人是教育的根本问题。育人的根本在于立德。全面贯彻党的教育方针，落实立德树人根本任务，培养德、智、

---

[1] 中共中央、国务院：《国家中长期教育改革和发展规划纲要（2010—2020年）》，见中华人民共和国中央人民政府网（https://www.gov.cn/jrzg/2010-07/29/content_1667143.htm）。

体、美、劳全面发展的社会主义建设者和接班人。① 《关于深化教育体制机制改革的意见》强调培养学生的四大关键能力：认知能力、合作能力、创新能力和职业能力。② 中国少年先锋队第七次全国代表大会上，习近平总书记寄语全国各族少年儿童从小学习做人、从小学习立志、从小学习创造，强调童年是人的一生中最宝贵的时期，在这个时期就注意树立正确的人生目标，培养好思想、好品行、好习惯，"今天做祖国的好儿童，明天做祖国的建设者，美好的生活属于你们，美丽的中国梦属于你们"。③

从以上人才培养要求中，我们可以看到未来社会发展人才培养的目标和方向。我们认识到教育应顺应时代需求，而生涯教育能更加有效地使人才培养符合社会经济发展的需要。它致力于引导学生将在学校所学的知识与实际职业及生活需求相结合，进而在个体社会化的进程中，将社会价值融入个人价值体系，并运用于自我发展之中。同时，在追求个人价值实现的过程中，积极为社会的繁荣与进步作出贡献。

（三）我国小学生涯教育阶段性缺位，对学生发展指导不足

近年来，在新高考改革的推动下，生涯教育受到了广泛关注，目前生涯教育主要集中在中学教育阶段、高等教育阶段、职业教育阶段，但在小学阶段仍处于缺位状态。根据皮亚杰划分的认知发展阶段，可知小学生处于具体运算阶段，开始去中心化，小学阶段是儿童社会化发展的重要阶段。④ 而根据舒伯划分的生涯教育五个阶段，小学处于第一阶段，是生涯教育不可缺少的一环。另外，小学开展生涯教育非常重要，能为学生认识自我，学会选择，主动适应变化，建立与外部环境、未来发展的联系打下基础。在我国出现的小学生涯教育阶段性的缺位，容易导致对学生发展指导不足，不利于学生全面而个性化发展。

（四）小学生涯教育未形成完整体系，难以对学生实现系统指导

相比于20世纪50年代已形成完整生涯教育体系的西方国家，我国生涯教育

---

① 习近平：《高举中国特色社会主义伟大旗帜　为全面建设社会主义现代化国家而团结奋斗：在中国共产党第二十次全国代表大会上的报告》，见中华人民共和国中央人民政府网（https://www.gov.cn/gongbao/content/2022/content_5722378.htm）。

② 中共中央办公厅　国务院办公厅：《关于深化教育体制机制改革的意见》，见中华人民共和国中央人民政府网（https://www.gov.cn/xinwen/2017-09/24/content_5227267.htm）。

③ 《习近平"六一"寄语全国各族少年儿童》，见新华网（http://www.xinhuanet.com/politics/2015-06/01/c_1115476644.htm）。

④ ［美］J. L. 库克、G. 库克：《儿童发展心理学》，和静、张益菲译，中信出版集团2020年版。

开展得较晚并正处于起步阶段，虽初获成效，但依然不成系统。特别是小学生涯教育未被作为统一开设的课程，没有统一的大纲和实施细则来保障实施，更没有将其纳入学校教育教学的整体系统中进行统筹考量、合理规划、科学设计，难以对学生进行系列化、序列化发展指导。

小学阶段开展生涯教育，有利于学生认识自我，认识社会；有利于学生了解并适应社会发展需求，树立积极的人生理想，并根据自己的实际需要对未来可能要面对的问题提早进行积累和准备；有利于学生一生的发展。

二、小学开展生涯教育的内涵

（一）生涯教育的定义

生涯教育的概念最早由美国联邦教育署前任署长马兰博士于1971年提出，旨在引导青少年关注个人的生涯与未来发展。他认为生涯教育是全民的教育，从义务教育开始涵盖高等教育及继续教育的整个过程，这种教育同时兼备学术与职业功能，能满足升学及就业准备的需求。由此，美国教育总署对生涯教育作出定义，认为生涯教育是一种综合性的教育计划，其重点放在人的生涯，即从幼儿到成年，按照生涯认知、生涯探索、生涯定向、生涯准备、生涯熟练等步骤逐一实施，使学生获得谋生技能，并建立个人的生活状态。[1]

我国学者朱凌云从广义和狭义的角度对生涯教育作了具体阐述，生涯教育广义上泛指学校所进行的以学生终身发展为目的的一切课程和教育活动，狭义上是指为帮助学生进行生涯设计、确立生涯目标、选择生涯角色、寻求最佳生涯发展途径的专门性课程与活动。[2] 生涯教育面向人的终身发展的理念得到广泛认可，越来越多教育者开始研究生涯教育，我国的中小学也开始尝试开展生涯教育。此外，生涯教育越来越受到教育行政部门重视。2018年，上海市教育委员会发布了《上海市教育委员会关于加强中小学生涯教育的指导意见》，第一次以文件的形式对中小学生涯教育进行了说明：中小学生涯教育是运用系统方法，指导学生增强对自我和人生发展的认识与理解，促进学生在成长过程中学会选择、主动适应变化和开展生涯规划的发展性教育活动。[3]

经过多年的探索，综合学界对于生涯教育概念的不同表述，结合时代要求、集团特色及小学生的年龄特点，我们对小学生涯教育进行了新的解读：小学生涯

---

[1] 沈之菲：《生涯心理辅导》，上海教育出版社2000年版。
[2] 朱凌云等：《中小学生涯教育理论与方法》，北京师范大学出版社2015年版。
[3] 《上海市教育委员会关于加强中小学生涯教育的指导意见》，见上海青浦政府网（https://www.shqp.gov.cn/shqp/zwgk/zxgk/20200902/792407.html）。

教育是帮助学生更好地认识自我，认识世界，联结未来，为成为全面发展的社会主义建设者和接班人做准备的教育。

（二）小学生涯教育的特点

生涯教育着眼于人一生的发展，具有整体性和终身性的特点。而小学生涯教育具有奠基性和衔接性的特点。

1. 奠基性

小学阶段是世界观、人生观、价值观的奠基阶段，是生涯教育不可缺少的一环，具有奠基性的特点。

2. 衔接性

小学生涯教育不只关注小学阶段的教育，还把握"幼小衔接""年级勾连""小初一贯"的关键点，对学生进行整体发展指导，关注学生终身发展，具有衔接性的特点。

三、小学开展生涯教育的方式

在小学开展生涯教育需注重加强顶层设计和整体规划，着力发挥学校、家庭、社会的育人合力，与学校各类教育教学活动有机融合，通过"全学科"渗透、"全方位"渐进、"全贯通"浸染的方式，在环境、师资、机制、实施、课程、科研、宣传等多个方面采取措施，共同合力推进。

（一）建立"彩虹桥联盟"

1. 建立校外实践基地

生涯教育不是一种关起门来的教育，实践性、社会性是其主要的特征及价值。我们将充分利用大沥镇浓郁的商业氛围、乡土文化资源、产业资源开展综合实践活动，整体规划教育社会实践活动体系。整合社区、企业、高校、中学、家庭五方资源建立"彩虹桥联盟"，建立生涯教育联动机制，共同制定生涯教育方案，合力协同开展系列活动。注重建设渠道，挖掘校外优势资源，建立不同领域的实践基地（如图1-1所示），如依托企业建立创新科技体验的实践基地，依托社区建立社会服务体验的实践基地，依托非物质文化产业中心建立传统文化体验的实践基地，依托附近高校建立高校教育体验的实践基地，依托金融机构建立财商经贸体验的实践基地等。

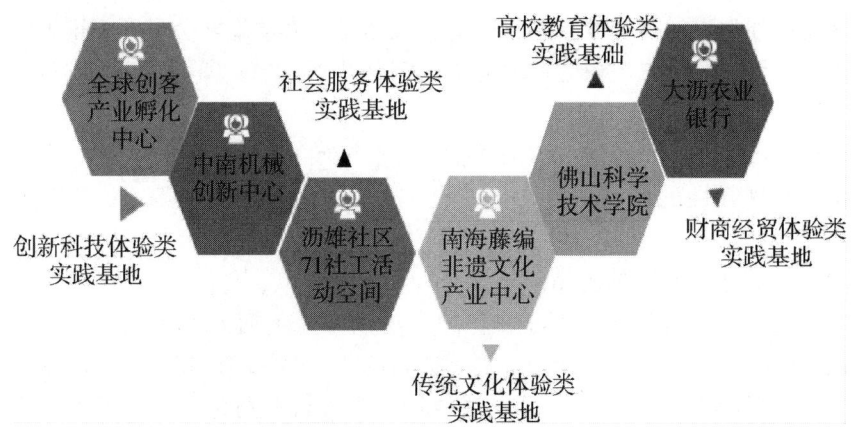

图1-1 六大类型生涯教育

2. 建立"家校共育联盟"

以生涯教育为主题,建立校级家长委员会、班级家长委员会、家长义工和家校导师团等组成的"家校共育联盟"。一方面通过提供亲子沟通指导、青少年身心保健等方面的服务,引导家长参与家庭生活指导培训,帮助家长掌握家庭管理和人际沟通的知识与技能,营造健康和谐的家庭氛围;另一方面深入挖掘优质的家长教育资源,建立家长服务资源库,并对家长资源进行收集整理,根据生涯教育活动的需要与家长资源进行对接,通过"家长导师课堂"等形式让家长参与生涯教育,形成家校合力共育的良好局面。

(二)建设"七彩校园"文化

1. 建设体验式的环境教育文化

(1)建设"彩虹"色彩乐园。

小学生涯教育是立己立人的教育,目标是引导每一位学生画出属于自己的"生命彩虹",学校根据"彩虹"的七色特征构建七种颜色的视觉环境,并赋予每一种颜色以知识属性与心理属性两种育人功能。知识属性方面,用红、橙、黄、绿、青、蓝、紫分别对应人际交往、生命健康、传统文化、生态自然、经济民生、科学技术、国际视野七大领域知识,培养学生发展核心素养;心理属性方面,依据色彩心理学理论,七种颜色分别可以对应七种心理性格,通过营造心理颜色视觉感让学生得到熏陶,获得体验,形成积极的人生态度,从而实现认识自我、悦纳自我、发展自我、实现自我的生涯教育目的。

(2)建设角色体验场景群。

依托"彩虹"的色彩环境,创建对应知识领域的学习环境与角色体验场景,建设与真实社会一样的社会形态和景观,提供一系列逼真的社会场景和职场角色扮演。在学校里,学生们接触"社会"、了解"社会",并成为"社会"的主人，从而增强学生学习和社会生活中的实践体验，为学生学会合理安排生活，摆正自己在生活中的位置，树立远大理想奠定基础。

（3）建设主题文化景观群。

学校将致力于把学校建设成为学生学习的乐园、教师乐教的家园、人人流连的花园，开展显性的校园主题文化建设，包括：铺"彩虹路"，绘"梦想墙"，建"特色廊"。

（4）建设生涯教育体验馆。

生涯教育体验馆是开展生涯教育的专用场馆，包括七个功能分区，分别是"个体辅导畅谈区""团体辅导区""心灵阅览区""沙盘游戏区""情绪疏导区""身心放松区"和"职场体验区"。通过模拟多种行业角色与工作情景，获得行业体验感和学业成就感，培养职业兴趣和能力。场馆室内配备心理沙盘、宣泄器材、音乐放松按摩椅、心理测评系统、多媒体网络平台等设备设施。

2．建设基于"互联网+"理念的智慧校园文化

基于"互联网+生涯教育"，利用信息化手段与技术建设智慧校园，构建个性化网络学习空间，让生涯教育信息化平台资源无缝融入教师、学生、家长个人空间。个人空间集合教与学、资源应用、交流协作与个性化展示等功能，配备先进的可交互智能学习设备，开展打破时空界限的泛在学习，让学生足不出户即可联通天下，立足现在，感知未来，达到"人生有涯，而知无涯"的境界。

3．构建学校特色理念文化

通过专家指导，把小学生涯教育的理念及育人价值与学校现有的文化理念（包括一训三风、校徽、校歌等）进行统整思考，深入研讨、挖掘，不断完善和构建办学理念文化体系，使之既能体现学校特色，又能准确体现新时代特征；既能起到激励师生、引领师生前进，推动学校发展的作用，又能成为学校文化传承的精粹。

4．构建全方位跨时空的泛在学习文化

我们秉持泛在学习的核心理念，多措并举拓宽育人渠道，构建"随风潜入夜，润物细无声"的泛在学习文化。充分利用宣传栏、墙报、校刊、电子屏等进行生涯教育的相关宣传教育，充分利用《小星星》电视节目、《小铃铛》电视节目等定期播放生涯教育相关音像，充分利用学校网站、微信、微博等网络渠道，形成全方位跨时空的泛在学习文化。

5．建立特色品牌学校制度文化

成立特色学校并创建工作领导小组和工作小组，由校长作为负责人，全面统筹，负责总体推进，制定相关政策，定期集中部署工作，协调各方关系。各工作小组各尽其责，保障各项工作落实到位。

（三）多管齐下，打造"多彩导师"团队

立足全员育人的理念，立足为学生终身发展奠基的愿景，建立教师、家长、学生"多彩导师联盟"，构建生态化的育人环境，通过"创建队伍、因需定培、实践应用、评价发展"的四环发展策略促进队伍发展，形成师生、家长"达共同之理想，齐万众于一心"的价值追求。

1. 组建"多彩导师"生涯教育共同体

根据生涯教育的实施需要，我们创建了以教师导师为主导、学生小导师协助和校外导师补充的凝心聚力的导师队伍（如图1-2所示）。

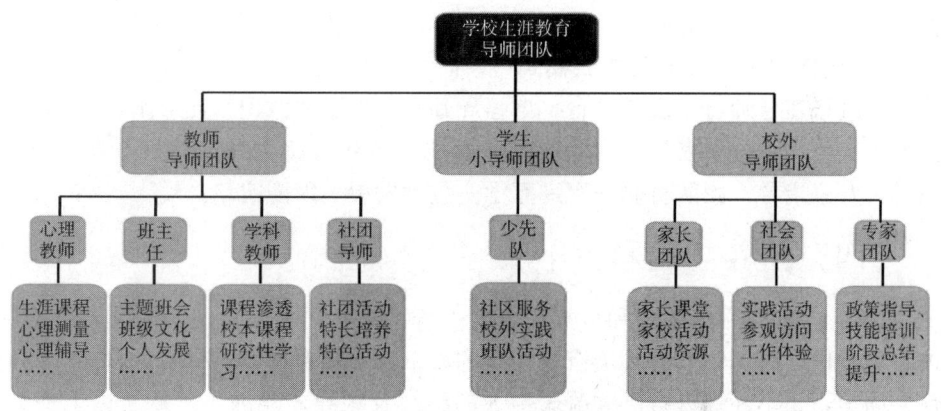

图1-2 学校生涯导师团队框架

教师导师由生涯导师（专职心理教师）、班主任（中队辅导员）、学科教师（特长教师）、社团导师组成。生涯导师负责生涯教育校本课程的实施，班主任通过班会课、队会课等开展生涯教育主题活动，学科教师利用课程渗透开展生涯教育，培养学生的兴趣，发展学生的特长。

学生小导师由学校的大队委、班队干部、特长学生组成。学校立足在学生群体中"培养一批—带动一批—整体提升"的思路，让他们参与对学生的管理，参与活动的策划，收集其他学生的意见与意愿，与学校沟通，让他们成为"孩子们的代表"。另外鼓励小导师们发挥自己的特长，组建团队运作自己的社团，培养领导力。

校外导师主要由高校专家、家长代表及社会团队等组成。通过深度挖掘家长资源、专业院校资源和社会资源，形成稳定的校外支持系统。成立学生的校外实践基地，到企业参观，到社区服务；与高校、机构对接，引入培训资源，指导学校生涯教育的开展；与国内外生涯教育先进学校结对，交流提升。实现教育资源的多方整合，为学生创造更多、更好的生涯教育的资源。

2. 建立"多彩导师"成长体系

（1）实施"品格工程"，促进导师立体化发展。

①划分"三格"培养层次，即分为校外导师"入格"培养、学科导师"升格"培养、专业导师"风格"培养。

②构建"三为"体系，即以"品德为本、能力为基、科研为体"为主线的导师发展体系，创设关键人物、关键事件、关键书籍，通过培训指导使导师们成为"多彩导师"。

（2）实施"双'子'工程"，打造卓越队伍。

一是"树牌子"。打造名、特、优导师，加大宣传力度，并激励其他导师朝这个方向发展。二是"搭台子"。创设条件，搭建平台，让导师们施展才华，互相学习，助人自助，立己达人。

3. 构建"多彩导师"成长模式

通过搭建导师自主成长平台，增强导师自主发展的意识，使导师在成长的道路上收获成功、分享喜悦、共同成长，形成具有我校特色的"多彩导师"成长模式：专家指导—团队科研—互助互学—主动发展—因需定培。

（四）培养"出彩少年"

20年、30年后的中国和世界需要什么样的人？需要对自己、对父母、对集体、对工作、对民族、对人类有责任心的人，需要具有懂得有效与人沟通，与同伴共同学习，不断提升自己和凝聚他人的组织及领导才能的人。基于以上理解，我们将以"三个通过"与"三个实现"的方式开展全员参与、全程指导、全面发展的学生生涯教育。

1. 建立学生发展指导机制，实现培育方式的创新

建立"学生发展指导制度"，建立"学生发展指导中心"，建立导师制，对学生进行生涯指导，让教师真正成为学生思想上的引导者、学业上的指导者、生活上的启导者、心理上的疏导者，让学生学会学习，学会生活，全面发展。

2. 多途径、全方位推进，实现学生主动健康发展

（1）开设生涯教育课。

为确保生涯教育的实施效果，我们依托活动手册，针对学生群体，开展有目的、有计划、系统化、内容丰富的生涯教育。利用心理活动课、班队会课等，通过玩游戏、实践体验、讲故事、角色扮演等形式引导学生认识自我、了解社会、关心他人、积极思考，明确学习目的、端正学习态度、提高学习效率、养成良好的行为习惯。

（2）在学科教学中融入生涯教育。

在各类学科的课堂教学过程中，我们致力于发掘并融入显性或隐性的生涯教育内容，以潜移默化的方式对学生产生积极影响。我们鼓励学生向教材中描绘的

成功者学习，并以此为契机，推动全校范围内生涯教育的深入开展。我们致力于培养学生形成自我教育的良好习惯，指导他们学会观察、分析、评价自身，从而不断增强在学习和社会实践中的经验积累。通过这一过程，学生将学会如何合理安排生活，明确自身在社会中的定位，树立初步的理想，并为之不懈努力，以实现自我价值。

（3）利用主题班会活动开展生涯教育。

班主任是开展生涯教育的主体力量，应充分利用班队会时间开展丰富多彩的活动，从而对学生进行生涯教育，引导学生树立正确的价值观、人生观和世界观，以豁达的胸怀面对学习、生活。通过多姿多彩的集体活动培养学生各种能力，增长知识，陶冶心境。

（4）将生涯教育融入校园文化活动之中。

将生涯教育纳入学校整体管理和文化建设中，进行有意识的引导，发挥校园环境建设、文化建设等方面的教育作用。采取结合校内外资源的做法，相互沟通，相互协调；结合校内外的活动与计划，充分利用校园资源，达到对学生进行生涯教育的目的。通过建立健全读书计划、读书管理监控机制等，将阅读转化为助力学生自觉成长的课程，影响和促进学生正确的价值观、人生观和世界观的形成。

（5）开展丰富多彩的主题体验活动。

以兴趣为导向，开展丰富的体验活动，开阔学生的视野。每年进行各种艺术节活动，如举行合唱节、经典诵读、艺术创作、科创节活动等。开展多种人文活动、体育竞赛等，为学生搭建发现兴趣爱好，发展潜能和特长的平台，熏陶学生的气质，塑造其品格。

（6）开展生涯教育的社会实践活动。

充分利用各级各类大课堂、青少年教育基地、职业体验基地、公共文化设施开展生涯教育活动，拓展学生的生活技能训练和体验。例如组织学生到职业体验基地，参加职业体验活动，沉浸式体验社会各行各业的工作，让学生们从中感受到爸爸、妈妈、老师工作的不容易，感受到各行各业工作的困难与乐趣。

3. 实施"七彩梦计划"，让孩子有梦、追梦

我们在小学开展生涯教育的时候需要为孩子们创造一个敢于有梦，勇于追梦，勤于圆梦的成长环境。让他们更了解自己、了解社会、了解未来，打开他们的眼界，让每一个孩子树立梦想，让他们每一个学期都有一个"小目标"并为之努力奋斗。我们会在每学年度开学的第一天开展"新学期、梦起航"的主题活动，让孩子们在"梦想墙"上贴上自己的"小目标"，学校会把他们的这些"小目标"保存起来，挑选其中有代表性的在校园电视《小星星》电视节目中展示，学期末会把"小目标"发还给孩子们，让他们回顾实现"小目标"的奋斗历程以及取得的效果和收获。

（五）建设"七彩生涯"校本课程

鉴于孔子的因材施教原则、加德纳的多元智能理论及霍兰德的个性职业匹配理论，我校在"大课程"理念的指导下，经过深入研究和精心策划，成功开发并实施了具有校本特色的"出彩生涯课程"（具体见本章第四节）。我们以国家课程、地方课程为基础，以校本课程为核心，以综合实践课程为拓展，构建富有特色的出彩生涯课程体系，把生涯教育做深、做宽、做广、做长。在"深"方面，由专业的生涯教育导师（心理健康老师、班主任）开展专业的生涯知识的学习、生涯能力的训练，让学生学会生涯的探索与管理；在"宽"方面，通过协同导师（学科教师）在各学科课堂上的学科渗透，潜移默化地影响学生，推动全校性生涯教育的开展；在"广"方面，通过校外导师在家庭、社区、企业等开展各类社会大课堂，拓宽学生视野，增加生活体验；在"长"方面，立足小学阶段的六年成长，着眼人的终身发展，帮助学生从小立志并为之奋斗终身。

（六）科研引领，打造生涯教育特色品牌

充分发挥创建特色品牌学校项目在学校教育整体改革科研方面的引领作用，制定《大沥镇中心小学"生涯教育"教育科研三年发展规划》，扎实开展层次分明、系统性强的研究，力争取得有较高学术和推广价值的科研成果。

以"基于生涯教育的学生发展指导研究"为总课题，下设系列子课题、系列微型课题，为生涯教育服务。完善课题管理与评价机制，做到研究系统、有序、科学、规范，注重研究的总结交流与成果推广，发挥科研的引领与服务功能，推动特色学校创建。

鼓励教师根据自己的优势领域找准问题的关键点，学科教师可以关注自己所教授学科的内容与生涯教育的结合问题，班主任可以关注如何通过班级管理和家校合作开展生涯教育，专职生涯教育教师或心理健康教育教师可以从学生人格、优秀品质发展、个别辅导等方面做一些追踪研究，不同岗位的教师都可以根据自己的业务领域找到一些细小的研究点，不断深入，持续探索。

四、小学生涯教育校本课程的开发与实施

开发与实施校本课程是落实教育教学改革的有效策略和重要手段。现代社会日新月异，发展迅速，对人才的需求逐渐增加。为满足社会发展需求，我们结合学校办学特色给学生提供适合发展的教育，开展"以生为本"的小学生涯教育校本课程建设。

第一章　对小学开展生涯教育的认识

（一）搭建小学生涯教育校本课程结构

经过多年的探索，我校根据小学生涯教育的内涵与特点，开发了小学生涯教育校本课程，搭建了出彩生涯课程结构（如图1-3所示）。课程以"让每一个孩子都出彩"为理念，以"培养有梦想、有本领、有责任的出彩少年"为目标，以"认识自我、探索生涯、适应生涯"为内容，指导孩子们认识自我，探索自我，适应目前的学业和生活及未来的生活和工作，发挥优势，树立梦想。

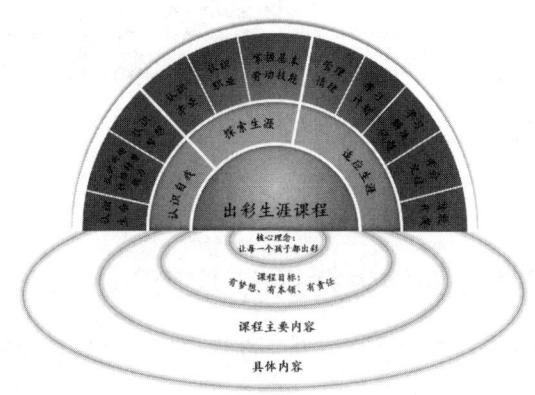

图1-3　出彩生涯课程结构

1. 课程理念：让每一个孩子都出彩

"让每一个孩子都出彩"，是指通过生涯教育赋予孩子们更多成长能量，弥补以往小学教育中生涯教育的阶段性缺位，指导孩子们认识自我，探索自我，适应学业、生活和未来的工作，发挥优势，实现梦想。在小学阶段，收获自信、健康成长，酝酿未来人生的出彩。

2. 课程目标：培养有梦想、有本领、有责任的出彩少年

有梦想：初步树立梦想，为成为德、智、体、美、劳全面发展的社会主义建设者和接班人而努力，明确发展目标和人生发展方向。

有本领：有认识自我的能力、选择能力和主动适应变化的本领。

有责任：具有对自我和他人的责任担当意识。

学生经过发展指导，优势得到充分发展，在不同方面表现突出，成为有梦想、有本领、有责任的出彩少年。

3. 课程内容：认识自我、探索生涯、适应生涯

要培养"有梦想、有本领、有责任的出彩少年"，需要指导学生正确认识自我，认识社会，适应社会，进而联结未来。基于此，我校确立了"认识自我、探索生涯、适应生涯"的课程内容（如图1-4所示）。

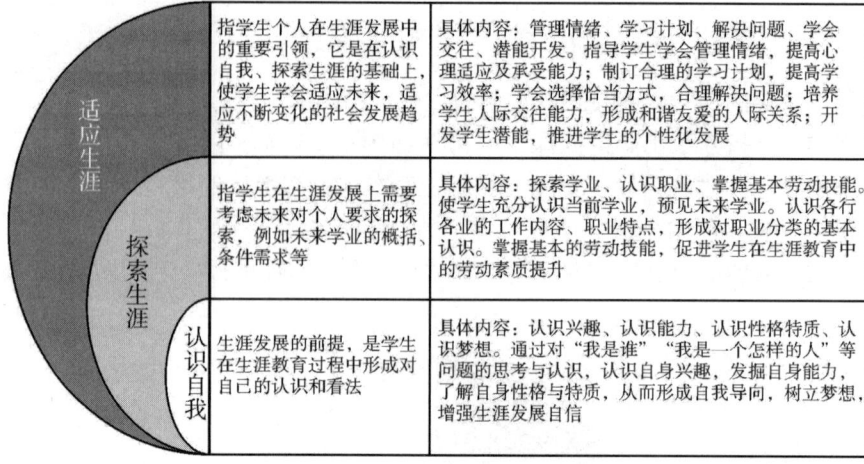

图1-4 出彩生涯课程内容

（二）探索具有小学生特点的实施途径

依据出彩生涯校本课程的课程内容、课程目标，在校本课程实践中，探索具有小学生特点的多样化的实施途径（如图1-5所示）。

图1-5 生涯教育实施途径

1. 专设童梦生涯课堂

专设每两周一节生涯教育课，运用《童梦生涯活动手册》，由心理健康老师和班主任以班级为单位组织实施。

2. 实施学科渗透

由学科老师挖掘国家课程当中关于生涯教育的内容，在学科教学渗透中模拟未来学业或职业情景，让学生在模拟的情境中进行角色体验。

3. 开展生涯主题班队会

由班主任（中队辅导员）在每周的班队会时间通过榜样引领，引导学生角色体验、讨论辨别，落实生涯教育内容。

4. 推进校外导师进校园

校外导师由家长、校友和其他行业精英组成。每学期根据学生年龄特点，邀请校外导师开设生涯讲座，以榜样引领的方式帮助学生了解未来学业和未来社会所需能力，激发学生对职业的向往。（见表1-1）

表1-1 校外导师进校园活动

类别	姓名	身份	主题
校友	李卓桂	市美德少年	最大的胜利就是战胜自己
校友	陈焕枝、陈信枝	企业高管	分享成长故事
家长	李巧稚	医生	多彩的生命 无限的奇迹
家长	张翠	职业学校教师	职业教育
行业精英	傅前哨	全国优秀国防科普作家	种下一颗科技与爱国的种子

5. 举办生涯日主题活动

活动包括心理游园活动、学业生涯体验之旅、未来企业家财商游戏节等，加深学生对未来学业或职业的了解，促使学生发掘专长，激发成长动力。如依托大沥镇浓厚的商贸之风，开展"财商拓视野，筑梦赢未来"财商游戏节主题活动，学生通过体验生产工人、销售、理财师、企业高管、拍卖主持等角色，综合运用所学的知识，增强财商意识。又如"学业生涯之旅"，学生通过体验活动，模拟小升初、初升高、高考、大学生活及大学毕业，面对人生的交叉点和种种挑战，做出人生决定，以了解自己的优点、弱点和盲点，发现成长机遇，及时调整自我，做好发展计划。

6. 进行社会生涯体验

社会生涯体验是学生利用课外时间进行的社会实践活动，如"跟着爸妈去上班""实训基地职业体验""企事业单位跟岗实习"等。

（三）建设丰富资源

我校紧扣"认识自我、探索生涯、适应生涯"的课程内容，在实践过程中逐步建设认知资源和实践资源（见表1-2）。

认知资源包括印品资源和"校长说""教师说""学生说"微课堂。印品资源指将生涯经验印刷成册发给学生，其中以"童梦生涯"为主要内容的课堂活动手册帮助学生了解自身性格与特质等，发掘自身能力，帮助其进一步认识自我。"校长说"微课堂配套台历则帮助学生增进对职业分类的基本认识，掌握基本劳动技能，激发探索生涯的热情。"教师说""学生说"微课堂引导学生从身边人、身边事感悟生涯，学习如何适应生涯。

实践资源包含"彩虹桥联盟"。通过联合家长、学校、社会各方的资源构建成项目驱动的合作平台，促使学生在多样情境中实现交往、计划、管理等多元能力的提升，使学生进一步适应生涯。

表1-2 小学生涯教育资源一览

项目类型	名称	说明	图片
认知资源	印品资源	提炼生涯经验，撰写印刷的资源。包括课堂活动手册、论文案例集、校本教材、创客作品集、职业体验游戏棋、社团活动手册、活动方案等十套	课堂活动手册　社团活动手册
	"校长说"微课堂	以每月职业主题日为课程主题，由校长录制的职业科普的短视频和配套纸质职业台历组成	"校长说"系列视频　生涯教育台历

续上表

项目类型	名称	说明	图片
实践资源	"彩虹桥联盟"	整合社区、企业、高校、学校、家庭五方资源，创建联盟平台。合作模式以"规划先行、平台铺路、项目驱动"为理念	"彩虹桥联盟"成立活动

（四）开发多元动态评价工具

我校注重对学生进行生涯评价，开发多元动态课程评价工具，包括自我评价脑图、角色档案、角色勋章等。这些评价工具围绕"认识自我、探索生涯、适应生涯"三大课程内容进行评价，家长、教师、同伴和学生自身共同参与，过程与结果并重，借助评价工具全面评价学生的成长历程，发挥评价对学生生涯发展的促进作用（如图1-6所示）。

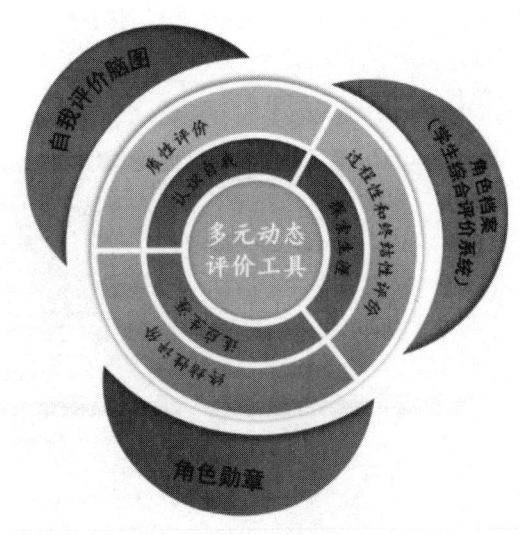

图1-6　多元动态评价工具

1. 自我评价脑图

在"认识自我"这一课程内容上，我校运用质性评价方式，开发自我评价脑图（如图1-7所示）。评价角度有基本信息、兴趣爱好、主要优点、主要缺点、我的梦想、我的描述六方面。学生针对六个维度进行自我观察、诊断和分析，用内在的判断标准来反馈和调节个人行为，通过对外在表现的初步认识转向内部品质的深刻认识。

图1-7　自我评价脑图

2．角色档案

在关于"探索生涯"这一课程内容评价上，我校不仅开展传统口头上的过程性评价和评语上的终结性评价，还利用大数据优势，自主开发了"学生综合素质评价系统"，通过建立学生电子角色综合性档案，实现过程性评价与终结性评价相结合。档案中的角色包括"运动小达人""小小科学家"等。借助系统，智能化整理出每一名学生六年的评价序列，生成角色成长轨迹，形成角色档案，精确呈现学生的出彩项目（如图1-8所示）。

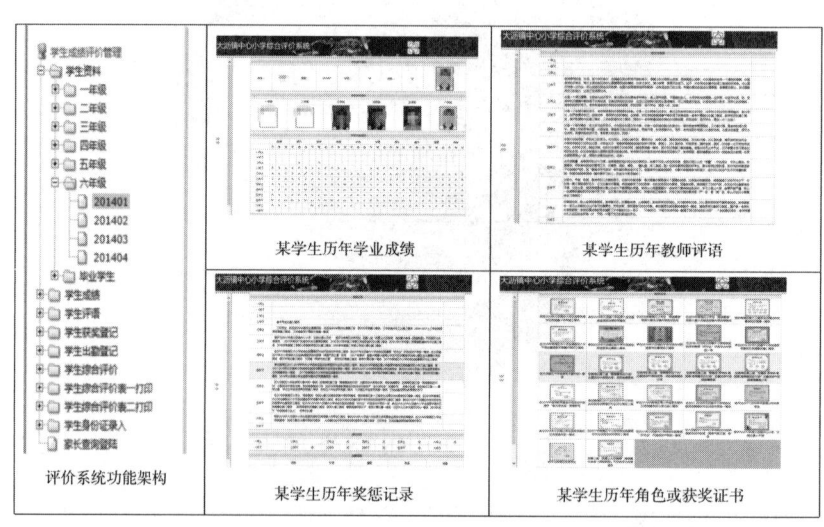

图1-8　角色档案（学生综合评价系统）

3. 角色勋章

在关于"探索生涯"这一课程内容的评价中，我校运用终结性评价方式，设计了"角色勋章"评价，每个"角色勋章"聚焦一种角色的必备能力和品质精神，包括"雷锋勋章""小军人勋章""劳动卫士勋章"等。每月进行一次"勋章"评选，并通过小程序平台发布勋章获得情况，张贴勋章获得者的照片、简介，在国旗下颁奖，获奖代表发言等形式，激发学生发展内驱力。

（五）课程实施取得的效果

1. 促进学生出彩

学生们在我校生涯教育校本课程的浸润下，实现了全面和个性化的成长，每个人都得到了展现自我的机会。

近年来，我校学生德、智、体、美、劳全面发展。在市和区各科的质量检测中，成绩名列前茅。斩获区级以上奖项共计 2179 人次。学校获佛山市南海区中小学生学科核心素养培养先进单位一等奖。

我校学生得到个性化发展。合唱团获国际白金奖（最高奖）等 7 项国际奖、2 项国家级奖；舞蹈社团在"第 8 届全国全民健身操舞大赛总决赛"中获国家级一等奖，舞蹈社团成员罗晞独舞获全国二等奖；辩论社团获全国一等奖；游泳社团成员获省冠军等。

2. 成就教师出色

近年来，我校教师依托生涯教育，锐意进取，在课程建设、协同育人、教科研等方面都有出色表现。

（1）教师课程改革成果区内领先。

近 6 年，共有 19 人次被评为区级课程改革先进个人，共有 6 人次开发的课程荣获区精品课程。同时，1 名教师担任广东教育学会生涯教育专业委员会常务理事，2 名教师担任广东教育学会生涯教育专业委员会理事。

（2）教师教科研成果显著。

①项目覆盖广泛。近年来，我校研究课题项目共计 151 项，其中，国家级课题 2 项，省级课题 6 项。

②项目成果喜人。共获得区级以上奖项共计 27 项，其中，省级教育教学成果奖一等奖 1 项，省教育创新成果奖 1 项，市级成果奖 7 项，成果奖获奖率高达 18%。省级优秀结题 1 项。

③论文成绩斐然。教师论文获奖共计 476 篇，人均 6 篇获奖，其中，国家级 6 篇、省级 21 篇、市级 83 篇。有 7 人在省市级刊物公开发表生涯教育相关论文 10 篇，共有 15 人次参与区以上级别的教材、教学资源等编写工作。

④科组蓬勃发展。我校有 4 个科组获评省级以上荣誉。教师实力超群。成就了全国优秀教师 1 人，省专家型校长 1 人，省优秀教师 1 人，省学科带头人 1

人，市名校长、名教师32人，市学科优秀青年教师8人，市优秀教师2人（如图1-9所示）。2人次参加省级能力大赛均获一等奖。

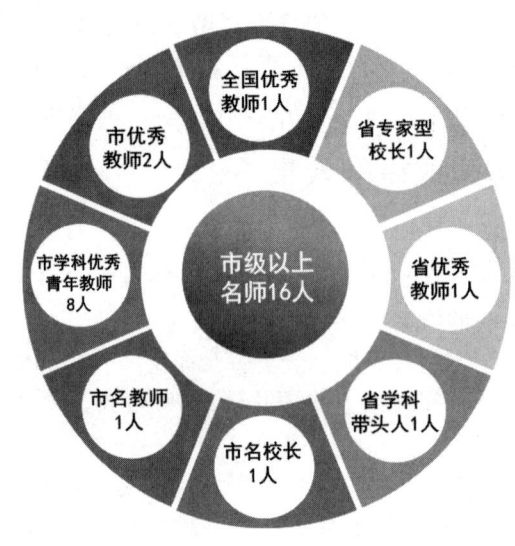

图1-9　名师荟萃

3. 铸就学校品牌

学校对生涯教育持续探索，开发并实施了小学生涯教育校本课程，生涯教育已成为学校的特色品牌。学校生涯教育项目获得了广东省教育教学改革成果一等奖。依托本项目，以我校为核心学校的生涯教育集团被评为"广东省优质教育集团培育对象"。我校成为全国国防教育特色学校、广东省中小学艺术教育特色学校、广东省生涯教育研究与实践基地。作为生涯教育品牌学校，连续2年在广东教育学会生涯教育专业委员会年会上介绍经验。

4. 赢得家长认可

围绕生涯教育，近年来，我校开展了30场家长导师专题培训，还开展了家长讲师团、家长志愿者、家长义工、家长工作室等项目，实现走向对话，深度合作的目标，打造了家校观念趋同、资源互补的育人格局，推动了生涯教育与家庭教育的融合。我校生涯教育得到了家长的认可，也有幸被评为全国规范化家长学校实践基地。此外，家长发挥各自优势，整合各方资源，反哺学校生涯课程，为孩子提供丰富的学习资源与机会，为孩子的终身发展蓄力。

5. 产生积极的社会影响

相关媒体多次聚焦我校生涯教育，进行专题报道。生涯教育品牌成果得到《孩子》杂志等7家媒体专题报道。品牌影响力扩大，已有35个企事业单位或个人加入"彩虹桥联盟"。学校生涯教育吸引海内外学校来访学习。在"汉语桥——美国校长访华之旅"活动中,我校与代表团的校长深入交流,美国 OB Gates Elementary 校长对我校生涯教育很感兴趣,双方签署了合作备忘录。学校接待香港、上海、重庆、广州、深圳等多地的兄弟学校来访学习。以我校为核心学校的生涯教育集团被评为广东省优质教育集团培养对象。主持人及项目成员在国家级平台上作生涯主题讲座4次,在省级平台作讲座6次。

五、小学生涯教育集团创建

为深化教育综合改革,扩大优质教育覆盖面,促进教育公平,以学校的特色项目为抓手,我们贯彻落实各级文件精神,结合地域的实际情况,生涯教育集团的建设由省内率先系统开展生涯教育的学校——佛山市南海区大沥镇中心小学牵头组建。集团充分发挥核心学校在生涯教育特色创建的示范、辐射、引领作用,推动区域内学校发展,整体提升集团内学校的教育质量和办学品质。

(一) 生涯教育集团创建的背景

1. 义务教育优质均衡的需求

中共中央、国务院印发的《中国教育现代化 2035》明确提出:"实现优质均衡的义务教育。"[①]《关于推进中小学幼儿园集团化办学的指导意见》强调通过实施中小学(幼儿园)集团化办学,不断缩小区域之间、城乡之间、学校之间和学生群体之间的差距。[②]

近年来,各级虽然已加大力度推进教育均衡,但区域之间、城乡之间的资源分布等仍存在差异,从集团学校成立前的差距可见一斑。(见表 1-3)

表 1-3 集团学校办学资源统计

所在区域	学校	学校性质	区级以上先进教研组(个)	县级以上名师数(人)	每百名学生拥有网络多媒体教室数(个)	生均经费(元)
佛山市南海区	大沥镇中心小学	传统优质学校	11	10	4.34	1603

---

① 中共中央国务院印发《中国教育现代化 2035》,见人民网(http://edu.people.com.cn/n1/2019/0225/c1006-30899811.html)。

② 《关于推进中小学幼儿园集团化办学的指导意见》,见广东教育厅网站(https://edu.gd.gov.cn/zwgknew/gsgg/content/post_3429449.html)。

续上表

所在区域	学校	学校性质	区级以上先进教研组（个）	县级以上名师数（人）	每百名学生拥有网络多媒体教室数（个）	生均经费（元）
佛山市南海区	大沥镇雅瑶小学	薄弱学校	0	0	2.66	1603
佛山市南海区	大沥镇邵边小学	薄弱学校	0	1	3.14	1603
佛山市三水区	乐平镇中心小学	乡镇中心小学	3	27	2	1460
云浮市云安区	石城镇茶洞小学	农村薄弱学校	0	5	3	1150

为实现优质均衡发展，集团以优质学校大沥镇中心小学作为核心学校开展集团化办学，扶助新建学校，扶持薄弱学校，帮扶区外乡镇中心小学、农村薄弱学校和衔接学区内幼儿园，促进集团内学校优质均衡高质量发展。

2. 教育品牌创新发展的需求

习近平的教育观：让每个人都有人生出彩的机会。① 生涯教育品牌，始终以立德树人、全面育人为出发点和落脚点，致力于促进学生出彩。为适应新时代发展，教育品牌必须跟上时代步伐，与时俱进，发展创新。

大沥镇中心小学整体办学实力、办学水平和办学质量在区域内位于前列，品牌项目《小学生涯教育校本课程的开发与实施》获得2021年广东省教育教学成果一等奖，生涯教育特色品牌领跑省内小学。为此，集团以生涯教育品牌力量推动集团化办学，一方面充分发挥核心校大沥镇中心小学的生涯教育特色品牌标杆效应，进一步发挥优质教育资源的辐射带动作用；另一方面，促进各成员校课程、教学、科研成果等创新资源整合，觅得新的生长点，构建生涯教育进阶模式和幼小衔接一体化发展模式，产生"1+1>2"的最大化效应，开展迭代式的生涯教育，创新育人路径，推动教育品牌创新发展，促进教育高质量发展。

3. 学生全面发展和终身发展的需求

根据国家卫健委2022年发布的数据，我国儿童的心理和行为问题发生率高达13.9%。某个镇中小学生发展调查项目发现：部分学生家长对孩子成长缺乏

---

① 《习近平的教育观：让每个人都有人生出彩机会》，见央广网（https://news.cnr.cn/native/gd/20160221/t20160221_521424316_1.shtml）。

高质量支持，他们大部分的学历水平为初中及以下，绝大部分家长更多地只关注眼前，只关注孩子的学业成绩，不把孩子及家庭的未来放在战略高度去思考，更不懂如何帮助孩子树立起适合满足社会发展需求且实现自我的价值观。加强青少年生涯教育，是促进全面发展和终身发展的重要举措。义务教育阶段是学生心理发育的重要时期，是对学生个体实施生涯教育的最佳阶段。于是，集团开展生涯教育，构建小学生涯教育范式，提高学生自我认识，帮助学生联系未来，为学生全面发展和终身发展提供支持。

（二）基本情况

1. 集团介绍

本集团名为生涯教育集团（小学），是以小学生涯启蒙教育为特色的教育集团。小学生涯教育是帮助学生更好地认识自我，认识世界，联结未来，为成为全面发展的社会主义建设者和接班人做准备的教育。

现集团覆盖 8 个单位，共 10739 名学生（截至 2023 年 7 月），475 名教师，涵盖从幼儿园到小学学段办学类型，全部为公办学校（幼儿园），辐射佛山市南海区、三水区，云浮市云安区等区域。

集团标志（如图 1-10 所示）以多彩颜色为主色调，表示生涯教育让每一个孩子都拥有出彩人生；标志中间为"毛笔"图案，表示书写；标志左下角为"W"图案，是英文单词中 win 的首字母，表示赢的意思。整个标志寓意"书写生涯赢家，实现人人出彩"。

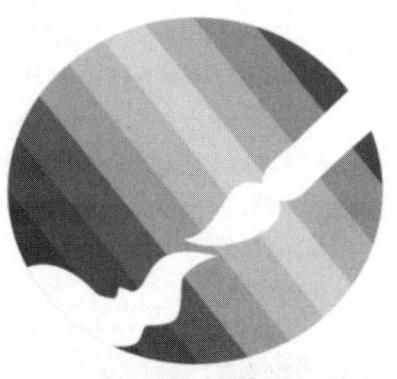

图 1-10 集团标志

2. 集团成员校（园）基本情况

集团成员校（园）基本情况见表1-4。

表1-4 生涯教育集团成员校（园）基本情况一览（2023年7月统计）

成员单位	类型	学生规模（人）	师资水平
大沥镇中心小学	公办小学（优质学校）	2002	教职工总人数114人。专任教师人数106人，其中高级职称6人，全国、省、市、区名师共10人，持心理健康A证1人，B证6人，C证65人，持生涯教育相关资格证书3人。
邵边小学	公办小学（薄弱学校、小规模学校发展起来的学校）	940	教职工总人数55人。专任教师人数48人，其中副高级职称2人，全国、省、市、区名师共2人，持心理健康A证3人，B证7人，C证26人，持生涯教育相关资格证书1人。
雅瑶小学	公办小学（薄弱学校）	1048	教职工总人数61人。专任教师人数59人，其中（副高）级职称1人，全国、省、市、区名师共0人，持心理健康A证1人，B证4人，C证29人，持生涯教育相关资格证书0人。
沥雄小学	公办小学（在建校）	1350	教职工总人数4人。专任教师人数3人，其中（副高）级职称0人，全国、省、市、区名师共3人，持心理健康A证0人，B证3人，C证0人，持生涯教育相关资格证书0人。
沥城小学	公办小学（在建校）	1350	教职工总人数3人。专任教师人数1人，其中（副高）级职称1人，全国、省、市、区名师共0人，持心理健康A证0人，B证2人，C证3人，持生涯教育相关资格证书0人。
乐平镇中心小学	公办小学（乡镇中心小学）	3079	教职工总人数183人。专任教师人数159人，其中（副高）级职称4人，全国、省、市、区名师共27人，持心理健康A证11人，B证17人，C证73人，持生涯教育相关资格证书0人。
石城镇茶洞小学	公办小学（薄弱学校、小规模学校）	821	教职工总人数48人。专任教师人数48人，其中（副高）级职称5人，全国、省、市、区名师共5人，持心理健康A证0人，B证0人，C证38人，持生涯教育相关资格证书0人。

续上表

成员单位	类型	学生规模（人）	师资水平
大沥中心幼儿园	公办幼儿园	340	教职工总人数60人。专任教师人数33人，其中中级职称9人，全国、省、市、区名师共5人，持心理健康A证2人，B证33人，C证33人，持生涯教育相关资格证书0人。

3. 集团办学的主要任务

生涯教育集团为实现"书写生涯赢家，实现人人出彩"的愿景，努力共建生涯教育品牌，确立以下任务：

（1）坚持扶小、扶弱、扶新的原则，实现优质均衡。通过"优质校＋新建校"、"优质校＋薄弱校"、优质学校链接幼儿园的帮扶结对，打造所在区域标杆校，提升区域间教育的优质均衡水平。

（2）共建生涯教育特色品牌，创新育人路径。坚持内涵发展、多元特色品牌驱动的原则，以文化共生、课程共建、资源共享、评价共通，形成特色品牌带动集团化办学的创新育人路径。

（3）构建小学生涯教育范式，促进学生发展。坚持五育并举、立德树人的原则，构建五育融合的小学生涯启蒙教育范式，促进集团内各校学生全面发展，整体发展，终身发展。

（三）主要举措

1. 党建引领，定集团办学之向

（1）党建引领，立德树人。

生涯教育集团坚持落实党的全面领导，坚持立德树人。集团各校不断完善党建架构，建立党建组织制度体系和议事制度，把党建工作转化为育人工作。

生涯教育集团各校逐步实施党领导下的校长负责制，设置专职副书记。集团各校还通过创建党员教师示范岗，少先队员雏鹰争章等行动组织开展集团党委会和党员生活会，以党建促师德，以党员教师带动全校师生提高道德水平。

（2）党建赋能，系统管理。

生涯教育集团制定集团章程，建立和完善组织制度体系，立足挖掘个人潜能，培养适合社会发展的人才，建立以党支部书记为主的理事会，构建"一会一部四中心"组织管理架构，指引集团发展的方向和行动。（如图1－11所示）

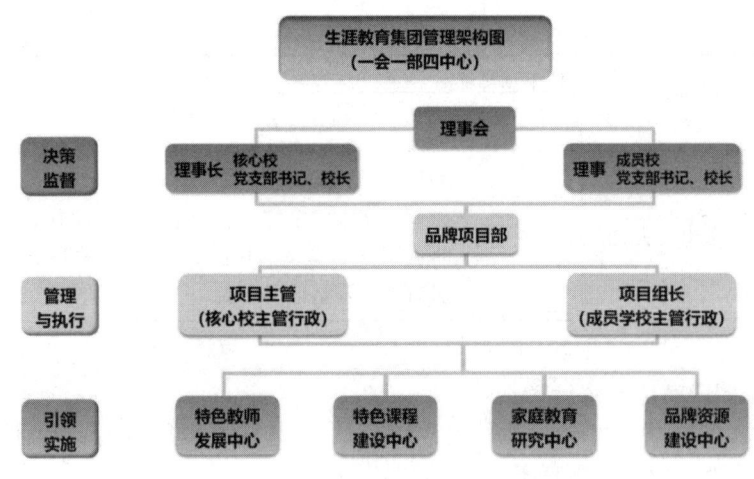

图1-11 生涯教育集团组织管理架构

理事会在每一学期初召开会议,讨论并协调集团内部决策以及学期工作计划。项目部负责执行理事会决议,按计划落实集团生涯教育特色创建工作,组织实施集团内外交流活动等,并把各校实施情况提交理事会。四中心由集团内各所学校中有相关专长的教师团队组成,中心组每月开展一次研讨活动、专题分享等,促进生涯教育实践与创新,并向项目部提出建议,带动相关学校的教师开展活动。

2. 文化融合,聚内涵发展之力

集团文化是一种精神引领,是所有成员的内心坚守,尤其是对于"优质校+薄弱校""优质校+新建校"为主要模式的生涯教育集团,更需要文化融合,以文化激励斗志、鼓舞人心、凝聚力量。为此,生涯教育集团在尊重各成员校优秀传统文化的基础上,充分发挥核心校的品牌效应和示范引领作用,以核心校为轴心,兼容并蓄,共性与个性并举,融合共生。集团通过核心学校、优质学校文化内涵的迁移,管理模式的推广,教学资源共享与拓展,经历文化体验—文化内化—文化共振,实现文化融合,凝心聚力。如通过邀请成员学校行政、教师观摩,邀请部分学生参与核心学校生涯教育职业时装秀、学业生涯启航之旅等学生活动,邀请成员学校的校长、行政和教师定期参与生涯教育课堂教学交流活动,包括听课、评课、二次备课等,促使集团学校进行文化体验。通过集团学校研讨交流和实施体验进行文化内化。集团积极申报广东教育学会生涯教育委员会立项课题和开展课题研究,并以生涯教育项目群引领集团文化发展,凝聚集团力量。

目前,集团各成员校在核心校的辐射带动下以生涯教育集团核心文化"自主、和谐、发展"为基础,形成既蕴含生涯教育基因又具有学校文化特色的办学理念(如图1-12所示)。

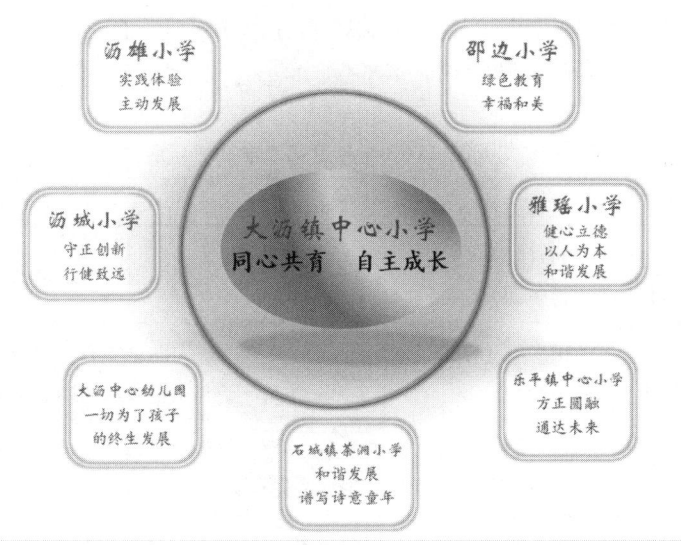

图1-12　生涯教育集团各成员学校办学理念总览

3. 课程驱动，推发展前进之轮

生涯教育集团以生涯教育特色课程驱动教研、科研和教师发展。通过构建教研共同体，成立科研社群，打造名师孵化中心，从而带动常规教育教学开展，推动生涯教育集团整体发展。（如图1-13所示）

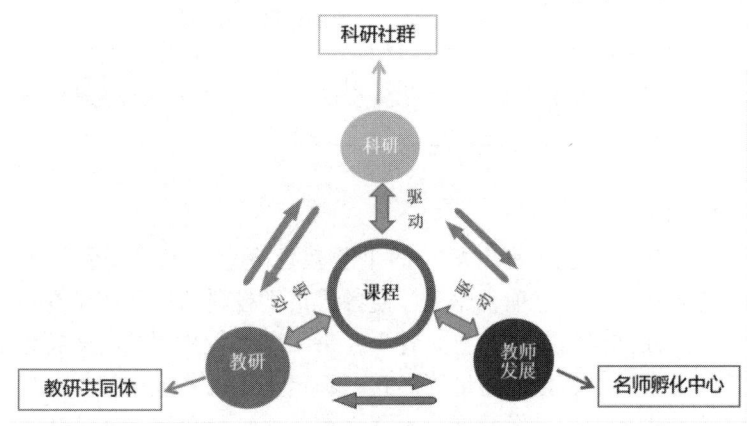

图1-13　课程驱动

（1）构建教研共同体。

生涯集团打破地域壁垒，构建区域学校和幼小衔接教研共同体。建立集团教研管理小组，明确教研目的，制定教研规范。组织开展集体备课、课题研究、同课异构、网络教研等活动（具体见表1-5）。通过骨干教师"送、帮、培"，加强对集团内各校教研的指导；新、弱教师通过"访、学、问"，不断成长为独当一面的教师，全面提高教师的教研水平。

表1-5 2022—2023学年度第二学期教研活动一览

序号	时间	地点	教研活动	参与人员
1	2023年3月2日	大沥石门中学（初中部）	生涯教育集团工作会议	集团成员校成员共19人
2	2023年4月14日	大沥镇中心小学大沥中心幼儿园	同课异构	大沥镇中心小学教师12人，大沥中心幼儿园教师6人
3	2023年4月25日	三水区乐平镇中心小学	送课2节、集体备课、生涯主题研讨	大沥镇中心小学教师4人，三水区乐平镇中心小学教师24人
4	2023年5月10日	大沥镇中心小学	生涯教育集团"五育融合"特色课程展示	集团成员校成员共19人
5	2023年5月19日	三水区乐平镇中心小学	同课异构5节、课题研讨、生涯主题研讨	大沥镇中心小学教师10人，三水区乐平镇7所学校、云浮市郁南县建成中心小学共100多人
6	2023年6月15日	大沥镇邵边小学	同课异构2节、教学研讨、评课议课	邵边小学、大沥镇中心小学共18人
7	2023年6月16日	大沥镇中心小学	线上会议	集团成员校成员共15人

（2）成立科研社群。

集团从"让每一个孩子都出彩"的生涯教育理念出发，开展关于生涯教育课程建设的科研活动，通过项目驱动，使各成员学校科研团队团结在一起，成立科研社群。科研社群聚集了各校科研骨干，每学期举行集团校科研特色项目推进会1次。通过集中研讨、分组讨论等形式，确定集团内各成员校特色项目的工作内容和重点。科研社群现已经开展了生涯教育集团特色项目（见表1-6），赋予孩子们更多成长能量，酝酿未来人生的出彩。

第一章
对小学开展生涯教育的认识

表1-6 生涯教育集团部分科研特色项目

集团成员校	共创特色项目	项目名称	项目活动
佛山市南海区大沥镇中心小学	"生涯特色项目",使学生在小学阶段,收获自信、健康成长,酝酿未来人生的出彩。	心理健康、阳光出彩	家校共创心理健康项目,包括以下活动:班级心理课程、年级心理游戏活动、年级心理健康讲座、阳光小屋倾诉信箱、师生心理健康聊天记录等
佛山市南海区大沥镇邵边小学		绿色教育、幸福和美	开展特色项目"毽球"运动,促进身心健康发展
佛山市南海区大沥镇雅瑶小学		健心雅正、启智雅行	年级团体心理辅导活动,帮助学生健康成长
佛山市南海区大沥镇沥雄小学		融智发展、事上磨砺	创建自然生态园,收获劳动喜悦
佛山市南海区大沥镇沥城小学		砺成教育	学校在建,尚未开展项目活动
佛山市南海区大沥中心幼儿园		培养身心健康、阳光快乐、睿智慎行的儿童	开展园本课程"奥尔夫音乐教育教学特色建设"以及幼儿舞蹈特色活动,通过艺术熏陶促使幼儿健康成长
佛山市三水区乐平镇中心小学		"三位一体"的学生整体教育网络和新型的协作育人机制	开展亲子共读、家长进课堂、创建文明家庭、班级互动平台等活动,家、校社共同营造文明和谐氛围,使学生身身心健康地成长
云浮市云安区石城镇茶洞小学		"本责教育",在教育教学中传递生命的气息,关注生命的价值,感受生命的成长,追寻教育的本真	通过校本课程和学生活动,激发学生对传统文化艺术的兴趣,促进学生的身心健康发展。活动包括:海量诵读,提高素养;诗画结合,发展思维;指导创作,开设"茶小诗社"

(3)打造名师孵化中心。

整合集团内优秀管理教师、骨干教师、优秀青年教师优质资源,打造集团内部行政干部和名师的孵化中心。集团内实行定期相互访问交流,制定研讨培训计划,按期履行落实。通过名师带团队、名师带徒弟一对一结对帮扶等多渠道教研和培训,以孵化的形式,拓宽提升发展空间和途径,为集团内各校教师生涯教育专业成长提供平台，孵化出更多优秀的专业人才。

4．帮扶互动，提优质均衡之速

为了促进教育均衡发展，缩小区域间学校的差距，集团以学校文化、课堂教学、特色品牌创建为亮点，实施多样化精准帮扶，深度互动交流。通过帮扶，帮助成员学校形成新的理念、新的策略、新的实践、新的成就等，变"输血"为"造血"，增强内生动力，为生涯教育集团发展打下坚实基础，推进区域教育发展。

（1）组团式扶弱。

集团每学年通过问卷、调研，向薄弱学校了解情况，剖析优势和发展需求，制定精准的帮扶方案，通过学校干部对接、近距离对接式示范课、教科研活动浸入式引领，选派不同类型的优秀教师团队深入薄弱学校进行指导，与帮扶学校的教师抱团完成品牌创建项目等，有计划且有针对性地落实帮扶。如帮扶邵边小学的英语教学工作，大沥镇中心小学英语名师队伍与邵边小学英语队伍组成教研团队，开展互动活动，从师生培训，到同课异构，再到比赛辅导等，帮助邵边小学英语教师在大沥镇教师能力大赛中获特等奖，学生参加"用英语讲好中国故事"活动，3人获区一等奖，实现新突破。

（2）植入式扶新。

对于新建学校，集团通过学校管理互动、学校文化建设共研、规划未来课程等，把生涯教育新理念植入新建学校规划建设和课程构想中。如集团理事会和项目部通过多次与沥城小学研讨，让自主成长的理念、主题日活动以及科创节等蕴含生涯教育基因课程植入"砺成教育课程"中。

又如集团把生涯教育所提倡的让学生在真实的世界中体验学习、注重学科融合等理念植入沥雄小学晴耕园劳动教育课程中，通过种植与观察植物的成长变化，促发感悟教师职业生涯变化（如图1-14所示）。

图1-14　帮扶沥雄小学建设晴耕园劳动教育课程

（3）涟漪式帮扶。

通过已有良好发展势头的成员学校带动当地其他薄弱学校，产生"涟漪效应"，形成帮扶一所学校、带动一个片区的效应，促进区域教育的整体性发展。如帮扶成员校的三水区乐平镇中心小学，通过上示范课，开设专题讲座，品牌创建研讨等，同时邀请乐平镇保安小学、南边小学等学校参加，让三水区乐平镇中心小学带动所在片区的学校发展。又如帮扶云浮市云安区石城镇茶洞小学，通过线上科组活动和命题指导，带动云安区石城镇学校一周开展一次以镇为单位的大科组活动，提高教师们的命题能力，带动云浮市云安区石城镇学校优质均衡发展。

5. 考核赋能，验出彩发展之效

集团内部考核基于"让每一个孩子都出彩"的理念，集团管理成员对集团学校工作进行一次"年度体检"，目的是检验成员校集团化办学管理、生涯教育引领学校办学过程、办学成效、发展情况等。考核内容包括党建工作、参与集团管理、队伍建设、课程建设与教学改革、学生发展、办学成效等，考核内容全面、层级清晰，考核客体涵盖学校师生、学校整体及发展情况，旨在检验办学效果，帮助成员校共同探寻"最近发展区"和新的生长点（见表1-7）。

表1-7 生涯教育集团考核评价

考核指标	考核要素	考核形式	分值	自评	考核得分
党建工作（5分）	组织健全，并落实开展工作	查看党建工作报道	5		
参与集团管理（10分）	积极参加集团开展的活动	查看集团活动考勤	5		
	主动向集团分享办学资源	查看生涯资源分享库	5		
队伍建设（15分）	每学期开展生活教育品牌建设教师培训不少于2次	查看学校报道	5		
	派出教师交流轮岗（含教师非调入式交流）	过程记录	5		
	教师在荣誉称号、教学评比、课题研究等获奖情况提升	查看学校获奖资源库	5		

续上表

考核指标	考核要素	考核形式	分值	自评	考核得分
课程建设与教学改革（30分）	在学科教学中渗透生涯教育	观摩	10		
	在集团内提出1-2门生涯教育特色课程并在校内应用	查看共享资料学生访谈	10		
	学校每年举办一次以上科创节、体育节等生涯教育特色活动，参与人数达到100%	观摩	10		
学生发展（20分）	学生学业质量、获奖情况和进步情况	查看学生学业成绩、获奖资料，观摩一场以生涯教育为主题的"五育融合"活动	10		
	开展丰富多彩的社团活动，参加社团人数较往年增加	观摩社团活动及查看社团活动记录	10		
办学成效（20分）	学校文化体现生涯教育特色	巡视校园	10		
	学校办学质量进步	查看学校集团获奖资料	10		
个性化加分	1. 申报区级以上生涯教育课题。 2. 论文刊登	查看文件和材料	2分/项		

考核前，生涯教育集团内部协定总体考核目标，考核时间为一学年一次。考核时，通过多种形式进行考察，包括线上资料审查、实地访谈调查以及观摩成员校生涯活动等形式，全方位多角度了解各成员校的生涯教育项目开展情况。

建立完整的集团化评价体系，目的是全面诊断办学问题并积极寻求改进。而在此过程中，落实基于评价过程和评价结果的改进非常重要。考核后，生涯教育集团还组织集团学校召开反思座谈会。根据活动过程中的资料和现场观摩情况，对照指标和报告提出意见，提炼各成员校生涯教育方面的工作亮点和改进方向，以此作为下一学年考核的基准，以评促建，在观念、行为方面进行深层次修正。

（四）集团化办学特色

1. 从单一到整体：品牌带动综合发展

生涯教育集团是以生涯教育为特色品牌，以核心校——大沥镇中心小学为轴心创建生涯教育品牌，推动实施品牌增值战略，带动集团学校整体发展（如图1－15所示），从而对成员校相应区域起拉动作用，呈现从单一到整体的态势。

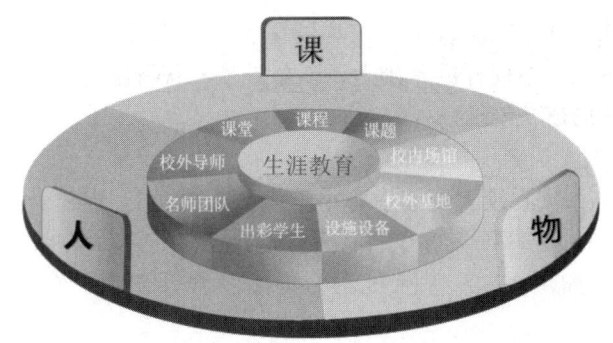

图1－15　品牌带动综合发展

集团成立以来，由于生涯教育品牌建设的带动效应，带动了集团人的发展、课的提升和物的优化。

人的发展：指校外导师、名师团队和出彩学生成长。集团通过生涯教育品牌建设，促进名师孵化。现集团共有各级名校长名师105人，占集团教师的20%；带动校外导师发展，尤其是家长导师的发展，现集团已培养了每班10名家长导师，2022年，集团已孵化了8名家长获区级奖励。集团学校雅瑶小学和邵边小学已建设了关爱学生安全的家长导师团队，定期在公众号上发布关爱学生安全视频或照片。大沥镇中心小学促进家长导师发展，让部分优秀家长导师带动更多家长成长。

课的提升：集团每学期开展全学科及个别学科课堂教学交流活动，特色课程展示交流活动，课题共研活动等。在2023年上半年，集团已开展课堂教学交流活动6场，特色课程展示活动6场，课题申报数量较成立前增加了10个，教师论文刊登增加了4篇。

物的优化：校内场馆、校外基地和设施设备的不断完备和优化，更适合学生需求。如集团学校在架空层增加了10个篮球板，8张乒乓球桌，增购了一大批图书，增加了学生展示各种才能的舞台和场所等。以上这些都致力于生涯教育品牌创建，促进学生的整体发展。

另外，生涯教育注重在真实情境中体验，各学科教学注重情境创设，以综合实践活动、主题特色活动，项目式学习等进行五育融合。如财商游戏节活动，以财商游戏为主题，融合德育中的诚信和回馈社会的教育，体现智育的货币换算、理财之道等，渗透体育的是下财商棋、奔走于各主题场馆活动，美育方面有手工商品制作、摊位摆设；劳动教育体现在制作商品、经营摊位等。因此，集团学校在开展生涯教育品牌创建的过程中，践行五育融合，提高教育教学质量，促进学生全面发展。

2. 从本色到出色：课程培育出彩学生

本色指学生原本的模样；出色指学生不断进步，走向成功的模样。集团在落实国家课程、地方课程的基础上，在集团里实施生涯教育"共性＋个性"的特色课程，让学生在原本模样的基础上，不断进步，获得出彩机会，走向成功，实现从本色到出色的成长蜕变。

（1）共性课程。

2021年5月，核心校大沥镇中心小学生涯教育项目《小学生涯教育校本课程的开发与实施》获2021年广东省教育教学成果一等奖。集团将项目中开发的出彩校本课程（如图1-3所示）作为集团的共性课程，在所有成员学校中实施。

共性课程以"让每一个孩子都出彩"为理念，目标是培养有梦想、有本领、有责任的出彩少年。基于此，集团确立了"认识自我、探索生涯、适应生涯"的共性课程内容。

具体实施途径为专设童梦生涯课堂、学科渗透、开展生涯主题班队会、引进校外导师进校园、举办生涯日主题活动、开展社会生涯体验活动等，如学业生涯体验之旅、未来企业家财商游戏节主题活动、"跟着爸妈去上班""实训基地职业体验"等。在共性课程的陶冶下，学生获得了前所未有的生涯体验，对自我有了新的认知，积极向外探索，不断适应社会的变化，生涯意识也得到萌发。

（2）个性课程。

个性课程是指以成员各校的历史文化和原有特色为重点，对课程进行特色优化（如图1-16所示）。邵边小学"生涯＋体育"的特色课程让学生在体育领域绽放光彩，少年狮艺队获得全国第三名。26名学生参加2023年佛山市青少年拳击锦标赛，荣获团体总分第二名，团体总分比2022年进步4名，获奖学生人数是2022年的2倍多。沥雄小学、沥城小学的"生涯＋劳动"特色课程，让学生通过劳动体验，感悟美好生活需要靠双手获得的道理。在"生涯＋美育"课程的培养下，大沥镇中心小学小海燕合唱团参加"一带一路"世界合唱节，获国际赛全场总冠军，包揽最佳服装大奖、童声合唱白金奖等4大国际奖项，50名学生获得第11届世界和平合唱节和平使者的称号。舞蹈社团夺得全国健身操比赛混合组特等奖第一名等。

集团内不同起点的学生在"共性"与"个性"的课程中，认识真实世界、解决真实问题的能力，明确目标、自主规划与自我监控的能力，自主、合作、探究的学习能力均得到了不同程度的提高。在出彩策展课程的实施下，学生由原来懵懵懂懂，对策展所知甚少，到成功策展，并能以特色展览呈现。在社团课程的支持下，很多学生的特长都得到了提升，如黄葆婧同学在英语绘本阅读课程的浸润下不断成长，2023年5月在第2届"英语朗读者"全国少儿英语绘本阅读大

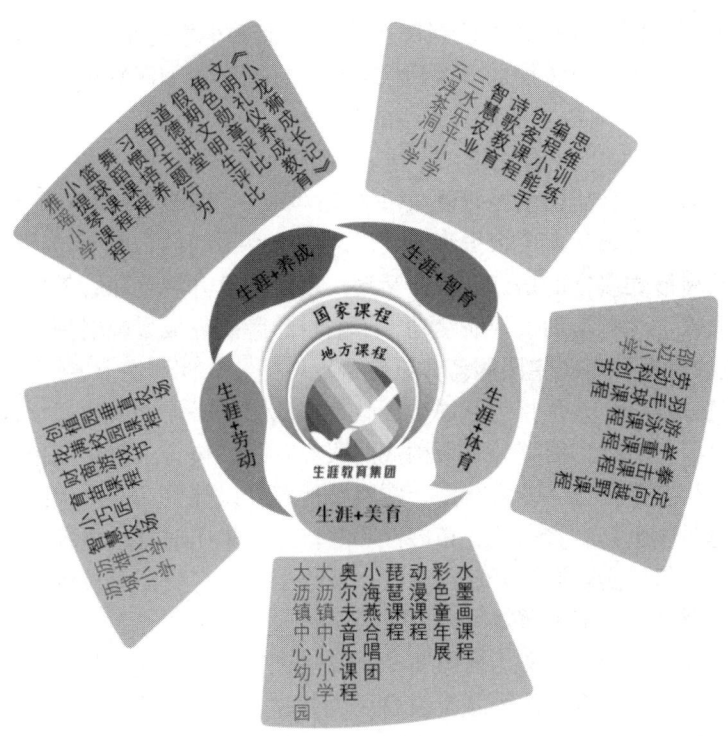

图 1-16 集团成员校"个性"课程

会中获得一等奖；周钲轩同学在语言艺术社团课程的支持下，取得"三地童声杯"演讲比赛粤语组金奖。

3. 从点到面：队伍建设全方位

为了实现生涯教育导师的全面覆盖，生涯教育集团从点到面对队伍进行了全方位建设。

（1）形成纵向导师专业发展链。

集团成立了导师委员会，下设首席导师团队和学术导师团队，从纵向上构建"1+7+N"的生涯教育导师专业发展链。由核心学校遴选出来的18名导师组成首席导师团队，负责指导工作。首席导师团队引领7所成员学校（园）的负责行政组成学术导师团队，负责落实成员学校的生涯教育工作，再由成员校学术导师引领所在学校教师，以一增多，以点带面，推动集团内教师专业发展。

（2）构建了横向"轮岗"模式。

为了将各校教师队伍凝聚起来，集团内实行"轮岗"模式，定期相互访问交流，制订研讨培训计划，按期履行落实。核心学校教师队伍中的教学或管理骨干派到成员学校交流，深入带动集团教师队伍整体成长。例如集团核心校何国星副校长轮岗到邵边小学担任校长，梁伟湘副书记交流轮岗到邵边小学担任副校长、林观有副校长、冯彩聘主任到邵边小学、雅瑶小学等成员学校进行专题讲座、培训、作课等。成员校也多次到核心校进行交流，如沥城小学李妙卿校长到大沥镇中心小学作数学学科课堂教学指导等。

（3）开展了多样化的教培提升。

以往的培训和教研活动比较侧重单方面学科，生涯教育集团在教培提升中凸显多样化。理事会每学期会根据集团发展趋势和突出问题，确定导师委员会研究方向，并开展形式多样的培训和教研活动。现集团已开展正面管教培训、领导力培训、生涯教育专题培训、教研活动，不断将品牌研究成果辐射到各校。

4. 从独有到共享：集团服务体系完备

生涯教育服务体系是指为开展生涯教育集团工作必需的人员、场地、活动内容、活动手册、活动拓展资源等所构成的服务系统，包含了与生涯教育相适应的教学场地、信息化资源、专家智库、实践基地等，以提升和改善生涯教育集团均衡水平。服务体系具有多样性、拓展性和共享性。集团成立后将各成员校独有的资源汇集在一起，实现资源开放与共享，保障生涯教育集团学校优质均衡发展。

（1）统筹教学场地资源。

生涯教育集团通过"整合—共享—优化—创新"，统筹利用集团内各类教学场地资源。整合：整合集团内各类教学场地资源，包括生涯教育体验馆、综合实践活动室、讲堂、图书馆等，统一规划、统一管理。共享：通过共享模式，将各校教学场地资源进行共享，按需使用，实现高效利用。优化：对教学场地资源进行优化配置，以满足不同学科、不同教学方式的需求。创新：创新教学场地资源的使用方式，如采用虚拟教室、在线教学等方式，拓展教学场地资源的使用范围，提高教学服务的覆盖面和便利性。

（2）建立信息化资源。

集团信息化资源由集团学校分享建立，包括测评平台、学习平台、视频资源、生涯e云端资源等。如分享微信、视频号、QQ群、生涯e云端等资源，现已分享生涯教育校长说30期，生涯教育家庭说1期，生涯教育教师说1期，生涯教育学生说4期，生涯教育相关课例80节，课件812个，微课40个等。"生涯e云端"使各校把优质课程资源共享于云端，建立生涯教育课程手册，进一步形成集团内优势互补的趋势。同时，把优质课程成果进行共享推广，使集团薄弱校能够借鉴、学习，推动课程同步开展。

（3）共建彩虹桥联盟。

"彩虹桥联盟"既是生涯教育提供服务的基地和人员联盟，也是集团别具特色的生涯教育资源。联盟共有35个校外生涯教育基地和个人。其中北京、上海、深圳等多所基地学校为集团成员学校创设互动交流机会。与广东东软学院、南海理工学校合作建立职业启蒙教育基地等结成的研学基地，为学生认知未来学业生涯提供了资源。与中南机械有限公司、外婆家耕读研究院等多家企业单位、高层次人才、热心家长建立合作关系，为学生认识外部环境，从而更好地认识自我，激发树立目标和理想提供可能。

5. 从普适到特殊：指导策略个性化

生涯教育集团既重视从整体出发，探索普遍适用于全体学生的指导策略，又尊重学生的个性，注重对特殊学生的指导，帮助学生发展潜能和优势，让不同学生得到成长，获得出彩机会，实现教育公平。

（1）潜能开发策略。

借助问向教育平台、脑科学思维提升等工具测试学生潜能，引导学生发现自身的卓越优势或微小特征。集团学校和家庭再根据学生的潜能支持其主动发展。相关支持包括集团学校开展社团活动、开展项目式课程，家长支持校外特长培训等。如今生涯教育集团各学校开展社团超100个，涉及多元智能的各个方面。集团内部学生共同参与的项目式活动涵盖多个领域，旨在促进学生的全面发展。其中，每学年都会举办财商游戏节和"我的舞台我做主"活动，以提升学生的财商素养和艺术表现力。每学期，我们还会组织体能大挑战活动、策展活动、劳动大比拼以及"我的艺术人生"等活动，以锻炼学生的身体素质、策划能力、实践能力及艺术鉴赏能力。这些活动深受广大学生的喜爱，每年参与人数超过2万人次。

（2）协同指导策略。

集团成立以来，着眼于家校社协同，挖掘各方优势资源，为学生个性化成长提供支持。通过对家长开展"正面管教"家庭教育指导35场，小组家庭教育指导5次，读书活动指导3场，有效规划等主题茶话会4场，情绪管理、乐于合作等主题亲子活动6场，提供家教小视频等线上学习资源74个，与家长携手指导学生信息加工、自我认识、自我管理等能力。联合社区社工对学生开展团队辅导5次，个案辅导10人。协同幼儿园让大班孩子到小学上半天课体验，做好幼小衔接8次。集团积极协调佛山市精神科医生，实施"医教结合"，专注于集团内特殊学生的全面发展。我们协调特殊学校的教师及社区社工等多方资源，共同为集团内的5名特殊学生（包括1名唐氏综合征学生、2名耳聋学生及2名精神发育不良学生）提供支持，帮助他们形成良好的道德品质，掌握必要的生活技能，并鼓励他们努力学习，持续进步。

第二章　小学生涯教育专设课堂教学设计

一、照镜子

(一) 教学背景

自我认识是自我意识的认知成分。它是自我意识的首要成分，也是自我调节控制的心理基础。它包括自我感觉、自我概念、自我观察、自我分析和自我评价。小学生对自我概念的认知还停留在具体的外部特征，但是随着抽象思维的发展，对自我评价开始由具体到抽象、由外显向内心发展。这个阶段是个体形成自信心的关键期，他们在接受别人的评价和与同伴的比较中发现自身的价值，产生自豪感和自信心。小学生成长过程中最为重要的就是逐渐认识自己。作为教师，我们要不断地研究与探索，必须通过多方面途径来帮助学生全面了解自己，帮助学生正确地认识自己、理解自己、悦纳自己，帮助学生调整好理想的自我和现实的自我之间的差距，引导他们学会正确地对待自己的缺点，并在努力克服困难的过程中获得成功和满足，以良好的个性迎接生活的挑战。

(二) 教学目标

(1) 让学生知道每个人都有自己的优点和不足。
(2) 让学生认识到每个人都是独一无二的，学会发现自己与众不同的地方。
(3) 每个人都不是完美的，只有让学生学会认识自己、理解自己、悦纳自己，才可以更好地成长。

(三) 教学重点

引导学生从认识自我的外部特征逐渐向认识自己的个性特征方向发展，明白每个人都是独一无二的。

(四) 教学难点

帮助学生正确认识自己，合理评价自己和他人。

（五）教学过程

1. 心情话吧

（1）阅读体验。学生阅读小磊的故事。

（2）分享交流。教师引导学生分享：小磊的新同桌给了他什么样的感受？面对小军的这些行为，小磊是怎么想的？

（3）总结归纳。教师总结：每个人都有优点，也有缺点。有时候，我们很容易忽略他人的优点，过多地看到他人的缺点。所以，生活中我们一定要学会更多地发现别人的优点。

【设计意图】通过阅读小磊的故事，学生结合自己的生活经验，知道每个人都有优点和缺点，既要学会看到他人的缺点，也要学会看到他人的优点。

2. 心海导航

（1）阅读体验。学生阅读材料。

（2）分享交流。学生分享：自己有哪些独特的地方？自己眼中的朋友拥有哪些与众不同的地方？

（3）总结归纳。教师总结：生活中的每一个人都有独一无二的特质，这些特质没有好坏之分，可以让他人更好地记住我们。每个人都是不完美的，所以我们在看到他人不足的同时，还要多看到他人的优点。对待自己，看到优点的同时，更要看到不足，只有这样，我们才可以更全面地认识自己，不断进步。

【设计意图】通过阅读、分享，学生知道既要看到自己的优点，也要看到自己的不足，从而全面认识自己。

3. 介绍我自己

（1）我的故事。学生拿出自己小时候的照片，讲述自己小时候比较有趣的故事。

（2）分享交流。学生分享：自己现在和小时候相比哪些方面发生了变化？

（3）总结归纳。教师总结：我们一天天长大，在成长的过程中，我们的身高、体重、长相等生理方面发生了变化，我们的想法、兴趣爱好、能力等方面也随之发生了变化，正是因为这些变化，我们每个人才是独一无二的。

【设计意图】学生了解自己身体、能力的变化，知道自己有与众不同的地方。

4. 我的多彩指纹

（1）创意指纹画。学生把水彩颜料涂在手指上，在白纸上印出自己的指纹，制作出自己的创意指纹画。

（2）分享交流。学生分享：指纹画为什么没有两幅一样的？

（3）总结归纳。教师总结：世界上没有两枚完全相同的指纹，每个人的指纹都是独一无二的。我们刚刚创作的作品也是独一无二的，就如同世界上没有两个完全相同的人一样，我们每一个人也是独一无二的。

【设计意图】学生体验每一个人都是独一无二的。

5. 加油站

（1）填写表格。学生独立完成加油站中关于优点和不足的表格。

（2）分享交流。请个别学生和全班同学分享。

（3）总结归纳。教师总结：人无完人，我们要全面认识自己，只有尽可能多地看到自己的优点，无条件改正自己的缺点，才可以不断进步。

单位：佛山市南海区大沥镇中心小学
执笔人：甘杏莹

二、说说我自己

（一）教学背景

童年期自我概念中产生了心理自我，具有可以认识自我的心理特征，但中低年级儿童的自我评价能力落后于评价他人的能力，评价标准具有片面性，稳定性较差。中低年级儿童需要在教师和家长的引导下反复运用反省思维，站在别人的立场思考别人对自己的看法，学会用"社会比较"来思考自身，正确认识自己的长处和短处，保持健康而积极的心理，相信自己，努力发展自己。

（二）教学目标

（1）初步体会世界上每个人是不同的。

（2）引导学生正确认识自己的长处和短处，并接纳自己。

（3）帮助学生树立自信，保持健康而积极的心理，相信自己，努力发展自己。

（三）教学重点

正确认识自己的长处和短处，提高自我评价的能力。

（四）教学难点

建立健康积极的心理，相信自己，努力发展自己。

（五）教学过程

1. 情景导入

（1）"印手掌"小游戏。指导语：请同学们在纸上印下自己的手掌，并观察每个人的手掌有什么不一样。过渡语：我们每个人都不一样，动物朋友也各有各的特点，我们一起来认识它们吧。

（2）观看动物学校的故事。指导语：请同学们结合材料和动画，了解小动物的特点，想想它们有什么样的优点。

【设计意图】通过活动小游戏，激发学生对个体差异和自然生物特征的好奇心与探索欲。通过让学生亲手操作，在纸上印下自己的手掌并观察其独特性，引导学生意识到每个人都是独一无二的。

2. 唤醒体验

（1）创设心理情境。指导语：小兔子它们认识到自己的短处，怎么也高兴不起来，这可急坏了动物学校的校长，你想对小兔子、小鸭子、蛇和老鹰说些什么呢？把想说的话写一写或画一画，再和同学们交流分享。

（2）总结归纳。指导语：人贵有自知之明，认识自己比认识别人更为重要。我们每一个人都是不同的，我们要正确地认识自己、相信自己，我们每一个人都是独一无二的。

【设计意图】通过创设一定的心理情景，开展极富启发意义的活动，引起个体内心的认知冲突，唤醒学生内心深处潜意识存在的心理体验。

3. 自主锻炼

（1）填写"小明星档案"。

（2）交流分享。指导语：我们每一位同学都有自己的特长，为什么我们不能自信地说一声"这个，我能行"呢？请大家有感情地朗读自己的"小明星档案"给大家听。

（3）总结归纳。指导语：正如世界上没有两片完全相同的树叶，每个人都有自己的不同，我们都是独一无二的存在。每个人都应该看重自己，在得到别人的肯定之前，你要先肯定自己。请为自己设计一张属于你自己的个性名片吧！

【设计意图】通过具体的方式让学生意识到自己的独特价值和能力。鼓励学生勇敢地展现自我，分享自己的特长和成就，从而进一步加强自我认同感和自信心。同时，通过聆听他人的分享，学生能够学习到不同领域的知识和技能，拓宽视野，增强对他人能力的尊重和认可。

4. 提升自信

（1）我夸我自己。指导语：假如有记者采访你，你会怎样介绍自己呢？

（2）总结归纳。指导语：给自己一个笑脸，让自己拥有一份坦然；给自己一个笑脸，让自己勇敢地面对缺憾。让我们从这一刻起，带着自信的笑脸去迎接美好的明天吧！

【设计意图】让学生体验到每一个人都是独一无二的。

5. 课外拓展

（1）牵手父母。指导语：回家请爸爸妈妈采访你，听听他们是怎么样采访你的。

(2) 他们眼中的我。指导语：让爸爸妈妈谈谈你在他们心目中是什么样子的。

(3) 总结提升。指导语：我们都是最棒的！关注自己，我能行！

单位：佛山市南海区大沥镇中心小学
执笔人：甘杏莹

三、爱上不完美的自己

（一）教学背景

《中小学心理健康教育指导纲要（2022年修订）》指出，小学心理健康教育要使学生提高正确认识自我，增强调控自我、承受挫折、适应环境的能力，小学是学生自信心形成的关键期，学生的自我意识不断发展，自我情感能较好地建立。班主任应适时给予引导，帮助学生找到优缺点，使他们对自己有比较积极合理的评价，引导他们客观地认识自己，从"生理自我""心理自我""社会自我"三个方面对自己进行较为深入的评价，从而认识到自己的独特性。

（二）教学目标

(1) 引导学生正确认识自我，知道世上没有十全十美的人，每个人都有优点和缺点。

(2) 帮助学生正确认识自己的优缺点和兴趣爱好，在各种活动中悦纳自己。

(3) 在悦纳自己的基础上扬长避短，做更好的自己。

（三）教学重点

引导学生看到自己的优缺点，完善对自己的认识。

（四）教学难点

正确认识自己的优缺点和兴趣爱好，悦纳自我。

（五）教学过程

1. 热身游戏

(1) 跳"拍拍操"。指导语：请每位同学找一位同伴面对面站好，轮流和老师做"拍拍操"，如果对方做对了，请给对方一个大大的赞。如果自己做错了，向对方鞠个躬，并说："对不起，我错了！"对方同学同时回应："没关系。"游戏继续，第二遍节奏增快。

《拍拍操》歌词：头头拍拍，肩肩拍拍，头拍肩拍头肩拍拍，大拇指拍拍，小拇指拍拍，大拇指拍，小拇指拍，大拇指小拇指拍拍。

【设计意图】活跃气氛，放松心情，让学生轻松进入课堂状态。

（2）分享游戏感受，引出课题。分享：是说"对不起，我错了！"还是别人称赞你真棒时，让你感觉比较舒服？说"对不起！"时是什么感觉？你是怎么克服的？

【设计意图】让学生感受出错很正常，出错让人不好意思，不喜欢出错的感觉。

教师小结：是呀，大家都希望自己是一个完美的人，不希望自己有缺点，不喜欢出错，出错的时候会觉得很尴尬。（板书：完美）

2. 认识不完美的自己是最真实的

（1）指导语：×星球的客人要到地球做客，现在我们寻找一位最优秀的孩子，作为使者去欢迎他们。请大家一起来选，让我们一起进入"快乐二选一"环节，同学们少数服从多数，最后看一看这个人什么样子的。

课件展示：每页两扇大门，分别写着两个特点，由学生大声选择，如长得好看、长得丑；成绩优秀、成绩不好；身材高挑、身材矮小；皮肤白、皮肤黑；有礼貌、没教养；运动健将、身体不好；富有的，贫穷的；苗条的、肥胖的。最后只剩一扇大门，只听到一种声音：非常遗憾，由于你们的要求过高，而世上没有十全十美的人，所以这个人不存在。

（2）学生分享游戏感受。（预设学生回答：世上没有完美的人）（板书：不完美的自己最真实）

【设计意图】通过游戏真实体验世界上没有十全十美的人，不完美的自己是最真实的。

3. 找优点，制作优点树

（1）指导语：每个人都有优点，请每位同学找一找自己的优点，至少写出5个。如果有写不出的，全组同学帮他找，直到找到5个优点。

（2）每位同学向组内同学介绍自己的一个优点：我很喜欢我自己，因为……

（3）组长把全组的优点贴在优点树上。

教师小结：能够在这个活动当中找到自己的优点，真是一件开心的事情，请你伸出双手用掌声鼓励一下自己吧！这些优点让我们变得更好，请继续保持。

【设计意图】通过自我评价和他人评价来引导学生认识自我，让学生更加全面地认识自我，了解自我，充分地肯定自我。

4. 找自己的缺点，制作缺点树

（1）指导语：金无足赤，人无完人，我们先来看一个视频。感受尼克·胡哲是怎样对待自己身体残缺的。

（2）指导语：虽然尼克·胡哲天生四肢残缺，但是他能够坦然地面对和愉悦地接纳自己。在这个世上，每个人有着不同的缺点，请同学们在便利贴上写一写自己的缺点，并在组长的带领下进行分类（分为可以改变的和不能改变的两类）。

（3）指导语：对于自己的缺点，大家又该怎么做？

总结并板书：我们要像尼克·胡哲那样正确地认识自己，既看到自己的长处，欣赏自己；也能看到自己的短处，勇敢地接受自己的不足和缺点，甚至是缺陷，让自己活出生命的精彩。用放大镜看自己的优点，接纳不能改变的，改变可以改变的。

【设计意图】通过榜样，感受人有缺点是正常的，关键是如何认识它。对自己不能改变的现实可以无条件接纳，可以改变的就通过自己的努力去提高，要学会悦纳自己。

（4）在小组里说一说：虽然我……但我还是喜欢我自己。

5. 结束活动

（1）看视频《缺失的一角》。

（2）总结：学生谈本节课的感受（追求完美，但不苛求完美，珍惜所有，享受过程）。

单位：佛山市南海区大沥镇雅瑶小学
执笔人：姚亚莲

四、健康的生活习惯

（一）教学背景

小学生不良的生活习惯主要表现为：日常生活自理能力差，对父母的依赖严重；劳动意识不强，劳动技能差，怕苦怕累；时间观念不强，有的贪睡、迟到，不合理安排作息；安全意识淡薄，没有科学的安全防范意识；饮食习惯差，不注重合理的饮食规律和健康的饮食卫生……以上这些问题，都会直接影响着学生的全面发展。小学生活泼好动，专注力不足，这就要求教师不厌其烦，反复引导、督促、训练学生，以帮助他们一步步地形成好的学习品质、生活习惯。

（二）教学目标

（1）了解健康的生活习惯与不健康的生活习惯的表现形式，认识到健康的生活习惯有利于我们身心健康以及不健康的生活习惯可能产生的后果。

（2）能辨识健康的生活习惯与不健康的生活习惯，体会良好的生活习惯的重要性。

（3）学生增强健康的生活习惯的意识，并且能以积极的态度改正自己的不良习惯。

（三）教学重点

了解健康的生活习惯与不健康的生活习惯的表现形式。

（四）教学难点

增强学生的意识，从而以积极的态度改正自己的不健康生活习惯。

（五）教学过程

1．阅读导入

（1）阅读体验。让学生结合插图，阅读材料，了解乐乐不健康的生活习惯。

（2）小结过渡。指导语：同学们，你现在已经了解了乐乐的生活习惯，你想对乐乐说什么呢？

【设计意图】从学生的生活经验出发，直观引导学生认识不健康的生活习惯就在身边。

2．交流分享

（1）讨论交流。指导语：你觉得乐乐的生活习惯健康吗？这些习惯会导致什么样的后果？

（2）体验分享。指导语：你觉得乐乐应该怎样改变生活习惯？

（3）总结归纳。指导语：不健康的生活习惯不利于身心健康。

【设计意图】学生在轻松的聊天氛围中，进一步认识到不健康的生活习惯带来的后果。

3．游戏体验

（1）小小的我。指导语：你觉得自己的哪些生活习惯是不健康的，哪些是健康的？写下来，并演一演。

（2）分享交流。学生分享自己的习惯并给自己评价鼓励，其他学生予以评价。把写有"不健康的习惯"的纸条丢到垃圾桶里。

（3）知识竞赛。师生互动进行健康知识竞赛，帮助学生了解健康生活习惯。

（4）总结归纳。指导语：通过这次健康知识小竞赛，你有什么感受？

在学生思考交流的基础上总结：健康的生活习惯非常重要，能使我们的身心更健康，生活更加幸福。

【设计意图】通过写一写、演一演帮助学生区分自己的生活习惯是健康的还是不健康的，以"丢垃圾"的形式告别不健康的生活习惯。在学生喜欢的竞赛游戏中引导反省和渗透，让学生认识到自己身上健康的习惯和不健康的习惯，激发学生培养健康习惯的意识。

4．感悟体验

（1）自我评价。指导语：挑选自己的一个健康的生活习惯，给大家讲讲是怎样养成的，你喜欢这样的自己吗？

（2）同伴互评。指导语：你喜欢刚才同学所说的健康的生活习惯吗？

（3）归纳总结。指导语：健康的生活习惯可以让我们身体棒棒，心情舒畅，对我们的学习也大有好处。

【设计意图】通过讲述自己健康生活习惯的养成，认识到健康生活习惯的好处。

5．课外拓展

（1）牵手父母。指导语：回家把学到的健康生活习惯与爸爸妈妈分享，并制订家庭计划与爸爸妈妈互相监督。

（2）总结提升。总结语：健康的生活习惯受益终身。

【设计意图】课内向课外拓展，充分发挥家校合力，帮助孩子养成健康的生活习惯。

单位：佛山市南海区大沥镇中心小学
执笔人：杨万红

五、兴趣是动力之源

（一）教学背景

兴趣是小学生学习上的最佳营养剂，人对感兴趣的事物，总是在不知不觉中心生向往，并进行探索创造。学生在学习中的积极情绪体验，能极大增强学生的兴趣。反之，在学习活动中的消极情绪体验，则会降低学生的学习兴趣。因此，教师在教学中要用生动形象的语言，紧扣学生的心弦来激发学生的感情，感染学生，提高学生的学习兴趣。

（二）教学目标

（1）知道学习兴趣分为直接学习兴趣和间接学习兴趣。

（2）明确兴趣的积极作用。

（3）能够主动培养自己的学习兴趣。

（三）教学重点

提高学生的学习兴趣。

（四）教学难点

引导学生掌握提高学习兴趣的方法。

（五）教学过程

1. 热身活动

指导语：也许你平时是一个爱动脑筋的"小机灵"，想揭开宇宙的奥秘，探索大自然的奇迹。那么，就请你从书本里走出来，开动脑筋，瞧瞧外面的世界吧！

（1）体操运动员为什么要在上场前手上抹白色的粉？

（2）君子兰是兰花的一种吗？

（3）为什么吃菠萝前最好先蘸盐水？

（4）橄榄油是从橄榄里榨出来的吗？

【设计意图】从生活经验出发，使学生认识到兴趣是最好的老师。

2. 心海导航

（1）阅读思考。让学生阅读材料，总结归纳兴趣的重要性、学习兴趣的分类。

（2）分享交流。教师引导学生：怎样才能激发、培养学习兴趣？

教师总结：有了学习兴趣，就可以激发我们的学习动力。兴趣并不是与生俱来的，培养学习兴趣可以从多方面进行。

【设计意图】通过阅读、分享，促使学生从理论层面认识到兴趣不仅是个人偏好的体现，更是驱动学习行为、提高学习效率的关键因素，为形成持续、高效的学习习惯奠定了基础。

3. 课堂拓展

活动一：我的兴趣

（1）引导学生思考并写下自己最突出的兴趣，每位同学写 5 个。完成后，教师引导：现在因为某些原因，你要画掉其中一个兴趣，请用笔把它涂黑。体会一下你的感受。隔一段时间，教师再引导学生涂黑一项兴趣，直到 5 项全部被涂黑。

（2）分享交流。小组内交流：我在划掉兴趣时的内心感受。兴趣对我的生活的重要性是什么？在发展兴趣方面我的收获和困难有哪些？

（3）总结归纳。教师总结：兴趣是推动我们求知的一种内在力量。当我们对自己所做的事情怀着极大的兴趣，不管多辛苦，我们都不会厌倦。如果生活失去了兴趣,那会多么枯燥乏味。我们要学会发展自己的兴趣。

活动二:为什么学习

(1)教师指导学生了解活动要求:每个人写出5条自己刻苦学习的理由,可以参照例句。

(2)分享交流。5~6人一组,分享为了这些理由所做的努力。对自己缺乏兴趣的学科进行诊断,请同学出主意,该如何培养对这些学科的学习兴趣。

(3)总结归纳。教师总结:我们有很多喜欢学习的理由,可能也会对某些学科不感兴趣。大家可以相互出主意、想办法,提高自己的学习兴趣。

【设计意图】通过具体的写作和互动体验,让学生深刻反思并认识到兴趣爱好的多样性和重要性。逐步涂黑兴趣的过程则是一种模拟的"失去"体验,让学生在情感上体验到兴趣被剥夺的失落感,进而深刻体会到兴趣对个人情感的满足、生活的充实及成长发展的重要性。

4. 活动加油站

(1)指导学生阅读并思考如何培养自己的学习兴趣。

(2)学生思考、交流。教师总结:兴趣不是天生的,我们可以通过自己的努力,让自己喜欢上学习,体会到学习的乐趣。

【设计意图】掌握培养学习兴趣的方法,引导学生认识兴趣对自己学习和生活的重要性。

5. 加油站

了解父母的兴趣爱好,与父母一起探讨培养兴趣的方法。

【设计意图】通过了解父母的兴趣爱好和共同探讨培养兴趣的方法,促进亲子共同学习与成长,并培养学生的责任感和同理心。

单位:佛山市南海区大沥镇中心小学
执笔人:甘杏莹

六、梦想守护计划

(一)教学背景

近年来,小学职业启蒙教育逐渐受到社会的关注和重视。职业教育作为教育体系中的重要组成部分,对于培养学生的实际能力和职业素养具有重要意义。本文将探讨小学职业启蒙教育的意义以及可行的实施措施,旨在为小学教育改革提供案例。

（二）教学目标

（1）通过观看视频、讨论与分享，让学生了解职业及其意义。

（2）通过小组合作探究，让学生感悟实现职业梦想应具备的条件。

（3）通过任务学习，帮助学生认识到只有从小事做起，培养自己的能力与品质，才能更好地守护自己的梦想。

（三）教学重点

让学生感悟实现职业梦想应具备的条件。

（四）教学难点

学生认识到只有从小事做起，培养自己的能力与品质，才能更好地守护自己的梦想。

（五）教学过程

1. 课程引入：视频《这是我的未来》

（1）过渡语：同学们，欢迎再次来到生涯课堂。上课前，我们先来看一段视频（播放视频）。你有梦想吗？你未来想做的职业是什么？

（2）指名回答。

（3）引入课题：同学们都能清晰地表达出自己的职业梦想，说明对自己的职业梦想有过思考。现在我们就围绕"职业梦想"这个主题来开启我们的"梦想守护计划"。

（4）了解职业。

教师：是呀，不仅我们人类有梦想，连小动物都有梦想。"疯狂动物城"正在举行梦想晚会，小羊、豹子和兔子同学将要公开分享他们的职业梦想，想知道他们长大后希望做什么职业吗？让我们一起去看看吧！

（5）观看《疯狂动物城》视频。

（6）教师：同学们都看得非常认真，那你了解小羊同学的梦想和理由吗？

（7）学生说出小羊、豹子和兔子的职业梦想和理由。

【设计意图】通过视频讨论，引入本课的主题。

2. 主题活动：职业梦想卡

（1）教师：同学们观察得很认真，听得很仔细。现在我们也来说说我们的职业梦想的理由吧！

（2）学生分享自己的职业梦想的理由。

（3）教师小结：同学们都非常清楚地分享了自己的职业梦想和理由。原来每一种职业梦想都有它的意义。比如：警察可以伸张正义，教师可以传道授业，医生可以救死扶伤，消防员可以保护生命安全等。我们会根据职业的意义来选择自己的职业梦想。

（4）教师：既然我们已经确定了职业梦想，我们还需要了解职业的一些相关技能。请同学们说说与自己职业梦想相关的技能。

（5）学生分享自己的职业技能。

【设计意图】通过活动，引导学生思考实现梦想的条件。

3．主题活动：梦想猜猜乐

过渡语：同学们都说得很到位，看来同学们都知道了实现职业梦想需要具备的专业知识和技能。那么，除此之外，还需要什么条件来帮助实现你们的职业梦想呢？接下来，我们来玩一个游戏，看看大家能否找出答案。老师手中有一个盲盒，想知道里面有什么吗？请听游戏规则。

（1）讲解游戏规则：小组长从盲盒里抽取一份神秘职业卡。小组4人合作讨论解决课堂上提出的问题，并把答案写在相应的位置上。我们要根据职业介绍的内容来猜猜职业名称，思考：做好这份职业需要具备的条件有哪几方面？

（2）完成探究活动后，学生回答以下问题：你们猜出了哪些职业？做好这份职业需要具备什么条件？

（3）教师根据学生的回答进行引导，得出以下三大条件：一是专业的知识，二是良好的身体素质，三是优秀的品质。

点拨1：在工作中如果遇到困难，遭遇失败，你是会放弃还是会坚持呢？为什么？如果放弃，代表追求职业梦想就失败了，所以遇到困难坚持不放弃很重要。也就是说，在追求职业梦想的过程中，我们必须拥有坚持，不放弃，勇于奋斗的这些优秀品质。

点拨2：如果从事医生这份职业，已经掌握了专业的知识和技能，但没有健康的身体，常生病，那还能不能做好这份医生职业？对啊，自己身体都不好，又怎么能为病人服务呢？所以没有良好的身体素质，也是实现不了职业梦想的。

（学生继续回答……）

（4）教师小结：总的来说，实现职业梦想需要具备以下条件：①良好的身体素质是实现职业梦想的基础；②专业的知识是实现职业梦想的关键；③优秀的品质是实现职业梦想的有力保障。

总而言之，在各行各业，在任何一个岗位，想要实现职业梦想，必须具备以上3个条件，缺一不可。

【设计意图】通过游戏，让学生具体思考实现梦想的必备条件。

4．主题活动：梦想守护计划

（1）教师过渡：那么，作为小学生的我们现在需要做哪些准备，才能更好地守护我们的职业梦想呢？

（2）学生完成梦想守护卡。守护卡分两部分内容，先在有星星的一面写下自己的职业梦想,在这部分勾选出自己的具体做法或计划的做法。

(3) 学生完成梦想守护卡并分享。教师提问:完成守护卡的同学请举手,哪位同学来分享一下?

(4) 教师小结:同学们都讲得很具体,都能根据自己的职业梦想讲述在日常学习生活中,在学校里,在家庭里的一些具体的做法。的确,同学们要实现以后的梦想,现在我们需要每天好好地锻炼,来夯实我们的身体素质;也需要认真学习,丰富我们的专业知识;我们得有一颗不屈不挠、负责任的心,这样才能培养出优秀的品质,才能实现我们的梦想。

【设计意图】通过活动,引导学生立即行动起来,为实现梦想做具体的计划。

5. 教学总结

教师总结:课的最后我们一起来总结一下这节课的内容。

(1) 了解了职业和意义。

(2) 探讨了实现职业梦想应具备的 3 个条件:良好的身体素质、专业的知识、优秀的品质。

(3) 最后我们认识到,作为小学生的我们,应该坚持锻炼,坚持学习,培养自己优秀的品质,为守护自己的职业梦想保驾护航。

单位:佛山市南海区大沥镇中心小学
执笔人:杨万红

七、青春的脚步悄悄来临

(一) 教学背景

青少年时期是人的一生中最容易偏离心理正常状态从而导致不适应行为或心理健康问题的时期,是一个充满危机的时期。青春期是性器官和性机能迅速发育成熟的时期,性生理的迅速发育成熟必然带来心理的发展变化,特别是在教育引导不够的情况下,容易使学生的性心理表现出相对的幼稚性。因此,要引导学生认识到青春期在人的一生中,无论在生理上,还是心理上都是急剧变化的过程,帮助学生从容面对青春期的生理和心理变化。

(二) 教学目标

(1) 了解人的生命周期。

(2) 懂得青春期是儿童逐渐发育为青年的过渡时期,是每个人成长发育的一个重要时期。

(3) 悦纳青春期给自己带来的变化,以积极乐观的态度迎接青春期的到来。

(三) 教学重点

认识并接纳青春期的变化。

(四) 教学难点

帮助学生从容面对青春期的生理和心理变化。

(五) 教学过程

1. 热身活动

(1) 教师:同学们,我们知道,人的一生离不开朋友。大家还记得小时候玩过的"找朋友"这个游戏吗?

(2) 教师讲解游戏规则,学生开始投入游戏中。

(3) 教师总结:我们在平时的学习生活中,也常常像这个游戏一样,按性别分类的方式找朋友,如女生和女生一起玩,男生和男生一起玩。看来,长大后的我们与同性同学相处时比较自然、大方,很容易结成好朋友,而与异性同学的交往就可能有一些烦恼、困惑。记得你们小的时候会很自然地与异性小伙伴手拉手一起玩。那么为什么现在你们之间发生了变化呢?今天我们就来讲一讲关于男生、女生的青春期。

2. 导入新课:心情话吧

(1) 阅读体验。让学生阅读材料,了解主人公的经历。

(2) 分享交流。教师引导学生分享:你怎么看待依依的变化?

(3) 总结归纳。在学生思考、交流的基础上,教师总结:不知不觉中,青春的脚步悄悄来临,我们长大了!

【设计意图】引导学生了解青春期的生理变化和心理特征。

3. 心海导航

(1) 阅读思考。让学生阅读材料,总结归纳人的生命周期以及青春期的变化。

(2) 分享交流。教师引导学生分享:从人的生命周期来看,青春期是一个怎样的阶段?

(3) 总结归纳。在学生思考、交流的基础上,教师总结:人生是一次旅行,青春是一道不同的风景。我们在这个阶段会经历很多变化,这些变化带给我们欣喜,也会产生不少烦恼。

【设计意图】学生总结归纳人的生命周期以及青春期的变化。

4． 课堂拓展

活动一：成长记录

（1）引导学生观察：别人眼中的，和自己观察到的长大的外在表现，并描述自己的感受。

（2）分享交流。分小组进行交流：与同桌交换成长记录，分享彼此的感受。

（3）学生思考、交流并总结归纳。教师总结：成长常常发生在不知不觉中。一天一天，我们都在长大，这是多么令人兴奋喜悦的事情。

活动二：情境表演

（1）指导学生阅读课本上的 4 个情境，在小组中分角色进行表演。

（2）分享交流。请学生探讨交流：在上面 4 个情境中，哪些做法更合适，并说明理由。

（3）学生思考、交流并总结归纳。教师总结：在不同阶段，我们和异性同学相处的方法会有所不同。我们要以恰当的心理状态，正常、大方地与异性交往，促进同学间友谊的发展。

【设计意图】要求学生以恰当的心理状态，正常、大方地与异性交往，促进同学间友谊的发展。

5． 活动加油站

（1）指导学生阅读并思考：进入青春期，我们应该注意哪些方面？

（2）学生思考、交流。教师总结：了解自己的变化，接纳自己的变化，有问题时及时求助，让我们共度美好的青春时光。

【设计意图】学生了解自己的变化，接纳自己的变化。

6． 亲子分享

和父母聊聊有关青春期的困惑，从父母那里获得帮助。

单位：佛山市南海区大沥镇中心小学

执笔人：杨万红

第三章　小学生涯教育学科渗透课程教学设计

一、观中华国宝之赵州桥，争当最佳小导游
——小学语文渗透生涯教育教学设计

（一）教材分析

《赵州桥》是一篇精讲课文，是一篇说明文。课文不但写明了赵州桥的位置、设计者、建造年代，还运用了列数字的方法，介绍了赵州桥雄伟的设计，称其是建桥史上的创举，赞扬了我国古代劳动人民的智慧和才干。该文还具有文学类文本的特点，把赵州桥"美观"的特点描写得生动优美，介绍赵州桥的美观时用"有的……有的……还有的"的排比句式，把栏板上的龙描绘得栩栩如生，这也是本课的重点所在。《赵州桥》全文的结构清晰，按"总—分—总"顺序分为三个部分。第1自然段为第一部分，总体概述了赵州桥的位置、设计建造者及建造年代等相关情况。第2、3自然段为第二部分，介绍了赵州桥雄伟、坚固、美观的特点。第4自然段为第三部分，总结了赵州桥的历史价值。

（二）学情分析

（1）已知点：三年级的学生在三年级上册第六单元中已掌握借助关键语句理解一段话的意思。在"试着围绕一个意思写"的学习中已经初步学习了"提取信息"。他们也能初步感受围绕关键词句理解一段话的意思，在习作中学习围绕一个意思进行习作实践。

（2）困难点：如何围绕一个意思说清楚、写清楚是新的学习要求，具有一定的难度。特别是在通过具体事例把意思说清楚方面存在一定的困难。

（3）生长点：本单元要点是了解课文怎样围绕一个意思把一段话写清楚，并让学生收集传统节日的资料，交流节日的风俗习惯，写一写过节的过程。学生具备一定的基础，又因三年级的学生具有较强的好奇心，在趣味性较强的学习任务下积极性会比较高，更乐于学习、思考。

（三）教学目标

（1）能认识课文新生字，会写要求的生字。

（2）能正确、流利地朗读课文。

（3）理解第3自然段是通过列举桥栏上雕刻着的图案从而把"桥的美观"写清楚的，并正确抄写这一自然段。

（4）学习小导游的表述方法，体验导游职业，借助提供的词语向别人介绍赵州桥，感受我国古代劳动人民的智慧。

（四）教学重点

理解第3自然段是通过列举桥栏上雕刻着的图案从而把"桥的美观"写清楚的，并正确抄写这一自然段。

（五）教学难点

学习小导游的表述方法，体验导游职业，借助课本提供的词语向别人介绍赵州桥，感受我国古代劳动人民的智慧。

（六）生涯教育渗透点

本单元围绕"中华传统文化"单元主题，设置了"寻根中华传统文化"学习任务群，其子任务分别为：品中华传统佳节文化、寻纸文化的发展之旅、观中华国宝之赵州桥、探闻名中外的中国画、做传统文化的传承人。通过"观中华国宝之赵州桥，争当最佳小导游"任务，引导学生欣赏中国的国宝建筑赵州桥，培养学生对祖国历史文化遗产建筑的认同感；又以"争做最佳小导游"的活动形式，让学生有职业体验感，又能从介绍赵州桥的过程中更深刻感受古时候劳动人民的智慧，感受匠心精神。

（七）教学过程

第一课时

课时目标：

（1）认识"县、拱"等10个生字，读准多音字"爪"，会写"赵、省"等13个字。

（2）能正确、流利地朗读课文。

（3）掌握"提取信息，整理信息"的方法，了解课文的主要内容，初知课文。

活动一：闯过关卡，获得门票

创设情景，明确学习任务群：中华文明上下五千年，留给我们许多宝贵的历史文化遗产，它们凝结了无数劳动人民的智慧和才干，它们是中国人的根。前面我们品读中华传统佳节文化，追寻纸文化的发展之旅，今天让我们一起观中华国宝之赵州桥，一起去参观、游玩赵州桥吧！

（1）关卡1 词语我会认：学习课文二会字，掌握字词读音。

（2）关卡2 多音字我会读：学习多音字"爪"，区分词义。

（3）关卡3 生字我会写：①同桌结合"四看法"，讨论易错字的注意点。②重点指导"省""慧"这两个易错字。

【设计意图】以"观中华国宝之赵州桥"为学习任务，通过闯关游戏获得游玩门票，创设情景开展课文学习，活动丰富有趣，能激发学生的学习兴趣。

活动二：参观赵州桥，制作国宝名片

（1）国宝初印象。朗读课文，想想围绕赵州桥，作者写了哪几方面的内容。

（2）制作国宝名片。朗读课文第1自然段，制作赵州桥名片卡（见表3-1）。

表3-1 赵州桥信息填写

名字	
别名	
地理位置	
设计者	
地位	

【设计意图】以活动初步了解课文内容，再以"制作名片卡"为活动，训练学生提取信息和整合信息的能力，对课文内容有更深入的了解。

（3）最佳国宝名片编写者（见表3-2）

表3-2 "最佳国宝名片编写者"评价

能认真阅读课文，理解课文	★★★★★
能抓住关键词句提取信息	★★★★★
能整合信息完成国宝名片	★★★★★

【设计意图】以"最佳国宝名片编写者"为活动，让学生在评价中回顾自己的学习过程，同时也再次对本课学习重点进行回顾、整理。

第二课时

创设情景：同学们，上节课我们已经获得门票，参观赵州桥，初步了解了国宝信息，并制作了名片卡。这节课让我们赶紧一起去游玩赵州桥，为它制作国宝档案吧！

活动一：游玩赵州桥，制作国宝档案

（1）制作国宝信息卡。①读第 2～3 自然段，根据文字填写国宝信息卡。（见表 3-3）

表 3-3 国宝信息卡

国宝特点	证明例子
（ ）	赵州桥长（ ），宽（ ）
	桥身一个（ ），大桥洞上左右各两个（ ）
（ ）	减轻（ ），不容易被（ ）
（ ）	栏板上雕刻着（ ）

②学生进行默读，填写答案，小组内互相交流。

③先汇报第二自然段内容。与教室的长、宽进行对比，再展示赵州桥的图片，感受赵州桥的"雄伟"。

④赵州桥这样的设计有什么作用呢？再联系当时的条件，由此感受"创举"，理解"创举"的意思。

⑤齐声朗读课文第 3 自然段，思考：赵州桥的"美观"都体现在哪里？

⑥完成最终信息卡。（见表 3-4）

表 3-4 最终信息卡

国宝特点	证明例子
（雄伟）	赵州桥长（50多米），宽（9米多）
	桥身一个（37米多拱形大桥洞），大桥洞上左右各2个（拱形小桥洞）
（坚固）	减轻（冲击力），不容易被（大水冲毁）
（美观）	栏板上雕刻着（精美的图案）

⑦借助图文，再次齐读体现"美观"的句子，感受赵州桥的美。

（2）探究国宝价值：朗读课文第 4 自然段，了解赵州桥的历史价值。

【设计意图】以"游玩赵州桥"为情景，通过制作信息卡，既激发学生兴趣，又帮助学生梳理文章内容，锻炼学生提取信息和整合信息的能力，从中感受到劳动人民的智慧和才干。

活动二：介绍国宝魅力，当好小导游

（1）介绍国宝魅力，最佳导游我来当：作为第一批全国重点文物保护单位——赵州桥，自然吸引了无数人的目光。你能用自己的话对它进行宣传吗？让没见过它真面目的游客一饱耳福吧！

①工作要求：试着用下面的词语，结合课文导图，向游客介绍赵州桥。

世界闻名　雄伟　创举　美观

②小导游评价标准。（见表3-5）

表3-5　"最佳小导游"评价

自然大方，表达流畅	★★★★★
用重点词，表达完整	★★★★★
围绕特点，表达清楚	★★★★★

③先同桌互相介绍。

④请"小导游"上台介绍。

⑤请"小游客"根据评价表评价，提出小建议。

（2）了解更多国宝。

①播放中国四大名桥之一——广济桥

②练一练"桥梁我来绘"：赵州桥带给了我们视觉震撼，让我们感受到了建筑之神奇。中国的桥梁建筑还有很多，请用手中的笔把他们画出来，并介绍给好朋友听一听。（引导学生用上本课的学习方法）

③总结课文及学习方法。

【设计意图】"做小导游"的活动，既激发学生兴趣，又锻炼学生清楚明白地表达的能力。通过认识其他名桥，拓宽学生知识面。通过课后练习，让学生学以致用，能和好朋友介绍自己所知道的桥梁建筑，从而落实单元要素的学习和运用。

（八）板书设计

第一课时板书设计　　　　第二课时板书设计

11．赵州桥　　　　　　　11．赵州桥

概况　特点　历史价值　　雄伟　坚固　美观

提取信息　　　　　　　　整合信息智慧和才干
历史文化遗产

单位：佛山市南海区大沥镇中心小学
执笔人：佘桂娜

二、感动知学贵，职业见真情

——小学语文口语交际渗透生涯教育教学设计

（一）教材分析

本组课文讲述的故事感人肺腑，闪烁着善良、高尚的人性光辉。那可歌可泣的事，那令人震撼的事，深深地触动着人的心灵。教材以电视公益广告和一部根据真人真事改编的电影引出口语交际的话题，拓宽了学生的思路；选择的内容既可以是自己亲身经历过的，也可以是别人讲述的，还可以是从电影、电视、书中看到的。只要是令自己深受感动的、触动过自己心灵的事情，都可以成为口语交际的题材。安排这次口语交际，一是继续让学生从看到的、听到的或者亲身经历过的令人感动、使人难忘的事情中受到启发和教育；二是提高学生的语言表达能力；三是通过口语交际使学生明白学习、职业和尊重三者的关系，以及学习的重要性，为生涯做准备。

（二）学业分析

学生在升上五年级以后，大部分意识到自己即将告别小学生活，面临小升初的毕业考试，都把这个阶段当作人生的一个转折点来看待，因而对学习的重视程度有所提高。但是五年级的学生还缺乏稳定性和持续性，尤其是面临困难时，容易受到打击，影响学业。而且学生并不能很清晰地认识到现在的学业与将来职业选择的关系，不能将自己的学业与今后的职业相联系，为将来的职业做好初步设想和准备。由此导致学生在学习上重视有余而动力不足。

（三）学情分析

（1）学习了本单元4篇生动感人的课文，学生能够从字里行间体会感动，思想受到感染熏陶，心灵受到触动，而且也学会了表达强烈感情的方法，为口语交际做好了准备。

（2）班上的学生两极分化比较严重，学生学习比较被动，缺乏学习的动机，缺乏为生涯做好准备的勇气。

（3）五年级的学生对自己有了初步的认识，自我意识开始觉醒，对未来有很多设想。而且五年级的学生对很多职业都有所了解，尤其是对父母从事的职业认识比较多。但是爱幻想，并随兴趣的变化而变化，一会儿想做运动员，一会儿想做艺术家等，而且对父母的职业缺乏认同感。因此教师需因势利导，帮助他们树立正确的理想观，思考自己的生涯发展。

（四）设计理念

2011年版《义务教育语文课程标准》在口语交际实施建议中明确提出：教学活动主要应在具体的交际情境中进行，不宜采用大量讲授口语交际原则、要领的方式。应努力选择贴近生活的话题，采用灵活的形式组织教学。因此我设计了"少年感动说"的情境，选择在学生生活中熟悉的父母身上寻找感动点。

小学生处于生涯意识的萌芽期，是身心飞速发展的关键时期。在这个时期实施生涯教育可以激发学生对生涯规划的兴趣，使学生形成对未来生活的向往，为将来的生涯发展做好铺垫。舒伯将生涯发展阶段划分为5个阶段，其中，小学阶段主要处于成长阶段，在这一阶段（0—14岁）中有4个核心生涯发展任务：考虑将来；提高个人对生活的掌控力；发展对工作和学业成就重要性的认识；获得足够的工作态度和习惯。为此，通过本次口语交际，了解父母的工作，体味其中的辛酸，升华感动，能够发展学生对工作和学业成就重要性的认识，实现学生生涯的发展。

（五）教学目标

（1）围绕"感动"这个话题，诉说故事，畅谈想法，感动心灵。继续让学生在令人感动、难忘的事情中受到启发和教育。

（2）把父母工作的辛酸说清楚，内容要具体，语句要通顺，感情要真实，能感动听众。

（3）在听他人说话时要认真，有耐心，学会倾听，尊重他人父母的职业，文明评价。鼓励学生积极参与，培养学生敢于表达自己想法的习惯。

（4）于感动中增强学生对工作和学习之间关系的认识，树立正确的职业观，增强生涯意识。

（六）教学重点

把父母工作的辛酸说清楚，内容要具体，语句要通顺，感情要真实，能感动听众。

（七）教学难点

于感动中增强学生对工作和学习之间关系的认识，树立正确的职业观，增强生涯意识。

（八）教学策略与手段

（1）情境教学策略。仿照电视节目"少年说"，创设"少年感动说"的情境，帮助学生利用日常认知情感唤醒生活中的已有经验，促进学生的联想与想象；开发学生的潜在动机资源；促进学生所学知识的有效迁移。

（2）主题演讲。让学生进行"少年感动说"主题演讲，将感人的故事以演讲方式进行表达。

（九）生涯教育渗透点

教材以感人的故事引出口语交际话题，设计贴近生活的"少年感动说"情境，生涯教育渗透教学的整个过程，引导学生从熟悉的父母职业中寻找感动点，让学生在真实情境中感受职业的意义和价值，具体渗透点如下：

（1）渗透职业类型：通过看图片、视频环节，引导学生换位思考，想象图片和视频中人物的职业及背后的辛酸，培养学生对不同职业的同理心和尊重。

（2）渗透职业观：创造了"少年感动说"的情境，让小组间先说说自己父母职业的辛酸带给他们的感动，边说边评。接着各组推选代表上台进行"少年感动说"。让学生感受职业的意义和价值，树立正确的职业价值观。

（3）渗透学业发展：总结升华环节引导学生思考口语交际带来的启发，将职业、尊重和学习联系起来，形成对生涯发展的初步认识。

总体而言，这堂口语交际课通过多种教学方法和活动，将生涯教育有机地融入语文教学中，引导学生关注职业、尊重劳动、认识学习的重要性，对学生的生涯发展起到了积极的启蒙和引导作用。

（十）教学过程

1. 回顾导入，思感动（3分钟）

（1）同学们，感动无处不在，相信你也曾经历过感动，谁能说说感动是一种怎样的感觉。（根据学生回答，总结概括为触动人心、令人泪目。板书：感动 触动人心 令人泪目）

（2）这个单元中的哪篇课文让你有这种感觉？

（3）今天，我们将继续体验这种触动人心、令人泪目的感动。（板书：感动）

【设计意图】通过让学生思考感动的感觉，让学生回忆自己的生活体验，能够很快进入到感动的氛围。而课本的回顾，让这种感觉蔓延开来，为口语交际的进行奠定了感情基调。

2．看图片、视频，寻感动（12分钟）

（1）感动在哪里呢？让我们开启寻"感"之旅。先让我们看看口语交际的两幅插图。

（2）谁能说说这两幅插图里的感人之处在哪里呢？

学生回答预设1：孩子给妈妈洗脚的孝心感动了我。

教师：是的，孩子的做法感动了你。

学生回答预设2：学生为了照顾生病的父亲，即使上学也要背着父亲去。

教师：是的，这个学生背父亲的举动感动了你。

（3）当我们的目光聚焦到这两个孩子身上时，我们为他们的做法而感动不已，但是如果我们换位思考，看看你能否从孩子的妈妈和学生的父亲身上寻找到感动？（板书：换位）

学生回答预设1：孩子的妈妈可能工作一天了，脚非常酸痛，妈妈的辛苦让我感动。

教师：你想到了孩子妈妈的工作，妈妈可能是做什么的，脚才会这么酸痛？

学生想象并描述妈妈的职业。

学生回答预设2：学生的爸爸可能为了赚钱养活家庭，做体力活病倒在床，爸爸的付出让我感动。

教师：你很理解爸爸，什么样的工作让爸爸病倒在床？

学生想象并描述爸爸的职业。

【设计意图】学生如果只关注图中孩子，只从中寻找感动，就会心生距离感。语文来源于生活，口语交际更离不开生活，只有拉近学生与图片情境的距离才能触动学生的心弦。而引导学生换位思考，想象父母的职业，则会更加贴近学生生活，打开学生的思维。另外对他人职业的关注，也为下面谈自己父母的工作情况及带给他们的感动做好铺垫。

（4）辛勤工作的爸爸、疲惫不堪的妈妈使他们的孩子心疼不已，感动不已，所以才做出了这样感人的举动。其实父母在工作中，除了身体上的劳累，更有精神上的压力。让我们看一段最近非常火的节目《少年说》当中的一个演说，边看边从中寻找感动。（播放《我的妈妈是外卖员》）。

（5）学生围绕图中人物的职业内容和李仁志对母亲职业的看法谈感动。

【设计意图】选取这则视频，进一步拉近学生与生活的距离，让学生除了体会到父母工作身体上的疲累，更有精神上的辛酸。而且视频对于学生正确看待职业和看待他人的评价有很好的导向作用，使学生既能获得感动，又能对职业心生敬重之情。设计"少年感动说"的情境，能让学生将心中最真挚的情感大胆表现出来。

3. 聚焦父母工作，说感动（20分钟）

（1）出示交流、评价要求。

少年李仁志就在我们身边，她的妈妈也离我们不远，感动的故事如鲠在喉，让我们一吐为快吧。下面我们来到"少年说"的现场，请同学们诉说你们的感动吧！（请学生上台）但是在说之前，我们要先看看课本中关于口语交际的要求（课件出示要求，齐读）。

①选一件发生在父母工作中，令你感动的事讲给同学听。

②要充满感情，把事情说清楚，说具体，触动人心。

任何职业都应该被尊重，何况上台发表"感动说"的同学讲述的是他们父母职业的故事，更应获得大家的尊重。所以请大家认真聆听，并根据评价要求，评价他们说的故事。（出示评价要求，学生齐读）

①内容是否围绕感动。

②语言表达是否清晰。

③故事是否触动人心。

【设计意图】《义务教育语文课程标准》认为口语交际的评价，应按照不同学段的要求，综合考查学生的参与意识、情意态度和表达能力。第三学段主要评价学生日常口语交际的基本能力，学会倾听、表达与交流。因此，在设计交流时，我提出评价要求，以促进学生养成良好的表达习惯，提高学生善于倾听的能力，以便能对别人的话做出及时反应，灵动交际。

（2）进行演讲，互相评价。

①4人小组互相交流，诉说心中的感人故事。

②各小组推选一名代表上台进行"少年感动说"的演讲，全班同学进行评价。

③老师对演讲和评价的同学进行评价，给予表扬和鼓励。

【设计意图】上口语交际课，要充分调动学生参与的兴趣，激发他们开口表达的欲望，而要不断提高学生的口语表达水平，就需要让学生有听有说，有评有议。组间互动。在口语交际课上，我组织四人小组之间用说、评的方法，进行讨论、交流，互相促进、互相提高。全体互动。学生演讲后，发动全体同学进行评价，提高学生的参与度和热情。师生互动。老师通过问、评的方式，对学生的表现进行提问和点评，能够调动气氛，调动学生表达的积极性。

4. 总结升华，谈启发（5分钟）

（1）同学们，今天我们通过换位思考，以"少年感动说"主题演讲的形式，寻找到了那触动人心、令人泪目的感动。谁能谈谈这次口语交际带给你什么样的启发？（学生畅谈启发，教师引导学生围绕对父母工作的感受、评价及自己如何去做等方面来谈，并总结出职业、尊重、学习三点。）

（2）刚才，同学们围绕职业、尊重和学习三点谈了自己的启发，职业不分贵贱、高低，任何职业只要做得好，做得问心无愧，都令我们感动，都值得我们尊重。同学们，父母为他们从事的职业不辞辛劳，我们也要在学习上努力奋斗。今天你勤奋刻苦地学习，必将换来众人尊重的职业，必将感动更多更多的人，最终成就你的幸福生涯。

【设计意图】如果学生只是在演讲中诉说感动，并不能让学生站在更高的高度看问题，最终也只是为了感动而感动。感动之后，学生并不清楚今后该怎样做，这里的感动与生涯有什么关系。当让学生说出通过本次演讲得到的启发后，学生能够认识到职业的意义，能够有正确的职业观念，更容易与学习相结合，为以后在职业中能受人尊重而不懈努力。最终他们有了生涯的概念，那就是今天的学习是为今后的生涯做准备。而努力将工作做好才能赢得人们的尊重，赢得职业尊重，实现自我价值。

（十一）板书设计

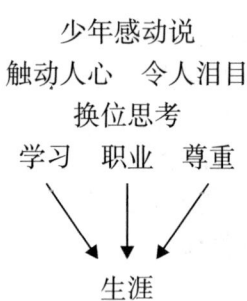

单位：佛山市南海区大沥镇中心小学

执笔人：张纪红

三、生活与百分数

——小学数学渗透生涯教育教学设计

（一）教材分析

本内容是小学数学六年级下册第二单元《百分数（二）》后面的"生活与百分数"，属于"综合与实践"领域，它是在学生理解百分数的意义、掌握分数四则混合运算、能用分数四则运算解决生活实际问题、会解决一般性的百分数实际问题的基础上进行教学的。六年级上册主要是关于百分数的认识以及用百分数解决一般性的问题，而六年级下册则主要涉及折扣、成数、税率、利率等百分数的特殊应用。通过这些与生活实际密切相关的知识的学习，学生进一步了解百分数在生活中的具体应用，提升灵活应用数学知识的能力。通过本主题的学习，完善第二单元"百分数（二）"的认知结构，启发学生职业生涯规划。

（二）学情分析

六年级学生具有一定的抽象思维，具有一定的动手操作能力和合作学习的经验。他们已认识百分数的意义，也逐渐了解百分数在生活中的应用，但对百分数在生活与在职业生涯上的深入应用还体会较浅。

（三）教学目标

（1）认识各类理财方式，体验合理设计理财方案使收益最大的过程，提高解决百分数的实际问题的能力。

（2）了解千分数、万分数的意义。

（3）感受数学知识和方法的应用价值，获得成功的体验，增强学习数学的兴趣和信心。

（四）教学重点

（1）经历合理设计理财方案使收益最大的过程，提高运用百分数解决实际问题的能力。

（2）感受数学知识和方法的应用价值，增加学习兴趣。

（五）教学难点

经历合理设计理财方案使收益最大的过程，提高运用百分数解决实际问题的能力。

（六）生涯教育渗透点

通过主题学习，树立理财意识，提高生活能力。

（七）教学过程

1. 预习导航

（1）创设情境，激趣引新。

①引入：老师的好朋友聪聪这几天特别高兴，我们一起去看看是什么事让他这么高兴吧！

②微课视频，引入新课：我用 8000 元 1 年定期存款的利息买了一台我早早看中的喵喵机，可美了！为了核算银行支付的利息是否准确，我还特意算了算，根据"利息 = 本金 × 利率 × 存期"，我用 $8000 × 年利率 1.75\% × 存期 1$ 年得利息

140 元〔课件出示：8000×1.75%×1＝140（元）〕。我的本金 8000 元可是一分没花噢！现在我看中了一台科技模型，准备将 8000 元再次存入银行，计划用所得的利息购买。你说，我是不是很会理财呢？

（2）预习反馈，了解学情。

通过"课前调查活动"你知道了什么？请小组交流"课前调查活动"。

课前调查活动

1. 调查内容：调查银行最新的储蓄存款的利率，并与数学书第 11 页的利率表进行对比，了解国家调整利率的原因。

2. 调查方法：（1）实地调查；（2）网络查询。

3. 填写调查结果。

（1）我调查的是（　）银行，调查的结果见表一。

表一　年利率

	存期	年利率（%）		存期	年利率（%）
整存整取	三个月		零存整取 整存零取 存本取息		
	六个月				
	一年				
	二年				
	三年		活期利率	——	

（2）我将调查的结果与数学书第 11 页的利率进行对比，发现了_____。

（3）国家调整利率的原因是_____。

（4）通过这次调研活动，我知道了_____；
我还有的疑问是_____。

（3）基于反馈，聚焦问题。

①通过课前调查活动，你还有什么问题？

②根据学生回答聚焦问题。

预设：什么是整存整取？为什么利率会变？为什么设这么多存款种类？

③微课视频，为生答疑。

今天我特意请来了"微课小助手"，请他来帮忙答疑。

播放微课：介绍储蓄存款的类型＋利率变化的原因。

④国情教育：我们了解了普通储蓄存款（板书），看来，银行存款的利率并不是一成不变的，它会根据国家经济的发展而有所变化。而各银行间的利率也会有少许的差异。

【设计意图】微课引入,让学生理解理财的好处;课前调查活动,让学生经历多渠道调查的过程,提前了解储蓄存款的类型;国情教育,让学生了解利率变化的原因;从而提高学生的学习能力。

2. 导学反馈

任务一

(1) 谈话引入,提出任务。

引入:同学们,现在你们上六年级。6 年后,有的同学上大学,有的同学开始走入社会准备创业。现在,老师给每位同学提供了这样一项任务:如果妈妈准备存 5 万元,6 年后使用。银行给你们的妈妈提供了 3 种类型的理财方式:普通储蓄存款、购买国债、购买理财产品。请你帮你们的妈妈设计一个合理的理财方案,使 6 年后的收益最大。你会怎样设计呢?

(2) 引导质疑,梳理疑惑。

教师:接到任务,有哪些困难或疑问需要提出来?还有吗?

预设疑问或困难:①国债、理财产品是什么?

②利率?怎么计算收益?

③设计时候,选哪种类型?

(3) 指引方法,引导自主学习。

教师:我也查找了最新资料,放在《课堂素材》(见文后的附件 1)里供大家参考。

(4) 组织小组活动,研究探索。

教师:现在,请利用这里的素材,开展小组合作,为妈妈设计一个合理的理财方案。小组活动要求:

①人人参与商量;有困难,可请教老师。

②设计的方案写在"课堂研究"中,每个方案要用数据说理。

③准备好汇报。

课堂研究

1. 任务:如果妈妈准备存 5 万元,6 年后使用。银行给妈妈 3 种类型的理财方式:普通储蓄存款、购买国债、购买理财产品。请你帮妈妈设计一个合理的理财方案,使 6 年后的收益最大。你会怎样设计呢?

2. 说明:(1) 记录的时候,为简便,用"A"代替普通储蓄存款,"B"代替购买国债,"C"代表购买理财产品。(2) 为降低计算难度,连续存款的时候,本金只按原来的本金 5 万元计算,已经获得的利息忽略不计。

3. 填表(把设计方案写在表二中)。

表二　理财方案

方案	理财方式、存期、存的次数	利息（列式计算）	特点
1			
2			
3			
4			
5			
6			

我们小组的理财方案是（　　　），理由是（　　　）。

（5）教师巡视，及时指导。

（6）小组汇报，整理展示。预设学生的设计方案（见表3-6）：

表3-6　预设的学生设计方案

方案	理财方式、存期、存的次数	利息（列式计算）	特点
1	C，6年，存1次	50000×2.96%×6×1＝8880（最多）	收益大，风险高
2	B，三年，存2次	50000×2.95%×3×2＝8850（次多）	收益大，安全
3	B，5年，存1次， ＋ A，1年，存1次	50000×3.07%×5×1＝7675 50000×1.75%×1×1＝875 共：7675＋875＝8550	—
4	A，三年，存2次	50000×2.75%×3×2＝8250	收益小，风险低，
5	A，二年，存3次	50000×2.25%×2×3＝6750	灵活
6	A，一年，存6次	50000×1.75%×1×6＝5250	—

我们小组选择第（1或2或3）种理财方案

（7）引导反思，梳理提升。

①采访学生，了解有哪些组选"购买理财产品6年"的设计方案，询问为什么选它，或为什么不选它。

在学生充分说理后，教师温馨提醒：购买理财产品会存在风险，有可能会因为投资失败而亏本，所以选用"购买理财产品"方式时一定要将风险考虑在内！

②采访学生，了解正在讨论"普通储蓄存款"的方案的小组，询问为什么选它和为什么不选它。

预设生1：选，因稳定，风险低！（提示：普通储蓄存款有什么特点？）

教师肯定学生想法进行回应：风险是个重要的考虑因素。"普通储蓄存款"资金安全，且方式多样，它有一年、两年、三年，等等，这样可以灵活应对生活中需要用钱的突发事件。

预设生2：不选，收益小！

教师肯定学生想法，再引导深入追问：这三种方案，若不算出得数，又可以从哪里看出收益的大与小？怎么看？

③采访学生，了解选"购买国债"的小组，询问为什么选它。

预设生1：选，因收益大。

教师肯定学生思考，指出关键：收益是一种思考的路径！还有其他理由吗？从安全性看，国债有什么优势？（突出国债是较安全的一种理财方式，风险低）

④教师引导深入研究关键问题：在"购买国债"的两种方案中，明明5年期的利率比3年期的利率高，为什么"买国债3年，2次"的收益反而比"国债5年，1次+存款1年，1次"这种混合型的大呢？请找一找问题的根源在哪儿。

预设个别学生可能会想到：方案3中，利率1.75%低于2.95%。

梳理学生表达，引导学生用列表格的方式整理收益分析表（见表3-7），呈现思考路径，得出原因。

表3-7 收益分析

方案	第一年	第二年	第三年	第四年	第五年	第六年
方案3	3.07%	3.07%	3.07%	3.07%	3.07%	1.75%
方案2	2.95%	2.95%	2.95%	2.95%	2.95%	2.95%
方案3 比方案2	多0.12%	多0.12%	多0.12%	多0.12%	多0.12%	少1.2%
方案3 比方案2	五年合起来，利率共多了0.6%					少1.2%
方案3 比方案2	最终，利率少了1.2% - 0.6% = 0.6% 收益少了50000×0.6% = 300（元）					

（8）组织小结。

①在设计理财方案的时候需要考虑哪些因素呢？（利率、存期、收益、风险）

② 经过刚才的活动，如果将来你当上理财师，你会怎样做？

【设计意图】以"帮妈妈设计理财方案使收益最大"为切入点，并以此为线索引发学生思考与小组的合作活动，促使学生、老师、文本之间的互动变真实有效；放手让学生利用提供的资源设计理财方案，培养小组合作和表达能力；在说出选用哪种理财方式中引导学生理解各理财方式的特点以便更灵活地选用；在对比收益中引导分析数据，培养学生的数学观察力与分析力，让学生从小培养理财意识。

任务二

（1）布置作业：阅读课本第 15 页的"你知道吗"，自学千分数、万分数的概念。

（2）质疑解惑。

①问题 1：千分数表示什么？万分数又表示什么？

②问题 2："10.48‰"表示什么意思？3.34‰呢？1.2‱呢？

答案：10.48‰表示，全年出生人数占全年总人数的千分之 10.48。

3.34‰表示，全年死亡人数占全年总人数的千分之 3.34。

1.2‱表示，一天的利息与本金的比率，即一日的利息是本金的万分之 1.2。

③问题 3：与百分号相比，千分号、万分号的写法有什么不同？

（3）写一写：千分数、万分数。

（4）融合教育：万分数因为小，所以在日常生活中我们都会比较少接触到。例如万中无一，即万分之零点几。

【设计意图】学生已有了认识百分数的基础，在认识千分数与万分数的教学上，可以组织学生阅读课本自主理解千分数与万分数的意义、读法、写法，培养学生的自主学习力，融合语文与数学，如"万中无一，即万分之零点几"，实现共育。

任务三

爸爸有 1 万元，有两种理财方式：一种是买三年期国债，年利率 3.35%；另一种是买银行一年期理财产品，预期年收益率 3.6%，每年到期后可连本带息继续购买下一年的理财产品。如果理财产品的预期年收益率能够实现，3 年后，两种理财方式的收益相差多少？

（1）学生自主完成。

（2）交流反馈。

①买三年期国债，利息：$10000 \times 3.35\% \times 3 = 1005$（元）

②买一年期理财产品：

第一年利息：$10000 \times 3.6\% \times 1 = 360$（元）

第二年利息：$(10000 + 360) \times 3.6\% \times 1 = 372.96$（元）

第三年利息：$(10000 + 360 + 372.96) \times 3.6\% \times 1 \approx 386.39$（元）

3 年利息共：$360 + 372.96 + 386.39 = 1119.35$（元）

③比较：$1119.35 - 1005 = 114.35$（元）

【设计意图】通过不同层次的练习，多角度帮助学生建立理财能力，帮助学生加深百分数在生活中的应用的印象。

3. 归纳积累

（1）通过今天的学习活动，你有什么收获呢？请写下你的收获或感想。

（2）小组内互相分享"学习收获"。

4. 布置作业

（1）作业——应用。

如果爸爸有 80000 元，准备作为你 3 年后上高中的学费，现有几种理财方式可供选择，请你帮忙算一算每种方式可获得的利息是多少，并填入收益表中（见表 3-8）。（一年期理财产品，连续买 3 年不变，每年到期后连本带息继续买下一年的理财产品）

表 3-8　收益

本金	理财方式	年利率%	到期利息（列式计算）
80000 元	一年期理财产品，连续买三年	5	
	定期三年	2.75	
	三年期国债	3.8	

（2）预习：下一个"综合实践"的内容为数学教科书第 108 页的"有趣的平衡"。

【设计意图】此作业布置，既是对本内容的巩固，又引发学生对未知的探索。提出具有挑战性的任务"预习下一个综合实践内容"，又启动下一轮循环。

（八）板书设计

生活与百分数
普通储蓄存款　国债　理财产品　　收益大？
利率、存期、收益、风险

理财方案见表 3-9。

表 3-9　理财方案

方案	理财方式、存期、存的次数	利息（列式计算）	特点
1	C. 6 年，存 1 次	50000×2.96%×6×1=8880（最多）	收益大，风险高
2	B. 三年，存 2 次	50000×2.95%×3×2=8850（次多）	收益大，安全
3	B. 5 年，存 1 次 + A. 1 年，存 1 次	50000×3.07%×5×1=7675 50000×1.75%×1×1=875 共：7675+875=8550	—
4	A. 三年，存 2 次	50000×2.75%×3×2=8250	收益小，风险低，
5	A. 二年，存 3 次	50000×2.25%×2×3=6750	灵活
6	A. 一年，存 6 次	50000×1.75%×1×6=5250	—

（九）学习资料：课堂使用的素材

1. 普通储蓄存款

（1）普通储蓄存款：是指居民个人将本金存入储蓄机构，储蓄机构依照规定支付存款本金和利息的活动。

（2）普通储蓄存款的安全性：有多种不同存期供选择，灵活，稳定，资金安全。

（3）2023年5月16日"农业银行"最新的利率见表3-10：

表3-10　2023年5月16日农业银行利率

期限	一年	二年	三年
年利率	1.75%	2.25%	2.75%

2. 国债

（1）国债是由国家发行的债券，是中央政府为筹集财政资金而发行的一种政府债券。常见的国债形式有三种：凭证式国债、电子式国债和记账式国债。按照规定，投资者购买国债后，一般按照约定的期限在原购买机构领取本金和利息。

（2）国债的安全性：稳健，资金安全，风险低。

（3）2023年5月10日国债的存期和年利率见表3-11：

表3-11　2023年5月10日国债的存期和年利率

期限	三年	五年
年利率	2.95%	3.07%

3. 理财产品

（1）理财产品是由商业银行和正规金融机构自行设计的产品。理财产品的理财类型大致分为债券型、信托型、持钩型及QDII型等。一般理财产品有规定起售金额（本金），不同理财产品的收益不同、期限不同。

（2）理财产品的安全性：风险大，有可能到期会因机构投资失败而造成亏本。

（3）2023年5月"农业银行"某理财产品的六年期的年利率见表3-12：

表 3-12 2023 年 5 月"农业银行"某理财产品的六年期的年利率

期限	六年
预期年收益率	2.96%
特点	不保本，1 万元起购

单位：佛山市南海区大沥镇中心小学
执笔人：冯彩聘

四、学做图案设计师

——小学数学渗透生涯教育教学设计

（一）教材分析

这是小学数学义务教育人教版六年级上册第五单元《圆》的第二课时，包括第 59 页内容及相关练习。

本课是在学生认识圆之后，安排的一节综合性较强的实践操作课。通过引导学生经历用圆设计美丽图案的活动，让学生进一步熟练用圆规画圆的技能，加深对圆的特征的认识，理解圆心的位置和半径的大小对图案的影响。让学生充分感受圆的神奇之处，体验图形的美妙。培养学生的观察能力、空间想象力。培养热爱数学学习的情感，并为今后学习圆的周长、面积奠定基础。让学生初步感受到图案设计师在设计图案时是如何广泛地利用圆的相关知识的。

（二）学情分析

学生已认识圆的基本特征，已掌握用圆规画圆的方法。但缺乏利用圆进行设计图案的经验与技巧，对知识的综合运用能力不强，对图案设计的职业了解得不够深，没有自觉地把设计行业与圆的知识相联系。

（三）教学目标

（1）通过图案设计加深对圆的特征的认识。提高画圆的技能，发展学生的观察力和操作能力。

（2）体会圆的知识在平面图案设计中的应用，感受数学与平面设计职业之间的紧密联系。

（3）初步了解设计师的创作工作的操作流程。

（4）通过欣赏与评价，认识自我，发掘设计方面的潜力，对未来职业生涯有所思考与规划。

（四）教学重点

利用圆设计图案，培养生涯意识。

（五）教学难点

确定圆心与半径，理解设计职业与数学知识的联系。

（六）生涯教育渗透点

1. 学习探究，合理解决问题，感悟本质

本课的设计是双线合一。明线是让学生当一名设计师设计图案。暗线是通过经历设计图案过程，加深学生对圆的特征的认识。简单的图案设计内含深度，涵盖的数学学问也不少。让学生充分经历这个过程，当在设计的过程中遇到挫折，出现问题时，再加以引导，让学生从中悟出其中的方法与发掘其中的道理，最终共同小结归纳方法，渗透数学方法思想。在课堂环节设计方面，把更多的时间还给学生，让学生自主探索画图。在学生探索后进行反馈，从学生的生成当中，看到成功的例子，也看到失败的例子，此时不应简单地说对与错，而是从对与错当中获得经验与方法。这是本节课我"下笔"最重的地方。着重在不断与学生进行深度对话，不断地引发学生思考，看清设计图案背后的数学本质。

2. 展示欣赏，体现价值，激发兴趣

在本设计中，多次让学生展示自己的作品。在展示当中，他们自信满满地分享自己的设计方法，同时，也谦虚地提出自己做得不够好的地方；欣赏互动中，学生们互相学习，取长补短，开阔视野，不断成长。当一幅幅由学生亲自设计的图案被展示出来时，现场相当震撼，一幅比一幅漂亮，一幅比一幅独特。他们除了在知识领域上得到满足之外，还认识到知识背后的价值。从画一个圆开始，慢慢地演变到图案的设计操作，让他们充分感受知识学以致用的重要性。让抽象的数学知识落到实处，更让学生对数学学习产生浓厚的兴趣。

3. 沉浸情境，模拟体验，理解感悟

生涯教育在数学课堂渗透的关键在于情境的模拟与创设。引领学生进入角色当中，在角色模拟与解决问题当中获得知识，取得经验，开阔视野，理解世界，理解自我，理解人生，明确方向。

（七）教学过程

1. 回顾旧知，欣赏大师的设计作品

（1）回顾利用圆规画圆的步骤。

教师：画圆时关键要注意什么？（定圆心，定半径）

（2）复习圆心与半径的作用。

（3）圆心决定圆的位置，半径决定圆的大小。

【设计意图】回顾画圆方法，明白定圆心与定半径的意义。

（4）欣赏用圆设计的图案。

教师：你们知道吗，圆形，是一个看来简单，实际上十分奇妙的形状。圆是世界公认的最完美的几何图形。不少设计师在建筑设计与图案设计时都用上"圆"这一种图形，让我们一起来欣赏一下吧。

【设计意图】展示建筑设计师与平面图案设计师的作品，目的是让学生在观赏时感受到圆的美妙之处，同时也意识到圆的知识在设计领域被广泛利用，体现数学学习在职业生涯中的价值。这一环节还唤起学生对利用圆设计图案的欲望。

（5）揭题：利用圆设计图案。

教师：你们也想当一名设计师，设计一个漂亮的图案吗？……那今天我们一起研究怎样利用圆设计美丽图案。

教师：复杂的设计我们不可能一下子学会，就让我们从简单的图案开始吧。请看，这是风车，这是太极图，这是四叶花，还有这些图案。下面让我们先从这些图案中选一个进行研究。我们就选这个象征幸运的四叶花吧。

【设计意图】化繁为简，让学生意识到要达到一定的高度，不是一下子就能达到，而应从简单做起，一点一滴地积累。从众多例子中选取一个作为共同努力的目标，有利于展开学习研究，对比交流，分享方法。

2. 尝试当一名设计者，探索四叶花的设计方法

课件出示并放大四叶花图，提出本课的主要问题：怎样画四叶花图案。

（1）观察四叶花。仔细观察并与同桌互相说一说这个图案有什么特征。（对称、四叶面积相等、是一个旋转图形……）这个图案是由四个半圆组成的。着重引导学生画四个半圆的关键是定准圆心位置与决定半径大小。

【设计意图】让学生对这个四叶图案的特征有初步认识，为下面尝试画图作铺垫。特别指导学生画四个半圆的重点，导向学生抓住解决问题的关键。

（2）学生尝试画四叶花。学生独立思考，利用圆规与直尺尝试完成这个图案。在此过程中，教师关注学生的生成，收集具有代表性的学生作品。遇到困难的同学可以与其他同学进行交流。已完成的同学可以就已完成的作品进行探讨。

【设计意图】让学生先自己尝试画，在画的过程中可能经历困难，通过互相交流，获得启示。

（3）展示作品，互相交流。①展示一些需要修改的作品，让学生进行交流，并说一说"画得怎样？""问题是什么？""怎样改进？"②展示优秀作品，并让学生说一说是怎样画的。

【设计意图】让学生展示自己的作品，并说说自己的想法，比单纯的传授更有效。他们的想法与经历是珍贵的,是不可取代的。教师只需要在学生现在的基础上适当指引即可。

(4)小结操作方法。小结:设计这个图案首先是把这个图案分解成四个半圆,在画半圆时要定好圆心与半径,在找圆心或半径时可以添加一些辅助线帮助思考。

学生看书,并对自己的作品进行修改,展示成品。

【设计意图】小结方法,让学生更好地掌握,有利于举一反三,迁移运用。

(5)巩固练习。①利用圆设计下列图案。四人小组每人负责画一个图案,分工合作。完成后互相交流怎样画,并思考从中发现了什么。(说明:考虑到操作时间问题,让每人画一个图,并在小组交流时,互相帮助,引导学生汇报画的方法,并引导他们说出从画图中获得的一些信息,以及几幅图案之间的联系。)

【设计意图】这里可以深化简单的四个图案的设计,引导学生思考图案之间的联系与转化,启发学生可以通过对图案进行旋转、转化、涂不同的颜色等方法进行更新与创造。

②说一说,怎样画下面两个图案。学生仔细观察,借助辅助线说一说怎样设计这两个图案。

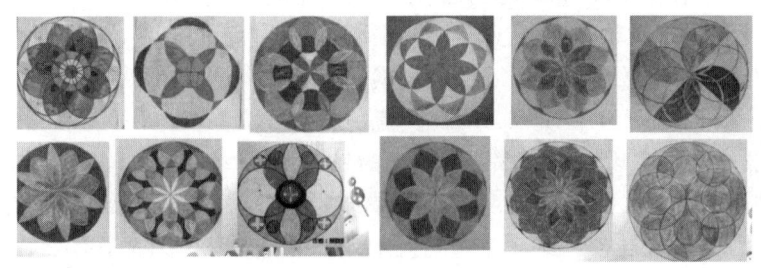

图3-1 学生设计的作品

3. **设计方案大比拼,自由设计图案(如图3-1所示)**

活动:当小小设计师,利用圆设计一个美丽图案。

要求:①学生自由创作。②互相欣赏。③展示评价。

4. **全课总结**

教师:利用圆我们可以设计出不少漂亮的图案。通过这节课,我们距离成为一名出色的设计师又走近一步。

（八）板书设计（如图3-2所示）

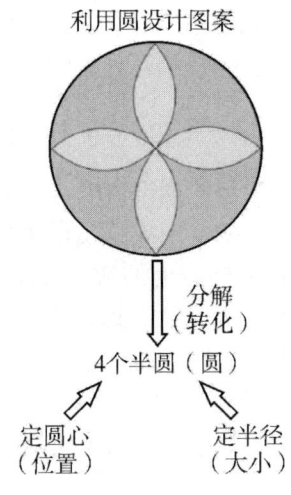

图3-2 板书设计

单位：佛山市南海区大沥镇中心小学
执笔人：李嘉雯

五、数学广角（搭配二）

——小学数学渗透生涯教育教学设计

（一）教材分析

本单元是教学有关搭配的知识，教材上安排了3个例题：例1，要求学生用4个数字（含0）组成没有重复数字的两位数，这是稍复杂的排列问题；例2，通过2件上衣、3件下装的搭配，教学分步乘法计算原理；例3，通过求4支球队的比赛（每两支队赛一场即单循环）次数，教学组合问题。

从知识体系上看，本单元的知识不仅是组合数学的初步知识，也是学生今后学习概率统计的基础，更是日常生活中应用比较广泛的数学知识。学生在二年级上册"数学广角"中已经初步学习了简单的排列与组合，本单元的学习与以往相比就更加系统全面，难度稍有提升，不仅数据加大了，而且问题情况也更加复杂：例1，与二年级相比，不仅元素（排列的数字）要多1个，而且增加的是0这个特殊的元素；例2的数据也由原来的2件上衣与2件下装变成2件上衣与3件下装；例3与以往的知识相比，素材不同，而且多了一个元素。另外，在二年级时，主要是让学生通过具体操作、观察、猜测等活动初步感受排列组合的思想和方法，而本单元则给出了更简洁、更抽象的表达方式，旨在进一步培养学生有序、全面思考问题的能力。同时培养学生学习数学的兴趣和用数学方法解决问题的意识。

（二）学情分析

根据学生的年龄特点和生活经验创设情境。本单元安排的都是学生身边的事例和一些生动有趣的活动。如在例 1 中安排了学生用数学卡片摆两位数的情景，在"做一做"中安排了小朋友分巧克力的活动；在例 2 中安排的是有关衣服的搭配问题，让学生找出不同的穿法，在"做一做"中安排了用活动数字卡片找出不同的两位数的活动和早餐的搭配活动；在例 3 中安排的是有关中国队参加亚洲杯足球赛时小组比赛的场次问题，在"做一做"中安排了 5 个小朋友打电话的活动。让学生感受到数学在生活中，生活中处处有数学。

（三）教学目标

（1）使学生经历寻找稍复杂事物排列数或组合数的过程，掌握简单搭配的方法，发展有序、全面思考问题的能力。

（2）使学生经历"数学化"的过程，能用比较简洁、抽象的方式进行表达，体会分类讨论思想、数形结合思想、符号化思想。

（3）探索解决问题的有效策略，感受数学在生活中的广泛应用，增强学习数学的兴趣。

（4）从小培养学生发现生活中的数学，有序思考相关问题，提高思考能力。

（四）教学重难点

（1）简单地排列搭配和组合。
（2）正确找出最简单的事物排列数、搭配方法和组合数。

（五）生涯教育渗透点

通过 3 个课时的学习，培养学生养成在生活中有序思考的好习惯，有序排列的思维能力，树立爱生活，爱自己的良好品德。同时培养生活里关于搭配的常识并养成有条理的生活习惯。

（六）教学过程

1. 创设情境，激发兴趣

（1）激发兴趣。调查学生喜欢的玩具。数学乐园里有许多活动，第一个游戏的名字叫作"智解密码锁"。你们想玩吗？

(2)导入。课件出示一个密码箱,说明密码是由0、1、3、5组成的两位数,要求学生破译密码,拿到积分。

2. 合作学习,探索新知

[教学例1]

(1)课件出示例1,引导学生分析题目已知信息,相互交流。

(2)引导学生讨论:用0、1、3、5这四张数字卡片组数和组密码的区别。

(3)组织学生借助数字卡片摆一摆,小组合作。

(4)引导学生组内交流不同的摆法。

(5)引导学生观察、总结怎样摆才能做到不重复、不遗漏。

(6)引导学生谈谈自己本节课的收获。

[教学例2]

(1)课件出示问题:早上起来,妈妈为丽丽准备了早餐。早餐有牛奶、豆浆、蛋糕、油条、饼干,如果饮料和点心只能各选一种,有多少种选法?

(2)导入新课。上面的题属于简单的组合问题,这种类型的题要怎样解答呢?这就是我们这节课要学习的内容。

(3)探究简单组合的解答方法。①组织学生先在卡片上写下饮料和点心的名称,再动手摆一摆,把每种摆法记录下来;也可以画一画,连一连。②引导学生理解如何记录才比较清楚,保证不重复、不遗漏,相互交流并总结。

(4)综合应用,提高深化。(课件出示例2)①引导学生观察主题图,获取信息。②引导学生尝试用符号或字母表示不同的上装和下装,探讨不同的穿法。③用课件演示学生的每一种搭配方法。④引导学生明确如何才能做到不重复、不遗漏。

(5)课件出示问题。小琳、小东、小华是一个学习小组的,星期天约定每两个人之间打一次电话。他们一共要通多少次电话呢?引导学生分析并思考。

[教学例3]

(1)课件出示例3,引导学生分析题意,获取已知信息。

(2)对要解决问题的理解:每场比赛与什么有关?与球队排列顺序有关吗?同学们相互交流讨论。

(3)思考问题解决方法。

(4)引导学生尝试用不同方法探讨组合方法。

(5)引导学生用连线的方法展示组合数。

(6)引导学生小结:如何才能做到不重复、不遗漏?组合数与什么有关?与什么无关?

(7)教师总结。

（七）板书设计

搭配（1）

例1：用——列举法找出用 0，1，3，5 这四个数字组成的没有重复数字的两位数。

固定十位			固定个位			
13	31	51	10	31	13	15
15	35	53	30	51	53	35
10	30	50	50			

能组成9个没有重复数字的两位数

单位：云浮市云安区石城镇茶洞小学

执笔人：邓树深

六、Unit 3 Where did you go? Lesson 5 Read and write

——小学英语渗透生涯教育教学设计

（一）教材分析

本节课的教学内容来自PEP小学英语六年级下册第三单元 Where did you go? Lesson 5 Read and write。单元主题属于人与自我范畴中的主题群"生活与学习，做人与做事"。子主题内容是"生活与学习中的困难、问题和解决方式"。教材中的内容分为两个部分：第一部分要求学生先完成读前活动，通过看图、阅读图片中的对话语言，讨论故事的开端和预测故事的进一步发展；接下来要求学生阅读一则日记后给图片排序，然后概括并写出这一天发生在吴斌斌一家的三件好事和两件坏事。第二部分是学生结合自己的实际情况，写出发生在自己身上的一件好事、一件坏事和相应的对策，这是一个有意义的语用书写活动。写作时向学生渗透这一观念：凡事都有好坏两面。在我们的努力下坏事也能转化为好事。

（二）学情分析

1. 语言能力

学生在小学阶段学习英语已是第六年。在六年级下册的第二单元开始学习过去时，学生已经掌握过去时的基本概念，学了较多规则动词中过去分词的变化和不规则动词中过去分词的变化。已经学过词组 rode a bike，took pictures，bought gifts，ate food 等。过去式的否定形式，以及一些动词的过去式还没有学过，如：stayed in the hotel，wanted，dressed up，made a funny play。

2．学习能力

学生从一年级开始学习英语，已有一定的口语表达能力和英语思维习惯；另外，学生从二年级开始系统学习自然拼读法，具备见词能读和听音能写的能力；学生从一年级开始进行绘本阅读，具备较好的阅读流畅度和一定的阅读理解能力。能自主读出新词：ate，made，lick，Max，sat，basket 等。通过插图的提示，基本能读懂篇章。

3．生活经验

旅行是学生最熟悉的生活场景，与家人出行、旅游、住酒店等是学生日常的生活经历。在游玩过程中骑多人单车、拍照片、买礼物、吃美食是学生常有的生活经历，另外，在旅游的过程中家人不舒服被迫留在酒店照顾家人也是有可能遇到的情景。

（三）教学目标

（1）通过看图排序的练习和上下文理解语篇大意。

（2）通过回答问题、利用图标归类出吴斌斌一天当中发生的好事与坏事来获取篇章信息和运用关键词组：rode a bike, sat in the basket, took pictures, dressed up, made a funny play, played the part of a dog, jumped on him and licked him, laughed and laughed, 等等。

（3）能够模仿篇章的范例，运用所学的词组表达自己"福祸相依"的一天经历。

（4）通过朗读、思考和小组讨论，学生能够明白外出旅行要注意人身安全、饮食安全等，遇到困难时一家人要团结在一起，相互照顾，相互帮助，共渡难关。要相信凡事都有好坏两面，在我们的努力下坏事也能转化为好事。

（四）教学重点

帮助学生理解短文和朗读短文。

（五）教学难点

短文中新的短语很多，学生难以理解，如：sat in a basket on the front of the bike, dressed up, made a funny play, played the part of a dog, jumped on him and licked him, laughed and laughed。

（六）生涯渗透点

通过本节课的学习，培养孩子关爱家人，乐于为家人付出的良好品德，同时培养孩子安全出行的习惯，培养孩子乐观积极、不怕困难的品格和主动想办法解决问题的能力。

（七）教学过程

1. Greeting

What day is today?

What's the day today?

How are you today?

2. Revision and lead-in

Teacher：Today we are going to learn "Unit 3 Where did you go? Read and write". We are going to talk about Wu Binbin. What do you know about Wu Binbin? Tell your partner.

Students：Wu Binbin has a friend. It's a robot named Robin. He has a pet. It's a dog named Max.

Teacher：Does Wu Binbin like Max? Please look and say.

学生看图读句子，并回答刚才的问题"Does Wu Binbin like Max"？

3. Pre-reading

（1）看一看，说一说。教师要求学生按照教材要求与同桌讨论：How did Wu Binbin meet Max? What happened next?

One day, Wu Binbin rode a bike in the park. He lost his cap. He went to look for his cap. He found a dog having his cap. He got back his cap. But the dog followed him. Because it had no home. Wu Binbin named the dog "Max" and took it home to meet his parents. His parents like Max very much. Max lives together with Wu Binbin's family. He is Wu Binbin's good friend now. Everywhere that Wu Binbin goes, the dog is sure to go.

（2）让学生把上面这一段话分类：哪些是好的事情？哪些是不好的事情？从而引出主题：Life is full of good news and bad news.

4. While-reading

Teacher：Wu Binbin goes everywhere with Max. He took a trip to the countryside with Max on the weekend. What happened? Let's read Wu Binbin's diary.

（1）第一次阅读：教师要求学生尝试快速阅读文本，捕捉关键信息，给图片排序。学生完成任务后，利用图片帮助学生明白部分短语：rode a bike for three people，sat in a basket on the front of the bike，didn't feel well，jumped on him and licked him。

【设计意图】培养学生利用插图整体理解文章大意的能力。

（2）第二次阅读：教师让学生再次阅读文本，然后回答以下问题：

Mum ate some bad fruits and didn't feel well. What did they do then? They stayed in the hotel. What did they do in the hotel? What did Robin do in the play? How did they feel?

在此过程中渗透以下生涯教育的内容：外出旅行，要一家人在一起，不能单独行动，当有家人身体不舒服时，我们照顾他，帮助他，更加爱他。教师利用图片教学帮助学生明白以下词组：dressed up and made a funny play，played the part of a dog。

【设计意图】利用提问和图片帮助学生突破难点。

（3）第三次阅读：教师要求学生再次阅读文本，概括并写出这一天发生在吴斌斌一家的好事和坏事。

Good news：Wu Binbin's family had a good time in the countryside in the morning. In the afternoon, Wu Binbin and his father dressed up and made a funny play to make Mum happy.

They were very happy in the afternoon.

Bad news：Mum ate some bad fruits and didn't feel well. They couldn't go out to play.

【设计意图】培养学生从文中获取信息和归纳处理信息的能力。

（4）教师播放录音，要求学生跟读录音，模仿正确的停顿、语音语调并朗读。

【设计意图】培养学生良好的语音语调和流利朗读文章的能力。

（5）教师设计问题，帮助学生从文章中获取更多细节的信息。（备注：此活动最好是两人活动，一位学生问，另一位学生答。如果时间不够，可变成师生活动，教师问，学生答。）

What day was it? What was the date? How was the weather? What did they do in the morning? Why did they stay in the hotel in the afternoon? Why did they dress up and make a funny play? Who did Max like? What did Max do to Robin? How did Max feel? How did Wu Binbin's family feel? What do you think of Wu Binbin's day?

【设计意图】培养学生深度挖掘文章信息的习惯和能力。
（

5．Post-reading

（1）教师利用课件向学生呈现自己同时发生过的一些好事和坏事。

Today was a bad but good day for me.

First, it was a bad day. My daughter had a cold. We couldn't go out to play.

But what did I do then? I stayed at home and read stories for her. She was very happy. I was very happy, too.

So it was also a good day.

As the saying goes, "Bad luck often brings good luck."

【设计意图】示范如何写发生在自己身上的好事和坏事。

（2）教师引导学生结合自己的实际情况，写出发生在自己身上的一件好事情、一件坏事情和自己的对策，并在四人小组或班上交流，在此过程中渗透以下生涯能力：事情都有两面，好事坏事没有绝对，可以相互转换，因此要保持乐观的心态，通过努力把坏事变成好事。

【设计意图】培养学生写的能力和处理事情的能力。

6．Homework

（1）Read the diary（P28）for twice.

（2）Read and fill in the form.

（3）Read and fill in the blanks.

学生阅读的内容是教师补充的中国传统故事"塞翁失马，焉知非福"，要求学生阅读并完成相应的读后活动。（教师根据学情选择这项课外阅读活动）

（六）板书设计

Unit 3 Where did you go?
Read and Write

Bad news	Good news
1. Mum ate some bad fruits and didn't feel well.	1. Wu Binbin's family rode a ride for three people in the morning.
2. Wu Binbin's family couldn't go out to play.	2. They took many pictures of the countryside.
	3. They dressed up and made a funny play.
	4. They were very happy in the afternoon.

单位：佛山市南海区大沥镇中心小学

执笔人：林观有

七、《丽声妙想英文绘本》第一级 Where is baby?

——小学英语渗透生涯教育教学设计

（一）教材分析

本故事选自《丽声妙想英语绘本》第一级，故事名为 Where is Baby。故事主要讲的是：一天，哥哥回家发现满地都是沾着果酱的小手印，却没见到小手印的主人——小宝宝。哥哥开始到处找宝宝，哥哥沿着果酱手印找，他发现手印在地上、在门上、在外套上、在小船上、在小熊身上、在楼梯上和小猫身上，最后终于找到了在地毯上熟睡的宝宝。哥哥爱惜地叫小猫不要吵醒宝宝，表达了哥哥对弟弟的疼爱。

小学低年级阶段是儿童认识自我、认识家庭关系的重要阶段。通过阅读绘本故事，能激发学生的生活经验和情感，更好地理解、体会故事人物的情感和作者的写作意图。

教师将通过两条线帮助学生理清故事情节和人物感情：第一条线，根据手印的线索理清地点"kitchen—room—stair—living room"，培养学生的观察能力和信息提取能力；第二条线，猜测哥哥看到到处都是手印时的表情和内心变化，培养学生宽以待人、热爱家人的情感态度。

（二）学情分析

学生处于二年级的起始阶段，大多数只有一年的英语学习经历，语言积累还不多，很难用英语完整表达自己想说的内容，但是能够积极参与课堂活动，用已有语言表达自己的想法。

学生在一年级时已经学过绘本中的高频词汇，要做一定的复习：where, is, I, can, see, on, the。绘本中的实词则多数没有学过，教师需在讲述绘本的过程中引导学生学会看图猜测词语的意思：baby, jam, floor, door, coat, boat, bear, stair, mat。教师还要发展学生的思维能力和语言能力，在看图、观察、预测、分析故事情节的过程中，启发学生使用语言进行表达，不断巩固和内化主要功能句型"Where is the…? I can see…on the…"并建构新的语言"Is he in the…? No, he isn't/Can you see the baby? No, I can't."

（三）教学目标

（1）学生能够通过观察图片，提取主要信息，理解故事大意。

（2）学生能够模仿故事的主要语言，正确朗读故事：Where is…? I can

see…

（3）学生能够使用主要语言对故事进行复述或表演。

（4）学生能够掌握一定的语音规则，并用来拼读新词：floor，door，coat，boat，bear，stair，cat，mat。

（5）通过阅读故事，培养学生爱护自己的弟弟或妹妹的情感。

（四）教学重点

（1）通过阅读，帮助学生提高观察、预测、理解、分析等思维能力和阅读理解能力。

（2）帮助学生理解和使用语言"Where is…? /I can see…"，掌握本故事的主要语言知识。

（五）教学难点

在阅读过程中内化语言，并使用主要语言进行复述或表演。

（六）生涯教育渗透点

通过阅读故事，培养学生宽容待人的生活态度，培养学生爱护自己的弟弟或妹妹的情感态度，从而提高自己与家人愉快相处的能力。

（七）教学过程

1. Pre-reading

（1）唱歌、预热：Where is the ball？

教师播放歌曲视频，师生边唱边跳，在视频情景中感知 Where is the ball？的意义。

（2）游戏导入：Can you find my ball？

情景：绘本故事中的哥哥 Tom 接受妈妈的委托照顾一下 baby。可是他把球弄丢了，你来帮他找一找。

运用课件，展示一个家庭的示意图，引导学生边猜边复习"kitchen，bedroom，living room，bathroom，garden"等词语，还有该绘本中出现的相关地点，并使用语言"Where is the ball？Is it in the…?"

【设计意图】通过歌曲视频，活跃课堂气氛，感知并理解新句式 Where is the…？通过游戏导入，复习房间名称，并自然过渡到哥哥找东西的句式。激活学生已有语言，同时把新句式"Where is the…?"分散处理。

2. While-reading

（1）读封面和扉页。

①借助封面图，预测故事。

Teacher：Look，Tom is finding something again. What is he finding?（引导学生看封面页和扉页猜测。）

Teacher：Oh，he is finding the baby.（引入绘本主题 Where is baby?）

Can you see the baby?（Point.）

Can Tom see the baby?（But Tom can't see the baby. What can he do?）

②关注作者和绘图者，学会读故事封面。

Teacher：Who is the writer?

Who is the illustrator?

③观察图片，关注扉页信息。

Teacher：Look！Tom can see a handprint.

Can he find the baby?

【设计意图】建立文本概念，引导学生通过观察图片预测故事内容，通过阅读文字，了解标题、作者和绘图者等信息。

（2）图片环游。

①设置悬念，引发学生想象和预测。

a. 遮挡住入门处厨房的部分图片，让学生猜哥哥 Tom 打开门，会看到什么，能不能见到宝宝呢？

Teacher：Guess！What can Tom see in the kitchen?

Can he see the baby?

学生猜测"He can see...."

b. 教师展示全图，引导学生观察图片，找到地上打翻的果酱。

Teacher：Tom can't see the baby，but he can see the jam and the handprint.

Why does the baby eat the jam?

c. 让学生预测：Tom 会说什么？心情怎样？会展现怎样的表情？请学生一边说一边演，教师边讨论边板书 "Where is baby?"，把 Tom 的表情画在黑板上。

Teacher：What does Tom say?

How does he feel? Please act.

【设计意图】通过设置悬念，激发学生的阅读兴趣。引导学生通过预测、观察、分析等，展开故事学习。

②观察图片，跟踪线索，阅读文字、理解大意。

a. 教师继续使用遮挡图片的方法展示下一张图片，引导学生观察，并猜测 "Where is baby? Is he in this room?"

b. 学生边观察边猜测，并阅读文字获取信息。

c. 学生运用拼读法读出新词：floor, door。请学生把词语贴在正确的图片位置。

d. 再让学生预测：Tom 会说什么？心情怎样？会有怎样的表情？把 Tom 的

表情画在黑板上。

Teacher：What does Tom say?

How does he feel? Why? Please act.

【设计意图】指导学生通过观察图片，找到线索，进行合理的逻辑推理。并通过阅读理解，掌握初步的信息。

③带着悬念，自主阅读（教师保留最后两页）。

a. Tom 的头饰：Where is the baby? Can you help me?

请学生自己阅读第 5 页的内容，帮 Tom 找找 baby。

Teacher：What can you see in the bedroom?

What can you see near the stair?

What can you see out of the living room?

How does Tom feel? What will he say?

b. 学生边回答边演，同时运用拼读法读出新词：coat，boat，bear，stairs。请学生把词语贴在正确的图片位置。

c. 整理出 Tom 的表情变化：Whose boat is it? Is it Tom's toy boat? Is Tom angry? Why?

Tom can't find the baby everywhere. Is he angry or worried?（教师用表情解释 angry 和 worried）

请学生演出 Tom 的表情变化。

惊讶　　生气　　担心

【设计意图】继续设置悬念，激发学生自主阅读的愿望。再通过问题引导，帮助学生找到线索理解故事和人物情感，并关注新的语言知识。

④揭示结果，感情升华。教师发给学生最后两页，让学生阅读并回答：Where is the baby? What does Tom say? How does he feel? 学生运用拼读法读出新词：mat，并在回答问题的过程中整理出 Tom 的心理和表情变化：

表情图片：惊讶　　生气　　担心　　放心（开心）

【设计意图】最后揭示结果，帮助学生更好地理解 Tom 找不到 baby 的心理变化，引导学生体会主人公 Tom 对弟弟的关心。

3. Post-reading

(1) 听读故事，练习朗读流畅度。

Teacher：Now, let's listen to the story.

This time, please listen and read after the tape.

(2) 复述故事，运用语言。根据板书，和老师一起复述故事。请一个组的学生扮演 Tom，其他人做旁白。

(3) 联系生活照片，迁移运用。教师展示某个孩子的照片：小朋友丢三落四，我们来帮他找找东西，迁移运用语言。

Teacher：Where is the book? Where is the bag? Where is the pencil?
Students：Is it in the…?
Teacher：Yes, …/ No, …

【设计意图】通过朗读、复述，让学生更好地熟悉和运用所学语言。联系生活照片，让学生产生亲切感，并内化使用语言。适时进行情感教育，让学生自我反省要收拾好东西。

4. Homework

Try to retell the story to your parents.

（八）板书设计

Where is baby?

kitchen　　bedroom　　stairs　　living room

单位：佛山市南海区大沥镇中心小学

执笔人：杨莉

八、从"中国制造"到"中国创造"

——小学道德与法治渗透生涯教育教学设计

（一）教材分析

1. 单元教学内容分析

本单元是小学道德与法治四年级下册第三单元的内容《美好生活哪里来》。

了解和关注国民经济活动是学生社会性学习的重要内容。本单元承接以消费为主题的第二单元，以生产为主题。一方面帮助学生通过生产和消费两个环节整体了解国民经济的基本内容；另一方面通过从经济生活的消费领域进入生产领域的学习，加深他们对消费品生产过程的了解和认识。本单元不仅引导学生进行知识性的学习，而且强调了"见物更要见人"的学习方式。"工农业生产与劳动者"的学习主题，可以帮助学生树立正确的劳动观念，认识到劳动是美好生活的源泉。本单元包含《我们的衣食之源》《这些东西哪里来》《生活离不开他们》3 课。3 课是分—分—总的逻辑结构。

本单元的教学体现了道德与法治学科"道德修养"中的"职业道德"，落实了"树立劳动意识，积极参加劳动实践，懂得劳动光荣，劳动不分贵贱"的学段目标。在教学过程中让学生结合事例讲述职业没有高低贵贱之分，这也培养了学生的政治认同、法治观念等核心素养。

2. 课时教学内容分析

第 8 课《这些东西哪里来》共三课时。通过第一课时《物品身世"探秘"》和第二课时《它们带来的舒适与方便》的学习，学生了解了工业生产与人们的关系，认识到工业产品的创新对提高人们生活水平的意义。本课时为第三课时《从"中国制造"到"中国创造"》，学生应在前两课时学习的基础上，知道改革开放以来，"中国制造"走向了世界各地。我国已经成为制造业大国，但是创新能力不足，产品科技含量有待提升，我们要努力实现从"中国制造"转变为"中国创造"。通过学习，激发学生的民族自豪感和责任感，培养其政治认同和责任意识，从小培养创新意识。

（二）学情分析

四年级的学生求知欲较强，初步具备抽象思维能力，对自己感兴趣的信息会有偏向性，具备一定的信息搜集能力。随着生活水平的不断提高，学生能够在日常生活中感悟到工业产品给自己带来的便利，也常能接触到"中国制造"和"中国创造"，但对"中国制造""中国创造"的观念是比较模糊的，对中国在"中国制造"和"中国创造"上取得的巨大进步也了解不多，特别是对中国在多个领域中的"中国创造"知之甚少。

（三）教学目标

1. 单元教学目标

（1）初步了解农业生产、工业生产，了解工农业生产与人们生活的密切关系，认识到农业是人们的衣食之源，感受工业产品给人们生活带来的舒适和便利。

（2）知道"中国制造"遍布全球，懂得必须加强自主创新能力，努力实现从"中国制造"向"中国创造"的转变，从小树立创新意识。

（3）认识到各行各业劳动者的劳动对人们生活的重要意义，懂得劳动者之间是平等的。体会劳动者的艰辛，并能用实际行动感谢他们的辛勤劳动。

2. 课时教学目标

（1）知道"中国制造"遍布全球，懂得只有实现"中国制造"向"中国创造"转变，才能体现中国工业的创新能力。

（2）在调查和了解的过程中，激发爱国热情，树立创新意识。

（3）感悟各行各业劳动者的付出，激发敬佩之情，树立职业观，培养生涯能力。

（四）教学重点

（1）单元教学重点。了解农业生产、工业生产与人民生活的密切关系，体会农民生产的艰辛，尊重农民，珍惜他们的劳动成果。

（2）课时教学重点。懂得只有不断创新，工业生产才能适应和满足人们生活的需要，我国必须走自主创新之路，变"中国制造"为"中国创造"。

（五）教学难点

（1）单元教学难点。体会工业、农业对于人民生活的重要意义。知道劳动者都是平等的，只是分工不同，没有高低贵贱之分。知道工业产品的创新和发展对改善人们生活的重要意义，懂得工业产品只有不断创新才能适应和满足人们生活的需求。

（2）课时教学难点。懂得工业生产只有不断创新才能适应和满足人们生活的需要，我国必须走自主创新之路，变"中国制造"为"中国创造"。

（六）单元整体教学思路

本单元3课共7个课时，其中第7课《我们的衣食之源》、第8课《这些东西哪里来》都是每个话题为一个课时，第9课《生活离不开他们》有3个话题，其中第1、第2个话题为一个课时，第3个话题为第二课时。

第7、8课时内容是并列关系，重点了解工农业生产。第9课时为总结课，重点感悟"劳动光荣、劳动不分贵贱"，树立劳动意识。（如图3-3所示）

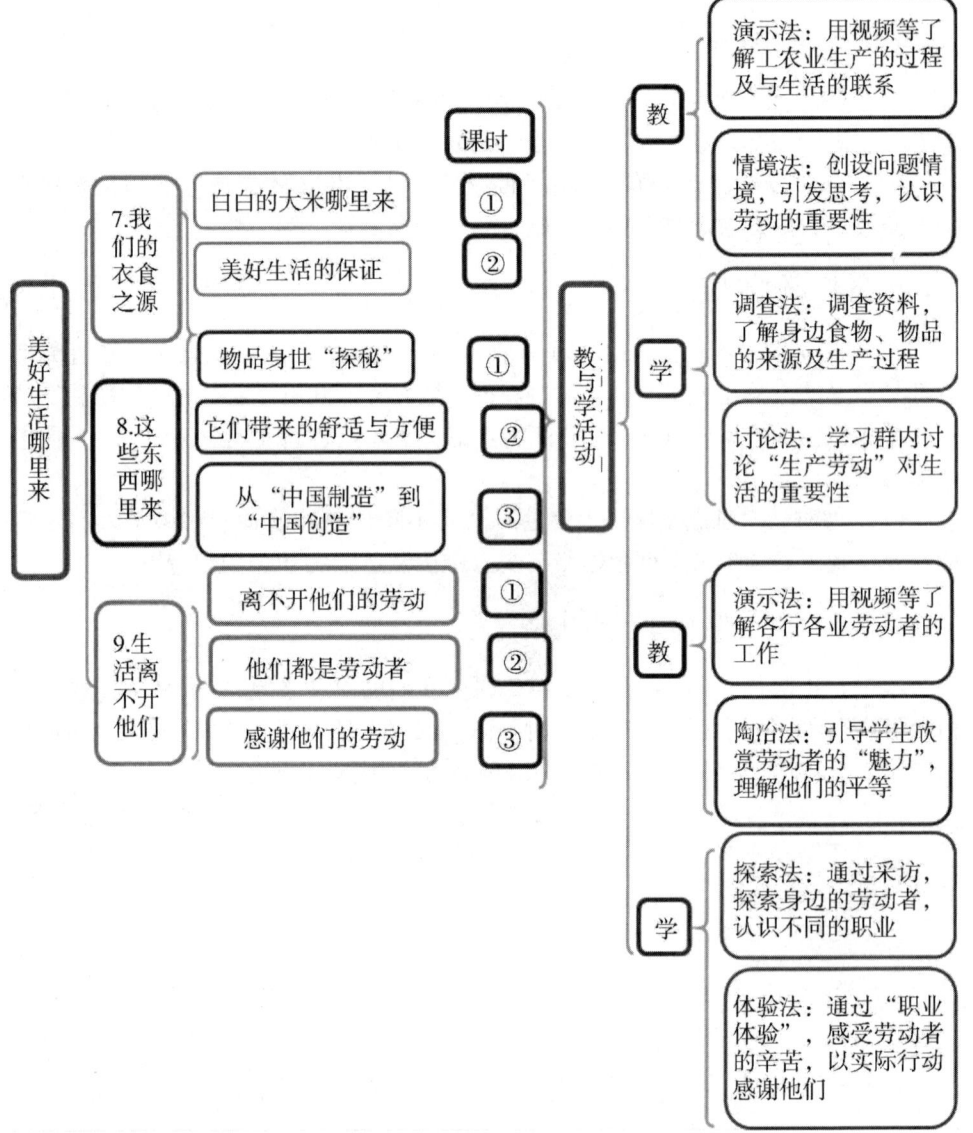

图 3-3 单元整体教学思路

（七）生涯教育渗透点

本单元的教学体现了道德与法治学科"道德修养"中的"职业道德"，落实了"树立劳动意识，积极参加劳动实践，懂得劳动光荣，劳动不分贵贱"的学段目标。通过教学，激发学生对各行业劳动人民的感激之情、敬佩之情，从小树立正确的职业观。

（八）教学过程

1. 谈话导入

（1）同学们，你们喜欢旅游吗？你到过哪里旅游？指名汇报。

（2）我们祖国地大物博，同学们可以在假期开展各种研学活动，感受祖国的美丽风光，领略五十六个民族不同的风土人情。

（3）有一个小朋友叫李亚，他参加了中美青少年友好夏令营，他有什么经历呢？请看（播放课本插图视频）。

【设计意图】通过简单的谈话导入，在小结的过程适时进行国情教育，落实政治认同学科素养。

2. 主题探究

活动一：了解"中国制造"

（1）Made in China 就是"中国制造"的意思。板书："中国制造"。

（2）你能说出不同领域的知名的"中国制造"吗？请结合课前搜集的资料进行汇报。

（3）学生进行小组汇报后指名汇报知名的"中国制造"品牌名称资料搜集表。（见表3–13）

表3–13 知名的"中国制造"品牌名称资料搜集

分类	品牌名称（每个领域至少2个）
服饰	
食品	
家电	
日用品	
出行工具	
其他	

（4）教师小结："中国制造"遍布衣食住行等多个领域，和我们的生活密不可分。感谢制造者的辛勤劳动，感恩他们给我们带来的舒适与方便。

【设计意图】课前调查可以让学生在主题学习任务的驱动下，开展自主探究，培养学生勇于探究的学习能力，实现素养的提升。通过让学生对生活中不同领域的"中国制造"进行调查，可以引起学生对主题内容信息的关注，从而感受我们的衣食住行都和"中国制造"密不可分，激发学生的自豪感。

活动二：了解"中国创造"

（1）"中国制造"和"中国创造"的不同。①改革开放以来，"中国制造"

走向了世界各地。看到这么多的"中国制造",你有什么感受?②李亚跟你们一样,感到特别骄傲、自豪。但是老师告诉他:(播放老师的话)"中国制造"固然值得骄傲,但,这还不够。更需要"中国创造"。(板书:"中国创造")③为什么老师会这样说?"中国制造"和"中国创造"有什么不一样?同桌交流。指名回答。

小结:同学们,"中国制造"代表商品是由中国生产的。现在中国制造的东西中很多是由外国企业设计,外国企业经营的,中国只是一个原材料产地和加工基地,产品的知识产权并不属于中国。以苹果公司为例,我国的富士康公司是苹果公司的代工厂,富士康公司成千上万中国劳工辛勤工作,却只能从这部时尚而尖端的手机里,分享到3.6%的价值,按零售价计算不足2%!如果5千块钱1部手机,我们只能从中拿到100块钱的利润。听了这个案例,我看到好多同学表情都有点变化了。有什么想说的吗?这是因为中国人"制造"了苹果手机,但没有"创造"苹果手机,我们没有苹果手机的知识产权。所以即便有大量的工人付出了辛勤的劳动,也只能分配到很少的利润。这也告诉了我们:知识产权很重要。怎么样才能拥有产品的知识产权?这就需要中国创造。而中国创造代表我们中国自己实现从无到有,产品的知识产权是属于我们国家的。(出示习近平总书记的话。全体学生读。)习近平总书记指出:纵观人类的发展历史,创新始终是一个国家、一个民族发展的重要力量,也始终是推动人类社会进步的重要力量。我国是工业大国,但不是工业强国。只有坚持走自主创新之路,才能真正从"中国制造"到"中国创造"。(板书:从……到……自主创新。)

完成板书:从"中国制造"到"中国创造"自主创新

【设计意图】通过苹果手机的实例对比,学生真切感受到"中国制造"和"中国创造"的不同,在整个过程中,教师注重引发学生思考谈感受,注重情感的激发,体现小学思政课"启发道德情感"的教学重点。学生的情感被激发了,再结合习近平总书记有关"创新"的语录,学生才会从内心深处认识到"中国创造"的重要性,这也为培养学生的创新意识奠定情感基础。

(2)"中国创造"有哪些?①在一代代中国人的努力下,现在,我们也开始有了"中国创造"。你所知道的"中国创造"有哪些?把你查阅的资料和小组的同学分享一下吧。②学生小组分享"中国创造"资料搜集表。(见表3-14)

表3-14 "中国创造"资料搜集

请通过报刊、新闻报道、网络宣传等多种途径查阅资料。
A. 中国高铁。可查阅中国高铁的发展史、成就等。 做简单的记录： B. 在自己感兴趣的领域里，挑选一个在世界有影响力的"中国创造"。把你最想与别人分享的内容写下来。（航天类、科技类、服装类……）

③我们先来汇报中国高铁的成就。指导学生汇报共同查阅的有关"中国高铁"的资料；出示视频《中国高铁从无到有，到如今的成就，已经无人超越！》，请学生观看。

小结：中国高铁创造了叫得响的中国品牌，已经实现了由"中国制造"向"中国创造"的跨越，一些国家与中国签订了引进高铁技术的协议。

④你还搜集到了哪些在世界上有影响力的"中国创造"？

⑤学生汇报其他在世界上有影响力的"中国创造"的资料。

⑥教师总结、补充。汇报查找在世界上有影响力的"中国创造"。（"蛟龙号"载人深潜器、中国天眼、三峡大坝、中国航天"神舟"号）

【教学意图】本环节采用议题式教学，引导学生围绕"中国创造"主题进行资料汇报。同时，教师注重学习方法的指导。在预习单的资料搜集要求中，指出"报刊、新闻报道、网络宣传"等多种资料查阅的途径。激发学生对各行业劳动者的敬佩之情，从小树立正确的"职业观"。

活动三：为什么能有"中国创造"？

（1）我们引以为豪的"中国创造"有很多让我们深受感动的故事。

（2）同桌交流：故事中最让你感动的部分。

（3）之前大家也阅读了《中国核潜艇之父黄旭华：为国"深潜"孤岛三十年》，结合自己查阅的资料，你觉得为什么能有中国创造？

（4）指名汇报。（一代代科研工作者、劳动者的大爱无私、无私奉献精神、迎难而上的精神、团结协助的精神、创新的意识、创新的能力……）

【设计意图】故事分享法是用故事唤醒学生的生活经验，以他人经验的对流互动去实现自我价值的体现。本环节将采用大量的故事打动学生的心灵，让他们真切感受到一代代科研工作者的爱国情怀、科学精神，激发学生对他们的感激之情、敬佩之情。

活动四：怎样才能有"中国创造"

（1）过去，"中国创造"在高科技领域的身影还不算多。现在，这种局面已经有所改善，"中国创造"也有了一席之地，中国从"中国制造"走向了"中国创造"，这说明中国在日益强大。作为一名中国人，我们为此感到骄傲与自豪。

（2）与此同时，我们必须清楚地知道，我国是制造业大国，但创新能力不足，产品科技含量有待提升，要实现从"中国制造"转变为"中国创造"，需要靠更多中国人的努力。作为中国的未来，实现更多的"中国创造"，我们责无旁贷。

（3）为实现更多"中国创造"，你有什么打算？

【教学意图】本环节重在激发学生的自豪感，培养学生的政治认同，同时也引导学生客观看待"中国创造"，激发学生的责任意识，引导学生树立正确的职业观。

3. 课堂总结

前有周恩来总理为中华之崛起而读书，今有中华儿女为实现伟大的复兴梦而默默耕耘，无私奉献。同学们，我们是新时代少年，要好好学习，掌握过硬的本领，大胆创新，勇于探索，为中国能有更多的"中国创造"而努力。加油！

【教学意图】教师对全课进行总结，深化核心教育点，指明学生努力的方向，起总结升华的作用。

4. 课后作业

课后，请同学们做到：

（1）继续关注不同领域中的中国创造，看看这些中国创造的创新处在哪里。

（2）尝试对生活中的"中国制造"进行改造，让它们为我们的生活提供更多的舒适和便利。

（九）板书设计

8 这些东西哪里来

从"中国制造"到"中国创造"

自主创新

单位：佛山市南海区大沥镇中心小学

执笔人：彭佩霞

九、小水滴的诉说

——小学道德与法治渗透生涯教育教学设计

（一）教材分析

本课《小水滴的诉说》是统编版《道德与法治》第3单元第9课。

第 3 单元《绿色小卫士》包括第 9 课《小水滴的诉说》、第 10 课《清新空气是个宝》、第 11 课《我是一张纸》、第 12 课《我的环保小搭档》4 课。本单元以"绿色小卫士"为题，引导学生从自己身边可触可感的资源出发，理解自己所处时代的主题——绿色与环保，并通过自己的智慧与创造，改善生活环境，遵守相关法律法规，节约资源，文明生活，让自己成长为"绿色小卫士"。

本单元四课是分与总的关系。前三课是三个并列的环保主题，最后一课是行动，可以看作总结。

（二）学情分析

二年级的学生年龄小，生活经验少，认知水平和思维能力不高，注意力维持时间不长，虽然对绿色环保已有了初步的认识，但对绿色生活方式了解不多，对于如何在生活中践行环保并没有清晰的认识。对于本课"小水滴的诉说"，大多数学生不明白我国的水资源是有限的，也不知道珍惜、保护水资源。因此要通过有效的教学，帮助引导学生建立水资源的危机意识，从而做到节约用水，人人有责。

（三）教学目标

（1）增强珍惜水资源的意识，体会水资源的宝贵和来之不易。
（2）通过视频图文资源，了解当前的水资源浪费和污染的情况。
（3）掌握节约用水的具体做法，并落实到行动中。

（四）教学重点

感知水资源的缺乏；了解创造性节水的方法。

（五）教学难点

知道水的珍贵和来之不易，在实际生活中有节水的意识，掌握节约用水的具体做法，并落实到行动中。

（六）生涯教育渗透点

通过本课的学习，培养学生节约用水的意识和习惯。在教学过程中，可以渗透以下生涯教育点：

（1）自我认知：通过让学生了解水的重要性和水资源的现状，引导学生思考自己在日常生活中的用水习惯，帮助学生认识到自己的行为对环境的影响，从而培养学生的自我认知能力。

（2）职业探索：可以引导学生了解与水资源相关的职业，如水资源工程技术人员、水资源管理师等，让学生了解这些职业的工作内容和意义，激发学生对这些职业的兴趣。

（3）环境保护意识：通过让学生了解水资源的现状和保护水资源的重要性，培养学生的环境保护意识，让学生认识到自己在环境保护中的责任和义务。

（4）社会责任：可以引导学生思考自己在社会中的角色和责任，让学生认识到自己作为社会的一员，应该为保护环境和节约资源做出自己的贡献。

（5）创新思维：可以引导学生思考如何在日常生活中节约用水，培养学生的创新思维能力，让学生学会从不同的角度思考问题，提出创新性的解决方案。

总之，在《小水滴的诉说》教学中，可以通过渗透生涯教育点，让学生在学习知识的同时，也能够了解自己的兴趣和能力，认识到自己在社会中的责任和义务，为学生的未来发展打下坚实的基础。

（七）教学过程

趣味导入：猜谜语

师：老师请同学们玩个猜谜语的游戏。（出示课件）

生：水。

师：出示课件1的答案。同时引出课题。

出示小水滴介绍自己脾气的课件。（师出示板书小水滴的表情图片）

【设计意图】以猜谜语的形式引出卡通小水滴来作为本节课的情境导入。

大任务一"我很珍贵"

活动一：生活所需

（1）引导学生思考在日常生活中哪些地方需要用到水。

（2）出示图片：水在日常生活中的用途。

活动二：生命之源

如果世界上没有了水会怎么办？让学生先想象，然后点名回答，最后播放相关视频。

活动三：资源有限

（1）自由观看绘本故事。爷爷奶奶为何会这样做？（再引出南水北调伟大工程）

（2）小结：水资源是有限的、宝贵的，所以我们要好好珍惜。

大任务二"我遭遇了不幸"

活动一：火眼金睛

火眼金睛找出图中小水滴遭遇到的不幸，先让学生在书本找找，然后点名回答。（例子：废水不经处理直接排放河里、乱扔垃圾、没关水龙头的小男孩。）

活动二：浪费与污染

（1）利用图片引导学生分辨这些是属于什么行为（浪费和污染）。

（2）水污染会带给我们什么影响？（观看相关视频）看完视频后思考：假如

你是小水滴，你想对人们说些什么？

大任务三"快来帮帮我吧"

活动一：节水妙招。

（1）我们怎样做才可以帮助小水滴呢？

预设：有人浪费水时要及时制止，如洗菜的水可用来浇花或者拖地；预备收集污水的大桶冲厕所；不能往水里扔垃圾、倒污水；做些宣传，提醒家人和周围人保护水、节约水……

出示节水图片。

（2）老师的节水妙招（观看视频）

（3）小组讨论：老师出示"脏物品""抹布""大米""植物"以及"水"等实操物品，师说明标准，生讨论，生自评，再他评。最后再由其中一组代表出来实操演示。

活动二：拓展

（1）介绍"海绵城市"：习近平总书记在2013年12月12日城镇化工作会议上强调了建设"海绵城市"的重要性。为的就是能够更好地节水、护水。师补充：建设海绵城市真是一种珍惜水资源的好方法。为了让全世界都感受到水危机对人类生存的影响，联合国确定每年的3月22日为"世界水日"。

（2）职业探索：水文水资源工程技术人员主要从事水文水资源的调查、监测、评价、水资源开发利用、配置调度、保护及水文勘测、预警预报、分析计算等工作，主要负责进行水文资源的调查、监测与评价，提供水文水资源技术咨询服务。

（3）小结：节约用水，人人有责，每一滴水都需要我们用心去呵护。

（4）评价表（课后作业）：节水小能手（如能做到相应的节水方法，请在相应的地方打√）。先自评，家长评，再老师评。

【设计意图】通过绘本故事的讲解、日常生活场景的再现和观看视频，把问题抛给学生思考，让学生自己领悟，这样，学生才能深切感受到生活离不开水，生命源于水的道理，从而建立人与水共生共存的情感意识。

通过圈划小水滴的遭遇，联系生活中的一些问题现象，得知存在浪费、污染水资源的现象，进一步让学生体会这些错误行为的危害，树立保护水资源的意识。

教学的第一个层次是日常生活中节水行为的养成，同时通过讨论和实操能够使学生更加深刻懂得节水方法，这是本环节的重点。第二个层次，是介绍"海绵城市"，旨在拓宽学生的视野，让他们了解人们是如何创造性地利用水资源的，从而渗透科学用水的理念。最后一个层次是"节水小能手"，主要引导学生能够更有意识地去实践，让学生切实地在生活中行动起来。

（八）板书设计

小水滴的诉说
　　我很珍贵
我遭遇了不幸
快来帮帮我吧

单位：佛山市三水区乐平镇中心小学
执笔人：杨海霞

十、魅力社区新生活之设计未来智能小区模型

——小学综合与实践渗透生涯教育教学设计

（一）活动背景

1. 共建湾区

为推进乡村全面振兴，习近平总书记亲自谋划推动"千村示范、万村整治"工程，从农村环境整治入手，由点及面、迭代升级，持续努力造就万千美丽乡村，造福万千农民群众。为全面贯彻落实党的二十大精神，各社区、小区不断改建，不断刷新"颜值"，为人们的生活带来便利。同时，习近平总书记指出，科技是国家强盛之基，创新是民族进步之魂，创新教育中要鼓励学生善于奇思妙想并努力实践，培养堪当民族复兴大任的时代新人。粤港澳大湾区建设，是以习近平同志为核心的党中央作出的重大决策，是习近平总书记亲自谋划、亲自部署、亲自推动的国家战略。构建大湾区未来智能生活，从小区、家居、交通出行等建造幸福和谐人居环境，是每一个大湾区人的梦想。

2. 南海逐梦

佛山市南海区无论从市政配套、交通基建、文化底蕴等方面来看，都彰显出它是粤港澳大湾区最有潜力的城区之一。南海区也被教育部认定为全国义务教育教学改革实验区，用劳动将南海打造成宜居宜业宜游的优质社区，是每个南海人的梦想。南海区一直以来全面贯彻党的教育方针，坚持立德树人，把创新实践纳入人才培养全过程，让学生动手实践、出力流汗、接受锻炼、磨练意志，努力培养担当民族复兴大任的时代新人，培养德智体美劳全面发展的社会主义建设者和接班人。

3. 问题发现

我校秉承打造"五育融合，知行合一"学习体系的理念，让每个孩子都发挥大湾区主人公精神，处处引导学生敢为人先，敢于创新。学生在调查中发现我校地处广佛地带，所处小区在旧城区内，随着生活的需求变化，学生在"魅力社区新生活"的主题活动中经调查，发现旧城区的小区存在规划落后、设备设施欠智能化的问题，给生活带来麻烦。如果能重构小区，学生希望小区能融入现代化智能设备设施，恰当规划，为人们未来的幸福生活添砖加瓦。

（二）活动理念

《义务教育课程方案》（2022版）重视发展学生核心素养，强调学科实践，注重激发、唤醒学生，带领学生在真实丰富的情境中解决问题，引导学生经历问题发现、问题解决的过程。为全面贯彻《义务教育课程方案》（2022版）的精神，教学要围绕学科核心素养，抓住教学实施中的关键点，做积极的探索与创新，如学习任务设计、多元评价方式等，着力重构学习场景、课堂现场，注重情境化创设，深化学科、领域融合。在坚持立德树人的基本导向下，我们引导学生在真实问题情景下通过问题驱动开展与科技有关的"家—校—社"项目学习，知识与技术合二为一，知行合一，全面贯彻《义务教育课程方案》（2022版）的精神，培养学生正确的价值观和良好的创新思维。

《中小学综合实践活动课程指导纲要》提出，综合实践活动是从学生的真实生活和发展需要出发，从生活情境中发现问题，转化为活动主题，通过探究、制作等方式，培养学生综合素质的跨学科实践性课程，在活动中培养学生的价值体认、责任担当、问题解决、创意物化的意识和能力。

（三）学情分析

参加实践探究的是五年级的学生，五年级的学生活泼好学，具有一定的实践经验，在劳动课上制作过建筑、植物模型，在科学课上了解了简单的设计和科创项目，数学课上学习了数量分析，问题意识很强，但学生的生活经验比较少，不懂得如何规划与设计模型，3D打印以及通过跨学科项目实践中解决真实问题的能力与劳动实践技术有待提高。

（四）活动目标

（1）价值体认：通过搜集资料，参与设计大湾区未来小区模型活动，获得有积极意义的实践体验，懂得为社会为家乡作出贡献、用劳动创造美好生活的道理。

（2）责任担当：交流从多方面调查到的小区规划对生活的影响，在未来小区智能建构设计中树立为国家、为社会、为他人服务的责任感。

（3）问题解决：通过跨学科设计智能小区模型，提高运用劳动工具设计、制作、合作的能力，学会运用高阶思维工具在实践中发现问题、解决问题。

（4）创意物化：通过设计智能小区模型，宣传智能化生活知识，在跨学科视野下增强自主学习意识，培养创新精神。

（五）活动重难点

（1）重点：通过跨学科设计智能小区模型，提高运用劳动工具设计、合作的能力，树立为国家、为社会、为他人服务的责任感。

（2）难点：通过设计智能小区模型，宣传智能化生活知识，培养创新精神，学会运用高阶思维工具在实践中发现问题、解决问题。

（六）生涯教育渗透点

通过本课的学习，培养孩子在跨学科思维下运用劳动工具设计模型的能力，体验设计师的劳动过程，培养职业兴趣，树立为国家、为社会、为他人服务的责任感。

（七）活动准备

1. 教师准备

（1）视频资料：围绕本次活动主题，准备好相应案例、视频教程等可视化教学资源。

（2）教具：分解任务图表化，让学生在劳动过程中逐步清晰完成劳动任务。

2. 学生准备

查阅资料了解设计社区与电路图、卡纸制作模型的基础知识，相关生产劳动的知识和注意事项。明确基本任务，做好小组分工。

3. 劳动场域准备

准备好实施活动场地，工具、原材料、安全、护具；对接好实践活动交流学习工场及体验项目。

（八）活动过程

1. 交流汇报，发现问题

（1）同学们在开展"魅力社区新生活"的主题活动中，在分小组考察学校所在小区规划、设备设施和查阅资料的过程中，对我们学校所处小区提出了不少问题，请各小组汇报调查单。（见表3-15）（学生代表出示调查单，汇报）

表3-15 调查记录单

小组	智能队	记录人	
问题情境			
问题发现			
初步设想			

（2）我们发现旧城区的规划比较落后，设备设施单一，缺乏智能设施，不能给人们的生活带来更多的便利。如果要重新规划新的小区，你们希望小区给大家带来哪些便利？

【设计意图】通过汇报交流激发学生探究的兴趣，培养学生的实践参与感。

2. 头脑风暴，初步构想

（1）确定项目：设计未来智能小区模型需要先规划方案，方案规划包括哪些内容？项目方案里最难的一点是什么？（出示课题：设计未来智能小区模型）

（2）交流讨论：设计前要先厘清哪些问题？

学生交流：小区面积、材料、功能，如何保证智能小区模型力学上的稳固性？结合佛山地区的气候条件，利用什么技术来表现小区在防火、排水、防蚊、节约能源等方面的特色功能？如何使用人工智能技术来实现器械的自动化？运用哪些艺术形式可以突出佛山的建筑特色？

（3）项目分解：根据上面提出的问题，我们可以把未来智能小区模型的设计分解成几个小项目：面积规划、功能设想、照明系统规划、材料设计、安全防护装置、土木工程。

【设计意图】通过头脑风暴，增强学生问题意识和跨学科解决问题的能力，在活动中培养学生创新意识和整体规划能力。

3. 小组合作，构思设计

学生根据老师提供的图表（见表3-16），在小组内进行分工设计。

学生根据交流的方法和分工表，小组合作，完成模型的设计。

表 3-16　项目设计

小组成员			
组长			
序号	图纸内容及人员	内容要点	图纸样式
1	照明系统	功能效果 大小尺寸 材料用料 技术应用 学科知识 经费预算	
2			
3			
4			

【设计意图】培养合作能力，锻炼设计能力，体验职业角色，树立为家乡、为社会服务的品质。

4．分享评价，迭代改进

（1）小组展示模型设计图、交流，学生点评，提出迭代建议。

（2）汇总迭代改进的方向和方法。

（3）学生畅谈收获。

（4）评选最佳设计师。

（5）填写活动评价表。（见表 3-17）

表 3-17　活动评价

评价点	评价标准	等级
设计过程	1. 能与同学合作设计模型 2. 设计过程中注意力集中，结束后能主动整理桌面 3. 小组成员分工明确，积极合作，遇到困难努力解决	☆☆☆☆☆
设计成果	1. 设计图规划合理 2. 设计新颖有创意	☆☆☆☆☆

【设计意图】培养学生懂得评价、善于分享、乐于交流的能力，让学生学会在交流中欣赏他人，感受实践成果的幸福感，培养创新的精神。

（九）板书设计

魅力社区新生活——设计未来智能小区模型

整体规划：布局科学

项目分解：智能体现

单位：佛山市南海区大沥镇中心小学
执笔人：叶健萍

十一、开心农场

——小学劳动与技术渗透生涯教育教学设计

（一）教材分析

现在很多孩子出现了不珍惜劳动成果、不想劳动、不会劳动的现象，劳动的独特育人价值在一定程度上被忽视，劳动教育正被淡化、弱化。而且目前城市化不断推进，高楼大厦如搭积木般快速耸立，工业化时代、知识经济时代的到来，使人们忘却了农耕的生活，变得对农业生产知之甚少。

大部分学生缺乏劳动科普教育，导致了这些学生既缺失农村孩子学习种菜的田间生活乐趣，又缺乏城镇孩子具备的科普知识，不利于学生全面均衡的发展。本节课通过开心农场体验来培养学生热爱劳动的思想。

（二）学情分析

（1）能力方面：六年级学生在以往综合实践活动的基础上，已初步掌握了一些综合实践活动的方法与技能，如调查访问、观察、小组合作，等等。但在具体的活动中还需要不断提高配合能力。

（2）知识方面：通过课前的调查发现，学生对农作物有一定认识和了解，但还不清楚如何农耕种植。

（三）教学目标

（1）价值体认：亲历田间劳作活动，认识农作物，通过劳动收获喜悦，激发热爱劳动的情感。

（2）责任担当：积极参与田间劳作，尝试使用各种工具，尝试珍惜劳动成果。

(3) 问题解决：学生通过参加农场活动，自己观察和记录植物的生长情况，了解植物的生长规律。同时，学会拍摄，提高实践能力。

(4) 创意物化：使用农作物进行创意制作，提高创意实践能力。

（四）教学重难点

(1) 激发学生进行综合实践活动的兴趣，初步掌握基本的种植活动技能。

(2) 培养学生热爱劳动，热爱大自然，珍惜劳动果实的优秀品质。

（五）生涯教育渗透点

通过开心农场三个活动的学习，培养孩子热爱劳动的思想，树立保护环境的意识，为建立美丽的家园付出自己的一份力量，这也是我们优秀的中华文化传统。引导弘扬劳动精神，让学生崇尚劳动、尊重劳动，从而意识到种植劳动的重要性。同时培养规划自己一周的劳动学习计划，从小培养学会计划的能力。

（六）活动过程（如图3-4所示）

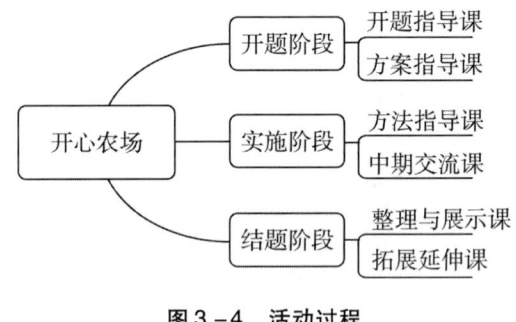

图3-4 活动过程

第一阶段 活动开题阶段的开题指导课（活动时间：课内1课时）

【活动目标】通过对身边劳作现象的观察，发现和提出与农场种植有关的问题，形成相关的活动主题。

1. 引出研究课题

课件出示袁隆平爷爷的图片，让学生认识伟人，了解劳动的重要性。要在学生中弘扬劳动精神，教育引导学生崇尚劳动、尊重劳动，从而意识到种植劳动的重要性，激发学生想要进一步探究的兴趣，生成本次实践活动的主题——开心农场。

2. 围绕主题，提出问题

(1) 引导学生根据身边的人平时劳动种植的情况，讨论并提出关于农场或者农作物的问题。

（2）课件出示提出问题的注意事项：问题表达要明确具体，语句通顺，问题要有研究价值，围绕主题来提出。

（3）把讨论中自己最关心、最感兴趣的问题写在纸上。

如：农场里种植了哪些农作物？我们应该如何去辨别农作物？

3．成立活动小组

（1）在老师的指导下，根据自己的兴趣、爱好、特长，寻找小伙伴自由组合成研究小组。

（2）小组选定一名组长，组长负责登记小组名单，并交到教师手中做登记。

（3）为自己小组起个响亮的名称。

4．教师指导学生筛选问题，生成子课题研究内容

（1）课件出示筛选问题的方法：一是去掉重复的问题；二是合并相近的问题；三是选择有研究价值的问题。

（2）各个小组根据筛选方法合作筛选问题。

（3）师生共同讨论，筛选问题，得出子课题研究内容。例如：关于种植劳动工具的研究、如何种植农作物的研究、农作物生长环境的研究、农作物种类的研究、农作物外形的研究。

第二阶段　活动开题阶段的方案设计指导课（活动时间：课内 1 课时）

【活动目标】

（1）明确要求，学会围绕子课题设计活动方案。

（2）通过小组合作开展活动方案的设计与修改，进一步加强团队合作精神的培养。

1．回顾导入，明晰重点

（1）回顾前期选题阶段活动情况。

（2）呈现有方案设计与没方案设计的两个不同活动，通过效果比较，明确方案设计的重要性。

2．学习样例，明确要素

（1）引导学生思考、讨论设计一份方案的基本要素。

（2）教师呈现活动方案表样例，明确活动方案的基本格式和要素。

（3）运用例证，让学生明确各栏目内容的设计要求。

3．尝试动手，制定方案

（1）老师下发小组活动方案计划表。

（2）小组讨论方案中各栏目的填写内容。

（3）小组填写活动方案，教师要留意学生填写过程中遇到的困难。

4．教师指导，学生评议。

（1）子课题小组代表汇报方案初稿。

（2）其他小组同学和教师提出问题、意见和建议。①你们组为什么选择这个问题进行研究？②你们打算通过什么活动内容完成活动？③根据这些内容，你们是怎么分工的，你们觉得合理吗？请说说理由。④你们的活动时间怎么安排，合理吗？

5．二次修改，正式填写

（1）小组再次讨论、修改方案。

（2）正式填写，完成方案设计。

第三阶段　活动实施阶段的方法指导课（活动时间：4课时）

1．快乐农场我来了

（1）看看在农场里面你是否会分辨农作物。

（2）引导学生说一说：在农场里面，你看到了哪些农具，比如锄头、吹谷风车等，你是否了解它们的使用方法？

（3）学会对同学们进行"快乐亲近自然，轻松体验农活"问卷调查，并根据收到的调查表进行分析统计，完成调查统计分析表。

2．在学校里建立属于自己班级的实践小基地。开展"快乐农夫我当一回"活动。

以小组为单位进行实践活动，教师适当指导答疑。

组别：小小通心菜组

组别：小小辣椒组

组别：小小番薯叶组

组别：小小葱花组

组别：小小青菜组

（1）指导学生写研究日记、感悟，并及时记录种植情况。

（2）指导学生如何填一填实地种植记录表。（见表3-18）

种植日期：＿＿＿＿月＿＿＿＿日

种植植物：＿＿＿＿＿＿＿＿＿＿＿＿＿＿＿＿＿＿

指导辅导员：＿＿＿＿＿＿＿＿＿＿＿＿＿＿＿＿＿＿

小组成员：＿＿＿＿＿＿＿＿＿＿＿＿＿＿＿＿＿＿＿

表3-18　实地种植记录

时间	我们参加的农事活动	我们观察到的现象

续上表

时间	我们参加的农事活动	我们观察到的现象

（3）拍一拍，拍下农作物的成长过程。

（4）考一考，在种植农作物的过程中你了解了哪些知识？（比如有关通心菜的知识，有关辣椒的知识，有关番薯叶的知识等）

（5）采一采，到了农作物收获的时节，亲自采摘，趣味无穷。

第四阶段　活动实施阶段的中期交流课（活动时间：2课时）

1. 回顾导入

教师通过多媒体创设情境，引导学生对本阶段活动进行回顾与总结。

2. 小组交流展示

（1）课件出示汇报的要求、倾听要求以及评价任务。

（2）各小组推选代表在课堂上汇报展示课题研究的活动过程、阶段性成果以及遇到的困惑和问题。

（3）发现问题的异同，并根据问题进行整理归类，概括出普遍性问题、典型性问题，提出讨论的中心问题。

（4）在各个小组讨论之后，小组组员来推选学生回答问题。

3. 评价总结，明确下一阶段内容

（1）教师引导学生对活动过程、组员间的合作、汇报的方式方法、内容呈现、活动的效果价值及后续活动等方面进行评价，师生评议。

（2）各小组对活动成果进行修改完善，明确下一阶段活动的任务与要求：各小组对研究资料进行统计、归类、汇总、筛选、整理、分析研究、形成结论。教师作相关指导（如资料的有效性分析，剔除无关材料，表述语言的斟酌，还需要补充调查的材料收集等）。

（3）教师做初步的评价，提出改进措施。

（4）讨论课题展示内容、形式。以一起讨论各种表现的手段和形式，如展示小报、朗诵、图片课件展示等，鼓励创新展示。

（5）了解学生成果展示的形式主要通过表格、图片、手工制作等。

第五阶段　活动结题阶段的成果展示课（活动时间：1课时）

【活动目标】

（1）培养学生团队合作与协调精神以及学生的组织、表达能力等。

(2) 培养学生深入探究问题的能力。

(3) 通过交流互动，使学生学会倾听，学会发现，提高应变能力。

1. 回顾活动，导入展示

教师简要回顾前一阶段活动开展的情况，唤起学生探究的激情，激发展示活动成果的欲望，导入成果展示课，提出成果展示的要求。

2. 小组展示，呈现成果

分小组依次以各自设计的形式展示本小组的活动成果。

3. 互动交流，提问答辩

师生观看各组成果展示，适时地互动交流，提问答辩，发表意见和建议。

4. 总结评价，提出建议

教师开展总结评价，对各小组的表现作出评定，及时给予鼓励和表彰，提出进一步改进活动的方法，完善活动成果的建议。

【设计意图】在展示阶段里，学生为了更好地汇报本组收获，小组成员团结协作，运用了多门学科的知识，充分发挥了自己的个性特长，体现了综合实践活动的综合性、合作性。教育学生要做好一名劳动者，成为自食其力的劳动者。

第六阶段　活动结题阶段的拓展延伸课（活动时间：1课时）

(1) 出版一期"热爱劳动、节约粮食"的板报。

(2) 举办一次"劳动最光荣"的主题班会。

(3) 把自己采摘的菜做成创意作品。

【设计意图】让学生明白劳动无处不在，劳动与生活息息相关，我们在热爱劳动的同时还要学会珍惜劳动成果，节约粮食。

单位：佛山市南海区大沥镇雅瑶小学

执笔人：谭欣欣

十二、紫菜蛋花汤

——小学劳动与技术渗透生涯教育教学设计

（一）教材分析

日常生活劳动立足学生个人生活事务的处理，注重培养学生的生活能力和良好的习惯，树立自理、自立、自强的意识。引导学生关注日常生活小事，对培养学生热爱生活的人生态度，以及尊重劳动、热爱劳动的观念具有重大意义。

烹饪与营养是日常生活劳动中最重要、最基本的劳动内容之一。本课题设计以"认识日常生活中的靓汤"为契机，发扬学生的主人翁精神，开展"做一道美味的紫菜蛋花汤"的烹饪劳动，让学生动手实践、出力流汗，接受锻炼、磨练意志，培养学生正确的劳动价值观和良好的劳动品质。

（二）学情分析

本次活动的主体是四年级的学生。四年级的学生善于在活动中合作，乐于学习，模仿能力强，对日常家庭常见的靓汤有一定的了解，但不懂得如何烹饪一道美味的紫菜蛋花汤，实践能力有待提高。

（三）教学目标

（1）劳动观念：认识日常菜品烹饪来之不易，感恩父母平时的付出。了解饮食与健康的关系，认识到烹饪与营养活动对健康生活的重要性，对烹饪劳动有正确的认识。

（2）劳动能力：掌握搅拌鸡蛋液、切葱花的方法，学会烹饪一道美味的紫菜蛋花汤。

（3）劳动习惯与品质：培养健康的饮食习惯，养成积极参与烹饪劳动，为家人服务的好品质，树立家庭责任感。

（4）劳动精神：感受一日三餐烹饪劳动创造的美好生活，能够不怕辛苦，持久耐心地完成烹饪劳动，培养乐于奉献的劳动精神。

（四）教学重点

掌握搅拌鸡蛋液、切葱花的方法，学会烹饪一道美味的紫菜蛋花汤。

（五）教学难点

认识日常菜品烹饪来之不易，感恩父母平时的付出。了解饮食与健康的关系，认识到烹饪与营养活动对健康生活的重要性，对烹饪劳动有正确的认识。

（六）生涯教育渗透点

通过本节课学习，学生了解饮食与健康的关系，认识到烹饪与营养活动对健康生活的重要性，对烹饪劳动有正确的认识。

（七）教学过程

1. 情境导入

教师播放课件，引导学生说出日常生活中常见的"靓汤"，并分析其中"靓"在哪里，从而让学生认识汤的营养构成，激发学生对烹饪"紫菜蛋花汤"

的兴趣。

【设计意图】通过图片展示，让学生认识汤的营养，激发学生的烹饪的兴趣。

2．准备阶段

（1）教师播放视频，并让学生拿出材料准备表。边看视频，边记录烹饪前需要准备的材料。了解厨师对烹饪食材的选择。

（2）教师运用六何法，通过引导学生分析为何准备的材料中出现了头套和围裙，引导学生注重个人卫生，学会佩戴头套和围裙，并做好小组成员的洗手任务。了解担任一名厨师需要健康烹饪、安全烹饪。

（3）教师引导学生观看桌面的材料，运用六何法中的"是何"，分析葱花和葱的区别，引导学生进行个人示范切葱花活动。了解厨师对基本刀工的要求。（本活动会使用到刀具，需要提醒学生注意安全。）

【设计意图】引导学生关注烹饪活动的卫生性、安全性，让学生做好食材准备，培养学生规范劳动、安全劳动的习惯和品质。了解担任一名厨师需要健康烹饪、安全烹饪。

3．方法学习

（1）教师播放制作紫菜蛋花汤的视频，引导学生分析制作流程。引导学生像厨师一样分步骤做好烹饪流程。①温水泡紫菜，6 分钟左右；②煮沸水；③搅拌鸡蛋液；④倒鸡蛋液入沸水（注意倒的技巧——成蛋花）；⑤放入紫菜，2 分钟后滴入香油，搅拌后，撒葱花。

（2）教师总结流程，并引导学生进行记录。

（3）引导学生做好小组讨论，做好劳动分工，明确切葱花、搅拌蛋液、煮沸水等烹饪劳动的规范。

（4）引导学生开展上述劳动，教师进行巡视并提醒学生注意劳动的规范性。（本环节用时 15 分钟）

【设计意图】本环节注重培养学生的团结协作，让学生动手实践，培养学生烹饪紫菜蛋花汤的劳动能力，引导学生像厨师一样思考烹饪流程和品质。

4．品尝点评会

（1）引导学生盛出烹饪好的紫菜蛋花汤。

（2）引导小组派出两名调查员，一人负责拿汤，另一人负责收集老师的评价意见。

（3）小组剩余成员品尝紫菜蛋花汤，进行小组自评。

（4）引导小组调查员返回小组，整理评价意见，进行小组讨论，对刚才烹饪的汤进行经验总结。

（5）教师引导学生进行评价意见的反馈，进行集体讨论，对小组的烹饪劳动进行反思总结。

(6) 教师引导学生回味刚才烹饪的时刻，感悟烹饪劳动的快乐。

【设计意图】评价点评环节能让学生总结烹饪劳动的经验，让学生在点评的过程中学会烹饪的技巧，在点赞的过程中获得烹饪劳动的快乐，树立劳动创造美好生活的观念。每一位厨师，首先都是一位美食家，引导学生像美食家一样点评其他小组的作品，像厨师一样思考如何评价菜肴。

5. 总结提升

（1）小组长总结小组成员在今天烹饪活动中的表现。

（2）老师总结今天的烹饪活动，特别总结大家的表现。

（3）引导学生将今天学到的烹饪技巧运用到生活中，为父母烹饪一道美味的紫菜蛋花汤，让快乐劳动的观念回归学生的日常生活。

【设计意图】引导学生进行总结反思，归纳烹饪紫菜蛋花汤的技巧，以及注意事项，让学生在总结中提升对烹饪的认识和对厨师行业的认识，让快乐提升。

6. 拓展延伸

说说你对厨师这一职业的认识。

（八）板书设计

紫菜蛋花汤

准备：头套、围裙　　卫生　　安全

操作流程
- 泡紫菜
- 煮沸水
- 搅拌鸡蛋液
- 倒入鸡蛋液
- 放紫菜、放香油、盐、撒葱花

单位：佛山市南海区大沥镇中心小学

执笔人：张石泉

十三、小小 3D 产品设计师：创意水杯

——小学信息技术渗透生涯教育教学设计

（一）教材分析

本课设计的是"创意水杯"，物品贴近生活，学生比较熟悉。内容主要包括运用 3D One 中的"六面体"创建杯体模型，用"圆角"磨圆杯体边角，用"抽

壳"挖空杯体，用"扭曲"扭曲杯体，用"材质渲染"选择杯体材质并着色。教学中为了让学生掌握工具的使用，注重引导学生自主探究工具的选择，并仔细观察和分析操作后物体的外形，从而灵活地使用工具进行物体的创作。

（二）学情分析

本课的教学对象是小学六年级的学生，他们通过之前的学习，已经对 3D One 的界面比较熟悉，能比较熟练地通过各个视角观察物体，也能够在工作台上放上各种基本物体并对其进行移动、旋转、缩放等基本的编辑处理。本课的知识点是抽壳、磨圆与扭曲等，这是学生第一次接触将基本物体的外形进行改变。为了帮助学生理解和掌握，笔者使用学生熟悉的水杯作为任务载体，在设计"创意水杯"的活动过程中，鼓励学生在掌握技术的同时放飞想象，大胆创新。

（三）教学目标

本课的侧重点是引导学生运用 3D One 软件设计"创意水杯"，培养学生"数字化学习与创新"素养，激发学生创作热情，鼓励学生把所学知识应用到实际生活中。具体目标如下：

（1）学科素养培养方面着重培养学生的数字化学习与创新素养。

（2）融合数学、美术的学科知识，渗透 STEM 学习理念，培养学生运用跨学科知识解决问题的能力。

（3）能用六面体、圆角、扭曲和材质渲染工具制作水杯。

（4）理解"抽壳"厚度数值与杯壁厚度的关系，以及扭曲杯体角度数值与杯身扭曲程度的关系。

（5）融合 3D 打印行业的职业素养、行业要求等知识，增加学生对 3D 打印行业、职业的了解。

（四）教学重点

（1）能用"六面体"创建杯体模型。

（2）能用圆角、抽壳、扭曲工具将杯体边角磨圆、挖空、扭曲。

（五）教学难点

理解"抽壳"厚度数值与杯壁厚度的关系，以及扭曲杯体角度数值与杯身扭曲程度的关系。

（六）生涯教育渗透点

对学生进行职业启蒙教育，指导学生认识 3D 产品设计师职业，了解 3D 产品设计师的工作内容。

（七）教学过程

1. 情景引入，导学新课

（1）出示谜语：我们猜一个谜语，但不能发出声音，只能把谜底画出来。学生根据谜面画出杯子。

（2）观察多样化的水杯，引出杯子的外形特征。

引导观察与思考：水杯的样子都很相似，这是受到谜面描述的影响，从而限制了我们的想象力，但生活中我们的设计师们创意无限，设计出很多富有创意的水杯。请同学们观察讨论，这些水杯的外形都有哪些共同的特征？

观察多样杯子的外形特征并找出共同之处。

（3）观察扭曲水杯的外形特征。

①提出问题：请观察手中的水杯，外形特征有何特点？（课件出示）

②观察扭曲水杯的外形特征并找出杯口、杯体、颜色的特征。

【设计意图】将杯子活动主线以谜语的形式引入，既能充分激发兴趣，又能融入图画知识教学。从个性到多样性，从一个杯子再到多样的杯子，观察总结出杯子的共同特征，为后面扭曲水杯中制作杯体、挖空杯口、渲染颜色这三大步骤进行对接。

2. 问题引导，组织先学

（1）学习水杯的设计思路与制作步骤（板书：创意水杯）。

引导看书：请同学们根据学案的提示指引，看书本第54－59页，寻找"制作步骤"及"使用工具"（课件出示）。

自学书本寻找操作步骤并填写学案。

（2）引导学生汇报自学效果并板书学生汇报的自学效果。

【设计意图】运用"先学后教"的教学理念开展学习。学生在明确了学习任务的要求及提示的前提下，通过小组合作、自主探究完成学习任务，让学生在尝试的过程当中主动发现问题，解决问题。尊重学生在学习中的主体地位，保留学生探索知识的宝贵过程。培养学生良好的学习习惯以及与他人合作的团队意识。

3. 任务驱动，指引探究

出示操作任务，让学生看书本指引或通过网络学习平台上的微课指引开展自主探究。

学生理解任务要求和提示。学生尝试按书本的提示或微课提示操作，过程中遇到问题先小组内研究解决，并把出现的问题记录下来。

4. 问题反馈，实施后教

（1）生成性的问题反馈及后教。

提出问题：制作过程中你遇到什么困难？

①收集学生提出的问题，梳理共性和有代表性的问题展开后教。

②组织学生对反馈的已提炼的问题进行解决，或学生自行解决或教师演示解决方法。

反馈遇到的问题，学生示范，其他学生观察并思考有没有其他方法，以及哪种方法更方便。学生提出在自学过程中遇到过的困难，全体师生思考解决问题的方法。

（2）预设性的问题反馈及后教。

①是否可对红圈所示的开放面进行挖空？为什么？

②挖空杯体时，杯壁厚度为正数（如4.5）与厚度为负数（如-4.5）的区别是什么？

③扭曲水杯的关键步骤是什么？

（学生思考问题并提出解决的办法）

（3）小结。

①要对实体进行挖空，关键是要选好没被磨圆的表面作为"开方面"。

②扭曲水杯的关键操作是要选取固定的杯口边缘作为"基准面"。

（学习任务总结，理清思路）

5．巩固应用，内化提升

①头脑风暴，分享设计创意。①你心中的创意3D水杯？下面我们就来争当小小3D产品设计师，发挥想象去设计一个创意十足的杯子。②从形状、颜色、材质、功能等方面展开创意。③杯子设计的原则：实用、美观、个性、创意。

（学生头脑风暴交流创意）

②组织学生开展动手设计个性化的创意水杯。动手设计有创意的杯子。

③展示部分学生有创意的作品，组织学生介绍自己作品的创作意图。学生展示创意作品。

【设计意图】激发创意，学以致用，落实信息技术学科素养中数字化学习与创新能力的培养，提高学习任务的能力及形成创新作品的能力。

6．完成评价栏

（1）引导学生运用 learnsite 信息技术学习平台完成评价。

（2）教师根据评价结果进行小结，关注并请学生帮助某些学习有困难的学生。学生完成评价栏。查看评价结果，关注并帮助那些学习有困难的同学。

【设计意图】通过这个信息技术学习平台进行评价，可以马上生成评价数据，便于及时掌握学生真实的学习情况，关注那些学习有困难的学生。

7．交流收获，总结延伸

结合本课的所学所获，请说说要成为一名出色的3D产品设计师，需要具备哪些条件。

（八）板书设计

创意水杯

杯口：抽壳

杯体：六面体、圆角、扭曲、材质渲染

单位：佛山市南海区大沥镇邵边小学

执笔人：何国星

十四、小小园牌设计师

——小学美术渗透生涯教育教学设计

（一）活动背景

学生在开展"STEM 创植园"项目活动过程中，发现创植园没有园牌，觉得不美观。经过讨论，让学生自主设计园牌，聘请学科老师当设计顾问，开展设计与制作园牌项目。

（二）学情分析

四年级学生已有实践活动基础，并且经过了几年的综合实践活动课程的学习，对 STEM 创植园有一定的了解，具备一定的观察能力。但在创造性地设计园牌的能力方面比较薄弱。

（三）教学目标

（1）知识与技能：懂得设计师是一个社会职业，尝试为学校创植园设计园牌。通过对园牌进行设计、绘画和字体美化等，在过程中初步知晓园牌设计的简单技能。

（2）情感与态度：通过创植园园牌的设计，培养学生设计创新的兴趣，并进一步激发其对学校集体的归属和热爱，树立爱护校园的责任感。

（3）过程与方法：通过职业模拟，进行小组合作，并结合源于生活的认知经验，开展设计体验，同时提升职业体验背后的素养教育。

（四）教学重点

结合简单的生活经验，进行小组合作，开展职业模拟体验，进行园牌的设计、美化。

（五）教学难点

挖掘学生职业体验背后的素养教育。

（六）生涯渗透点

现实社会中，多数职业需要团队的分工和合作，为了体现本堂课职业生涯的特征，设计了小组合作实践，让课堂成为社会的一个缩影。小小的园牌设计是团队合作的成就。每一个设计作品都是团结的结晶。在此过程中，聚焦职业背后的道德，见证同学们素养的进步。通过职业的体验，聚焦职业背后的素养，从而引导学生爱国、敬业、诚信和友善，从课堂技能的学习，到素养的提升，为同学们未来的职业梦想助力。

（七）教学过程

1. 精彩回顾，课题导入

教师：今天，老师要给同学们介绍的这群人，他们有一个共同的名字——设计师。他们带着丰富的想象力和创新能力服务于社会的各个角落。如：服装设计师、平面设计师、室内设计师、珠宝设计师，等等。（播放演示课件）

教师：讲到设计，老师刚好在前阵子收到了学校布置的设计任务。我们一起来看看。（视频播放。校长说：最近，一些学生向我反映创植园缺少园牌。在此，我想诚邀在座的同学们帮忙设计。希望同学们可以尽情发挥你们的聪明才智，完成创植园的园牌设计。）

教师：谢谢学校的信任。今天就让我们当一回小小的园牌设计师，体验设计的乐趣。相信同学们能出色地完成任务！有没有信心？

出示板书：小小园牌设计师

【设计意图】构建生活课堂，将生活引进课堂里，让学生承担有生活意义的任务，可增强对自身所处环境的热爱及责任感，发展创造美好生活的愿望与能力。四年级学生面对具有挑战性的、生活化的课堂设置，更能激发自身的学习热情，提高自身的想象力和创造力。

2. 学思导学，循序渐进

（1）看一看，借助经验识标牌。

教师：园牌就是标牌的一种。同学们在生活中也一定看到过很多标牌，老师课前也让大家留意，谁能向大家分享你的观察？

部分学生上来介绍自己观察到的标牌，说说在哪里看到的，由什么组成，有什么用处。

教师：谢谢同学们的经验分享。同学们在生活中找到那么多标牌，真了不起。我们发现它们是由外形和文字两部分构成的，上面有醒目的文字、美丽的外形等内容，起到指明方向和警示的作用。

出示板书：文字醒目　外形美观

【设计意图】学生通过交流生活的经验，分享自己看到的标牌，从中发现生活就是最好的示范，这胜于教师十遍百遍的枯燥"填鸭"，也是一种社会生活经验的迁移，对于我们的园牌设计所要求的形状和功能，此时同学们看到的标牌可谓"无声胜有声"！也就自然而然明白园牌的设计离不开醒目的文字和美丽的图形，这既是美术教学的技能引导，也从中能看到学生对社会职业设计师基本能力的了解。

（2）想一想，合作分工巧思考。

教师：为了让同学们能更好地完成任务。老师也给同学们带来了一些园牌设计的小妙招。（课件出示园牌图案、字体的图片）外形上有花朵形、萝卜形、蘑菇形、叶子形、茄子形。字体上可以给它进行变形、添加装饰。

出示板书：造型新颖　色彩鲜艳

教师：同学们你们喜欢这些吗？可以选择一个自己最喜欢的进行美化。有没有看到这里有一个空白格，如果上面的你都不喜欢，可以自己设计。

教师：大家对园牌设计又有了新的认识。俗话说：行动胜于语言。不如让我们行动起来吧！

教师：我们每个小组以公司的形式，完成学校创植园园牌设计。你们做好准备了吗？谈谈你们的分工。

学生：这两位同学是负责设计园牌的，这位同学是负责草拟公司名称跟公司框架的，我是负责设计公司广告词的。

（3）做一做，任务承接设计忙。

教师：看来同学们都准备充分了！开始设计吧！

（音乐结束，学生停止设计。）

【设计意图】基于学习者的心理，美术课程活动以小组合作方式为主，以促使小组全体组员主动参与学习活动，成立一个个"设计公司"，众多"公司"的竞争，使设计师们开始了职业竞争，从而让课堂成为社会的其中一个缩影，促进学生间的情感交流、互帮互学，也开发了潜能。

3．成绩分享，聚焦素养

（1）说一说，设计成就我自豪。

教师：恭喜各公司完成你们的第一个设计单。哪家公司的团队愿意上来展示一下。我们用最热烈的掌声欢迎他们的到来。

学生展示设计方案（全部贴在黑板上展示），简述设计说明。

教师：哪个设计师能点赞一下他们的设计？

学生点评。（如：我觉得他们的园牌外形很有趣，造型新颖、颜色鲜艳，等等。）

提问：你对哪一件作品最满意？举手表决，当场清点。

（2）学一学，敬业素养我点赞。

教师：每一个设计结果少不了过程的参与。能给我们分享一下你作为一名小小园牌设计师背后的故事吗？

学生分享。（如：在设计的过程中我发现设计师是一个精益求精的职业。就像我身边的这位同学，他在设计的过程草拟了好几遍设计稿，很认真……）

教师总结：同样都是设计园牌，背后的故事或是精彩的，或是平淡的。但正是这些故事赋予了园牌以生命，让我们体会到设计的千姿百态，更让我们对设计师这个职业充满敬意。

教师：我们下课后，把最佳作品呈现给学校领导，希望能被采用。

【设计意图】教学设计中，学生找一找设计过程中发生的小故事，聚焦职业背后的道德，提升同学们的素养。通过职业的体验，聚焦职业背后的素养，从而引导学生学会爱国、敬业、诚信和友善，这也是社会主义核心价值观的再教育。

4．延伸拓展，追逐梦想

教师：正因为有了设计师，我们的社会才越来越美丽。你们看，广州的广州塔、上海的东方明珠……（课件出示一些世界优秀建筑）

教师：生活中除了设计师这一职业，还有很多其他职业。希望同学们能带着美的眼光发现每个职业的美好，去追逐你心中的职业梦想。

最后，老师建议把掌声给我们自己，庆贺自己成功做了一回小小的园牌设计师！

（掌声……）

【设计意图】在教学最后，又一次把教学延伸到课外，使同学们看到了设计师为社会带来的美好，无论是广州的广州塔，还是上海的东方明珠，设计让世界更美，从而激励同学们放飞职业梦想，报效社会，做一个有社会担当的、合格的现代公民。

（八）板书设计

小小园牌设计师

文字醒目　外形美观

造型新颖　色彩鲜艳

单位：佛山市南海区大沥镇中心小学

执笔人：钟志慧

十五、嘎达梅林

——小学音乐渗透生涯教育教学设计

（一）教材分析

小学高年级阶段是品格、智力和生活能力等形成和发展的重要时期。课程标准对于培养儿童保卫国家及爱国主义思想和感情有明确要求。"保卫国家、爱国主义"是本课的教学目标之一。本课以"足迹"为抓手，重在培养学生铭记过往的历史事迹，培养主人翁意识和责任感，凸显出革命带给人们生活的改变和美好。本单元还设立了其他小课题：第一，《歌唱二小放牛郎》，重在认识历史人物事迹，感受面对困难险境也不退缩的大无畏精神；第二，《我怎样长大》，结合学生的年龄特点，懂得长大的意义和寻找自己未来的目标的重要性。为下一课做好铺垫，是本单元的重点。

（二）学情分析

五年级学生正准备进入青春期，这个年龄段的学生已具备一定的音乐欣赏力。他们能从整体层面感受音乐，能感受歌曲表达的情感。

（三）教学目标

（1）聆听民歌和欣赏马头琴五重奏的《嘎达梅林》，让学生从"情"的角度，热爱民族英雄，热爱民族音乐。

（2）聆听马头琴五重奏《嘎达梅林》，感受体验乐曲中的各种音乐要素，理解音乐的内容及意境。

（3）进一步了解歌曲《嘎达梅林》的音乐特点和背景故事，并深挖其深厚的爱国情感。

（四）教学重点

（1）通过多种形式聆听和了解歌曲中嘎达的人格魅力及其爱国精神。
（2）认识马头琴及其音色。

（五）教学难点

培养学生对乐曲的感受与鉴赏能力。

（六）生涯教育渗透点

通过学习，培养孩子树立爱家、爱集体，愿意为国家付出自己的一份力量的情感，如爱国旗、爱国歌，敬爱家人，维护班级和学校的集体荣誉，等等。培养学生正确的价值观、人生观。

（七）教学过程

1. 谈话导入，感悟整齐

（1）每个人心中都有一位英雄存在，你熟悉的英雄人物都有谁？崇拜他的理由是什么？

（2）学生畅谈心目中的英雄。

回忆和搜寻爱国英雄的资料，激发情感。树立课程标准中"保卫国家、保卫世界的爱国主义思想"的意识。

2. 聆听歌曲《嘎达梅林》

（1）初听歌曲：蒙古族人民心中有位共同的英雄，一起听听他是谁。为什么称他为英雄？（播放歌曲）

（2）学生：选择自己喜欢的方式（例如：拍打节奏）认真倾听，听后回答老师提出的问题。

（3）教师简介《嘎达梅林》的历史背景。

"嘎达"是英雄的名字，"梅林"是王府中一个职位很低的官名。《嘎达梅林》唱的是历史上一个真实的故事，这首有名的蒙古民歌，为什么代代相传？1929年，蒙古族封建王公达尔罕企图出卖旗地，便勾结东北军阀强行开垦土地。这一暴行引起蒙古族人民的强烈反抗。嘎达梅林代表人民的利益到沈阳去控告。但是，事与愿违，不仅控告无效，他反被捕入狱并被判处死刑。嘎达梅林的妻子牡丹闻讯后，带领群众劫狱，救出了嘎达梅林。嘎达梅林率众起义，掀起了一场轰轰烈烈的反抗封建贵族统治的大规模武装斗争。

后来，嘎达梅林被蒙奸李守信陷害，在辽河畔被敌人包围，后在战争中壮烈牺牲。人民为了纪念他，流传下这首《嘎达梅林》。

（4）再听歌曲。

教师：这首歌声音有什么特点？

课件播放歌曲。学生听后回答。

课件出示简介：男低音。

视频出示：著名男低音演唱家崔宗顺演唱的《嘎达梅林》（再次感受男低音低沉浑厚的声音特质）。

听后小结：选取男低音，也寓意着背景故事的意义。

（5）模唱《嘎达梅林》，学生轻声哼唱《嘎达梅林》。教师随机指导直到唱熟为止。(为聆听马头琴五重奏《嘎达梅林》寻找主题旋律做铺垫。)

3. 聆听马头琴五重奏《嘎达梅林》

(1) 认识马头琴。

教师：我们再来欣赏马头琴五重奏《嘎达梅林》，先看看乐曲演奏的主要乐器。

(2) 课件出示简介：马头琴。

(3) 讲解马头琴的传说。

(4) 小结：我们年纪虽小，但保卫国家并不是长大后的事情。我们可以从小事做起，维护国旗国歌，维护班级荣誉。好好学习，充实自己，将来为祖国的建设贡献自己的力量。

（八）板书设计

嘎达梅林

声乐曲 VS 器乐曲

两种表现形式你更喜欢哪一种？

声乐曲《嘎达梅林》：语言声韵的抑扬与曲调旋律的起伏一致，情绪悲壮而沉重，表达了人们对民族英雄的无限敬仰和深切的怀念。

马头琴演奏的《嘎达梅林》旋律既抒情优美，又热情奔放。主题音乐的多次再现将嘎达梅林对草原的热爱，对自由的追求，以及大无畏的英雄气概，进行了清晰的描绘。

单位：佛山市南海区大沥镇中心小学

执笔人：叶一鸣

十六、造一艘小船

——小学科学渗透生涯教育教学设计

（一）教材分析

本课面对五年级学生，学生在前面学习了如何增大物体排水量的知识，本节课的重点在于引导学生如何制作出装载更多物体的小船，体验设计和制作的过程，并在此过程中指导学生运用他们所学的知识和技能。第一，重新设计橡皮泥小船，让学生用同样量的橡皮泥设计出能够装载更多货物的小船；第二，指导学生使用其他材料来制作小船。类似这种探究实验，教师还可以对本节课进行拓展，以自主实践为主，引导学生在设计的基础上，在制作的过程中进行设计的再修改，技术的再改进，以此提高学生对船舶工程师这一职业的认知。

（二）学情分析

大部分学生在生活中与船有过接触，或许有坐船的经历，也或许有折纸船的经验，因此，"造一艘小船"能够充分激发学生主动探索的兴趣。在前面的学习中，学生已经了解了船的工作原理，本次课程将引导学生动手操作，在面对困难、解决问题的过程中加深对浮力的理解，增强认知。课程适当留白，旨在推动学生主动探索，提高对科学、技术的兴趣，提升科学、文化素养，明白工程师在设计的过程中需要不断进行测试、改进。

（三）教学目标

（1）科学概念。相同重量的橡皮泥，浸入水中的体积越大，越容易浮在水面，装载量也随之增大。科学技术与生活紧密相连，它们为人类的发展做出了巨大的贡献。

（2）科学方法。探索用橡皮泥造船，不断改进船的形状，增大船浸入水中的体积。按自己设计的方案制造小船，并不断改进。

（3）科学态度。体会不断改进设计对结果的影响。

（4）科学技术社会与环境。感受人类创造发明的历程，激发创造欲望。

（四）教学重点

制订和实施造船计划，并能够提升小船的装载量。

（五）教学难点

能够通过改变小船形状，探究形状与小船装载量的关系。

（六）教学准备

学生准备：橡皮泥、玻璃球、垫片、回形针、制作小船的材料。

（七）生涯教育渗透点

通过本节课的学习，让学生了解到工程活动的基本环节，明白工程是为了满足人们的需要设计和使用技术解决实际问题的一种活动，培养学生的工程思维和良好的动手实践能力。培养学生对工程师这一职业的初步认识。

（八）教学过程

1. 新课导入

材料准备：多媒体课件。

（1）船是人类的伟大创造。自从有了船，人类的活动范围大大扩大，人类的物资运输和交流也大大增加。可以说，船与我们的生活紧密相关。下面就请同学们一起来欣赏一下船的发展史。

（2）播放课件"船的发展史"并进行介绍：木筏、独木舟、明轮、帆船、气垫船、远洋货轮、现代客轮、航空母舰。

（3）欣赏了那么多船，我们今天也来造一艘小船。（出示课题：造一艘小船）

2. 探索：橡皮泥小船制作赛

材料准备：每个小组3块橡皮泥、若干垫圈、水槽、毛巾、记录单。

（1）出示橡皮泥，上节课我们已经能够让橡皮泥在水中浮起来了，那怎样才能制造出一艘装载量比较大的小船呢？今天让我们来进行一场橡皮泥小船制作比赛吧。

（2）提问：既然要比赛，我们怎样能够保证比赛公平呢？

（3）小组讨论、交流。（预设：橡皮泥重量要相同、橡皮泥要一样、测量的重物要相同。）

（4）集体制定比赛规则（全班汇报交流，补充，教师总结）。

课件出示：①相同体积的同种类型橡皮泥；②不准有其他的添加物；③比比谁制作的小船装载量大；④时间限制在10分钟内。

（5）组织学生分小组制作3艘橡皮泥小船，提醒要考虑装载物以及船的稳定性，小组内测试：将船装载的货物量，记录在"造一艘小船"记录表（见表3－19）。

课件出示温馨提示：①先把船平稳地放入水中，不可以浸水；②放垫圈的时候尽可能平稳，一个一个依序放入，如果最后一个物品放入船中而船沉了，那么最后一个不算船的载重；③边放边数，实验一次，注意卫生。

表3－19 "造一艘小船"记录表 第（ ）小组

序号	小船承载的垫圈数量（个）	排序	经验和想法
1			
2			
3			

3. 研讨：交流体会和经验

（1）小组上报组内装载量最大的小船，汇总"造一艘小船"汇总表（见表3-20），准备交流研讨。

表3-20 "造一艘小船"汇总

小组	小船承载的垫圈数量（个）	排序
1		
2		
3		
……		

（2）学生反馈交流自己的经验和想法。

（3）观察全班的数据表，请小船装载量最大和最小的小组介绍经验和想法，并展示小船。

（4）教师小结：相同重量的橡皮泥，浸入水中的体积越大，越容易浮在水面，它的装载量也随之增大。

4. 拓展：设计一艘个性船

（1）如果请你用身边的废弃物品制作一艘装载量更大的小船，你会制作一艘什么样的小船呢？

课件出示问题：①我们想造什么样的小船？②造这艘小船需要什么材料？③我们的小船有哪些特点？

（2）小组讨论与设计，列出自己需要准备的材料，画出自己的设计草图。

（3）小结：课后寻找废弃物品，按照设计图制作属于自己的个性小船。设计的小船，空船的时候重量不得超过0.25 kg。要求不断地对小船进行改进，突破目前自己设计的小船最大的承载量。通过改进，使小船的承载量一次次提高。下一节课进行展示、评价。评分标准：承载量占70%，外观设计占30%。

（九）板书设计

4 造一艘小船

橡皮泥小船制作赛　　造个性船

工程师：　　　　准备　制作　改进和完成

浸入水中的体积越大，越容易浮在水面，装载量越大

单位：佛山市南海区大沥镇中心小学

执笔人：沈伟绪

第四章 小学生涯教育主题班队会设计

一、认识自我，引航前行

（一）班会背景

美国的舒伯等人研究发展了生涯规划理论，该理论认为生涯是一个持续不断的、有特定年龄阶段的发展过程。他认为人的生涯发展是一个持续的、终身发展的过程，绝不是到了从学校毕业或选择工作时才有这个需要。因此只有从小学开始，建立适当的生涯观念，才能实现生涯发展的目标。

小学阶段的学生一般为6～12岁，是人生极为重要的阶段，古语有云："三岁看大，七岁看老。"许多事情只有"从娃娃抓起"才能做得好，生涯教育也是如此。小学实施生涯教育主要是让学生初步认识自己和社会，整合信息，学会对自己进行初步的生涯管理。

目前，社会竞争日趋激烈，"预则立，不预则废"，生涯管理显得十分重要。对于二年级的学生，其前提是先正确认识自我，科学的生涯管理要建立在正确的自我认识基础上。

（二）班级背景

本班学生的课余活动丰富多彩，接触的东西也很多，但很多事情是家长安排的。学生不了解自己的兴趣爱好、性格，需要老师引导发现自身的兴趣，认识自我。

（三）班会目标

（1）知识目标：帮助学生认识自己的兴趣，了解自己的性格，为合理的生涯管理打下基础。

（2）能力目标：根据自己的兴趣、性格，初步规划自己的未来。

（3）情感目标：初步培养自我肯定的意识。

（四）生涯渗透点

二年级的学生自我意识薄弱，缺乏正确的方法全面理解自己，需要老师从兴趣、能力、性格等方面帮助学生认识自我，为合理的生涯管理打下基础。

（五）班会准备

《疯狂动物城》里小灰兔小时候解救伙伴的视频片段；白纸、卡纸若干张；舒缓的背景音乐；课件；歌曲《快乐向前走》。

（六）授课对象

二（5）班全体学生。

（七）班会过程

1. 视频导入，激发兴趣

（1）播放《疯狂动物城》里小灰兔小时候解救伙伴的视频片段。

（2）指名分享：你觉得这时候的小灰兔是一只怎么样的兔子？（善良、勇敢）

（3）教师小结：小灰兔最后成为一名了不起的警察，在动物们的眼里，它是勇敢、善良的。小灰兔是一只勇敢、善良的兔子，那你知道你是一个怎么样的人吗？

【设计意图】从学生们最感兴趣的《疯狂动物城》入手，充分激发学生的兴趣，调动学生们参与活动的积极性。

2. 小小游戏，初步认识自我

（1）小游戏：我是一个_____的人。

游戏要求：每个学生拿出一张空白的纸，在纸写上能形容自己个性、兴趣或特点的词语。时间为三分钟。

（2）学生在班上进行交流，其他同学倾听并进行评价。

（3）游戏小结：认识自我，就是要客观地评价自己，既不高估自己，也不贬低自己。认识自我，就是要认识自己的优势、劣势，自己的与众不同和发展潜力。认识自我，就是要认识自己的生理特点，认识自己的兴趣爱好、性格等心理特点。

【设计意图】通过小游戏，让学生在轻松快乐的氛围中初步认识自我。

3. 小组合作，深入认识自我

（1）采用小记者采访的形式，采访小组里的同学，初步了解自己的性格、兴趣。

（2）把采访到的关键词写在白纸上。

（3）组内介绍自己，用上所有的关键词。

【设计意图】通过采访的形式，让每个学生都参与其中，在交流中不停地丰富对自己的认识，收获自我认识的成就感。

4. 制作名片，展示自我

（1）做一做：每位同学都要拿出一张卡纸进行设计，为未来的自己设计一张名片。（我将来会成为一个怎么样的人？并说说你的理由，例如兴趣、特长或者其他的原因。）

（2）指名在班上进行展示。

（3）班级内互相交流名片。

【设计意图】在设计名片的过程中，让学生重新梳理并认识自我，在班级展示中充分展示自我。交换名片环节，为学生互相学习提供了平台，激发了学生学习的兴趣。

5. 精彩回顾，总结活动

（1）进行"兴趣幻游"活动，结合背景音乐，引导每位学生闭上眼睛对自己的兴趣、性格进行回顾。

（2）教师总结：快乐的生活从正确认识自己、了解自己开始，以便找到努力的方向，为自己的梦想播下希望的种子。

（3）结束：齐唱《快乐向前走》。

单位：佛山市南海区大沥镇中心小学

执笔人：梁月吉

二、不一样精彩的你和我

（一）班会背景

二年级学生开始显示出一定的个性特征，但对自我的认识还不够深入，对自我的肯定还需提高。引导学生正确认识自我，认识生命的独特和珍贵，学会自我肯定，懂得自我调适显得尤为重要。

（二）班级背景

本班学生对自身的特点和优点的认识还不深，对自身生命价值的认识还需提高，本课程重点指导学生正确认识自我，增强自我肯定的意识，知道如何实现自我价值。

（三）班会目标

（1）知识目标：学生探寻自身的独特特点，认识到自己的存在是有意义的，学会自我肯定。

（2）情感目标：学生通过发现自身优点，认识到自己的生命价值，增强自信心，积极面对生活中的困难。

（3）技能目标：面对困难，学生能自我调适，积极面对，不断进步，实现自己的人生价值。

（四）生涯渗透点

（1）学生增强自我认知，对自身的职业发展规划有一定的帮助。

（2）学生学会自我肯定和自我调适，能提高学生应对生活中的挫折与困难的能力。

（五）班会准备

（1）学生准备：同一棵树的两片落叶。

（2）教师准备：授课课件，采访视频，一片枯叶，夸夸表。

（六）授课对象

二（4）班全体学生。

（七）班会过程

同学们，今天这节班会课，我们一起来认识"不一样精彩的你和我"。

1. 自我认知，感受独特

（1）观察同一棵树的两片落叶。

①说说发现了什么？（颜色不同、纹路不同、大小不同……）

②指名3个学生分享。

③教师小结：原来每片树叶都有自己的独特之处，都长得不一样。就像我们班级里的48位同学，每位同学都不一样。

（2）感受自己的独特。

①进行小调查。教师：觉得自己计算又快又准确的同学，请起立；觉得自己写字漂亮的同学，请起立；觉得自己唱歌好听的同学，请起立；觉得自己声音响亮的同学，请起立；觉得自己跑步快的同学，请起立……通过刚才的调查，我们发现每个同学都有不一样的特点。

②组织学生从外表、特长、性格和爱好等方面思考自己和别人不一样的地方。

③指名4～5人进行分享或展示。

④小结：通过同学们的分享，我们会发现，每个人的身上都有自己的特点，每个人都是独特的。

【设计意图】通过观察同一棵树上的两片落叶，学生发现每片树叶都不一样，从而联想到自身，认识到每个人都有自己的特点，每个人都是独特的。

2. 自我肯定，发现精彩

（1）观看绘本故事视频：《风中的树叶》。

①引导学生带着问题观看视频。问题是"如果是你，你最喜欢哪片树叶？为什么？"

②组织学生同桌交流，然后指名4～5人进行分享。

③教师小结：听了大家的分享，我们会发现原来不同的树叶有不一样的精彩，都有自己的优点，我们的小朋友也一样。

（2）猜一猜。

引导学生看图猜人，并说出该人的优点。例如，他的优点是读书声音响亮，可以帮老师带读。

（3）活动"夸夸自己"（如图4-1所示）。

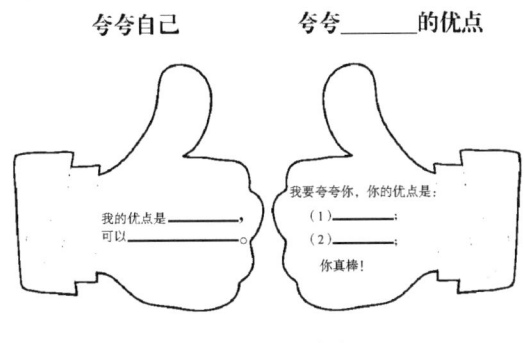

图4-1 夸夸卡

①活动要求：在夸夸卡"左边的大拇指"上填写自己的优点，然后根据自己的优点写一写可以做些什么。

②组织学生填写夸夸卡，邀请一列学生进行展示。

③教师小结：同学们都很会发现自己的优点，我们在发挥自己长处的同时，也会给他人带来幸福与美好！

【设计意图】通过观看绘本视频《风中的树叶》，学生认识到每片树叶都有自己的优点。由树叶联想到人，学生在"夸夸自己"的活动中，发现了自己的优点和价值，提升了自豪感。

3. 自我调适，绽放精彩

（1）枯树叶有话说。

①展示一片枯树叶，并情景演绎："枯树叶觉得自己已经枯萎了，没有什么优点，你同意吗？"

②指名学生汇报。

③教师小结：是的，就算是一片已经枯萎的叶子，它也有优点，也还有价值，就像小朋友说的那样，它可以埋在泥土里，为大树提供营养啊。

（2）活动"（同桌）互相夸一夸"。

①活动要求：同桌之间交换夸夸卡；想一想同桌的优点有哪些；把同桌的优点写在夸夸卡"右边的大拇指"上；填写好后，把自己填写的内容读给同桌听。

②组织同学开展活动。

③邀请两对同桌到教坛处展示，并表达被夸奖的感受。

④教师小结：原来得到夸奖是很开心的一件事，在别人的眼中，每个人都有很多优点。在生活中，只要我们发挥自己的优点，就能绽放属于自己的精彩，那我们怎么样才能绽放自己的精彩呢？

（3）采访优秀同学。

①播放采访优秀学生的视频。（视频内容为学校里在某方面有特长的学生简单展示特长，介绍自己在学习的过程中遇到的困难，并说说自己是怎么克服困难的。）

②视频当中这几位同学都绽放了自己的精彩，那从他们的身上你学到了什么？

③指名学生汇报。

④教师小结：同学们都说得特别棒！要自信大方地绽放精彩就要做到不怕困难，遇到困难不放弃，坚持不懈地努力。

（4）小贴士。

①展示3点小贴士。确定目标，朝着目标努力。遇到困难，不害怕。可以向爸爸、妈妈或老师寻求帮助。

②情景模拟，组织同学"二选一"进行小组讨论。情景一：学自行车时摔倒很多次，还是学不会，怎么办？情景二：想培养自己的阅读习惯，但是看一会儿书就想着去玩，不想继续看怎么办？

③组织学生进行小组汇报分享。

④教师小结：看来同学们都懂得如何克服困难，真棒！

【设计意图】学生经历从"称赞枯树叶"到"称赞自己的同桌"，并通过"互相夸一夸"活动，认识到原来自己在别人的眼里也是有很多优点的。通过观看采访视频，学生从中能学习到优秀同学是如何克服困难，发扬自己的优点，绽放自己的精彩的。最后，结合所学的3点小贴士，进行情景模拟，学以致用。

4. 自我感悟，激励创造

（1）学唱励志歌曲《左手右手》。

（2）教师小结：通过今天的班会学习，我们认识到每个人都是独特的，希望同学们能善于发现自己的优点，勇于面对生活中的挫折，绽放自己生命的精彩！

【设计意图】通过学唱励志歌曲《左手右手》，给同学们传递"不怕困难、勇往直前"的正能量。

单位：佛山市南海区大沥镇中心小学
执笔人：黄玮

三、密室逃脱之防火护生命

（一）班会背景

《中华人民共和国未成年人保护法》第 16 条指出要为未成年人提供生活、健康、安全等方面的保障，并对未成年人进行安全教育，提高未成年人的自我保护意识和能力等。由此可见，该保护法凸显了对未成年人进行安全教育的必要性。

生命高于一切，安全重于泰山。父母工作的繁忙，使得孩子居家时间逐渐增加。现在，小学生在家中发生的意外状况常常令人猝不及防。如果能够未雨绸缪，学习掌握简单实用的防火技能，当遇到意外伤害时生命健康就能得到及时有效的保护，在危急情况下就不至于因为束手无策而失去宝贵的生命。这些做法也可以帮助学生从不同的层面了解和认识防火救护知识，让防火救护知识更广泛和深层次地传播，这也有助于提高生涯技能。

教学中要秉承"一切为了学生，为了一切的学生，为了学生的一切"。学校教育的本质内涵是塑造人，以人为本。教师在教学过程中要做到"既教书又育人"。从一定的层面上来说，教师的育人比教书更为重要。教师课堂教学内容要从以"知识为中心"向以"学生的发展、能力的培养为中心"转变。

基于学生发展所需，根据以上背景设计本节班会。

（二）班级背景

小学五年级学生正处于向青少年过渡的儿童期后期阶段，大脑发育处于结构和功能发展完善的关键期，是培养学习能力和情感能力的重要时期，也是养成良好行为习惯和改变不良习惯的关键时期。

随着认识能力的发展，学生开始对很多事情都有自己的想法，但辨别是非的能力还极其有限，需要家长和老师正确的引导。但由于学生仍处于儿童阶段，对事物的认知较为浅显，接受能力也有限，因此，学生比较喜欢游戏等轻松的活动方式。另外，很多学生的安全意识和自我保护意识还十分薄弱。

因此，珍爱生命的观念和保护生命的方法仍需大范围、高强度地宣传，以班级为单位举办"守护生命安全"的主题班会也显得尤为重要。

（三）班会目标

（1）知识目标：了解生命的顽强与脆弱，增强居家安全意识。

（2）情感目标：通过情景模拟，懂得爱惜生命，懂得留心生活，感受"活着"的幸福。

（3）技能目标：掌握不同情境下的各种防火措施，懂得逃生方法。通过实验对比，密室逃脱的情景模拟和小小消防员的角色体验，学习灭火方法和应对措施这些生存技能。

（四）生涯渗透点

通过在主题班会活动使用视频展示、数据对比、实践操作等方式，培养孩子居家防火的安全能力，树立爱护自己、保护生命的意识。从小培养生命安全的意识和能力，筑建健全美好生涯。

（五）班会准备

爱心宣传卡；邀请消防员家长进课堂；干粉灭火器；方格纸；课件。

（六）授课对象

五（5）班全体学生。

（七）班会过程

过程一

（1）认识生命，感受力量。教师：同学们，今天我们来玩个密室逃脱游戏，只要闯关成功，就能救出密室里被困的主人。你听……密室的主人似乎在求救。让我们化身拯救小队，一起去拯救主人逃脱吧。（出示课件）

（2）声音导入，初感生命。教师：在进入密室开展拯救活动前，我们需要进行体能检查。请听。（出示课件。播放婴儿哭声、心跳的声音以及心电图图样。）

（3）触摸生命，感受神奇。教师：生命的跳动除了听到，还可以摸到呢！（分享方法，并进行展示；分享关于生命的感受）

小结：原来生命是有温度的，充满了神奇色彩。

【设计意图】通过感官体验生命的跳动，增强学生对课程的兴趣，让学生知道课程内容是与自己生命息息相关的，从而引起对生命的重视。

过程二

（1）观察实验，感悟意义。教师：恭喜大家获得密室拯救行动通行卡。全部都有，整装待发。咦，密室马上给我们发布任务，我们去听听。（出示课件，老师进行角色扮演并读出情报内容：我们的生命是宝贵的，在生命长河中你会拥有很多愿望，丰富你的人生。现在请你体验"0和1"的实验）

（2）对比实验，感悟意义。教师：现在让我们做个"0和1"的实验。
实验方法如下所示。

第一次实验：拿出方格纸，1代表生命，0代表愿望，先写上1，然后边想你的愿望边画0，每一个愿望写一个0表示，看看有多少个？观察各自的数量。

第二次实验：现在擦去1，把这么多的0加起来。再次观察。请想想，你发现什么？

（3）观察变化，总结结论。教师：生命只有一次，当生命消失，再多的愿望也没有价值。

（4）观看视频，引发思考。播放视频（青少年因意外受伤害的数据及新闻片段）；调查分享，学生个人因意外受伤的案例，谈当时感受。（3个学生）

小结：从刚才的实验和新闻，大家感受到生命是如此脆弱，需要我们好好保护。

【设计意图】经过了上一个环节的铺垫，学生对生命的重要性、脆弱性有了更深刻的理解，渴望能够了解、掌握更多的自救知识，此时进行一场安全知识传播活动可谓是一场"及时雨"。这样还能使学生的安全意识上升到理性认识，不仅增强了自我保护意识，更重要的是掌握了实实在在的自我保护方法。

过程三

（1）头脑充电，保护生命。教师：密室又传来新的挑战任务。火灾是居家意外的杀手之一。我们要掌握知识才能救出主人。

（2）我们应该如何防火。学生观看视频（从不同场景使用电器安全、易燃物品、消防通道方面介绍防火知识，引导学生认识安全无小事）。教师小结：（贴板书）使用电器要正确，易燃易爆不乱碰，楼道通畅生命线。

（3）着火了如何逃生。观看逃生方法视频（重点学习高层楼宇逃生方法）。学习正确拨打求救电话的方法。（课件出示：说清楚所在位置，具体门牌号码，现在所处具体地方，发现火源现在的具体情况，冷静等待）

（4）小组PK抢答赛（5题）。

（5）情境表演，心灵体操。

（6）小结方法（贴板书：冷静观察说具体，智慧逃生保安全）。

（7）如何灭火。

过渡语：密室里已经着火了。我们应该怎样灭火呢？邀请"家长进课堂"专业人员进行指导。

通过网络微视频学习不同场景着火的灭火方法（出示PPT：厨房、森林、户外，你用什么灭火方法）；认识"干粉灭火器"和使用方法；学习儿歌，记住使用方法（出示课件：看提拔瞄压）；学生实际操作（3~5人）。

（8）学习不小心烫伤的急救方法。（出示课件，图片按顺序）

小结：（贴板书）灭火使用要谨慎　记牢看提拔瞄压　防火安全记心间

【设计意图】家校联合，整合资源，让家长走进课堂，增强知识传播力度，为学生提供"灾难现场"，让学生把学到的自救措施加以应用，达到"趁热打铁"的效果。

过程四

（1）感恩生命，敬畏生命。教师：孩子们，你们太棒了！谢谢你们，帮我打开大门。只是一个小小的火苗，幸好大家表现得那么勇敢和机智。让我享受蔚蓝的天空，闻闻芬芳的空气，听听鸟叫声，一切那么美好。（教师角色朗读）

（2）利用学习到的知识制作感恩卡。

小结：生活的道路不可能总是一帆风顺的。如我们不幸遇到了各种灾难，我们要有能力保护自己！

【设计意图】通过制作心意卡，情感升华，让学生感悟得以提升，同时提高学生对生命的重视程度，感受生命的意义。这些都是人生中必不可少的能力。

过程五

拓展延伸，生命护航。因为生命，让世界充满爱与关怀，充满希望和未来。作为社会的接班人，我们应该增强自我保护能力，学会自救的方法。接下来，请同学们以小组为单位设计一次户外的参观体验活动，可以是参观消防局、卫生保健公司、科学馆等等，请大家做好准备。

【设计意图】学生的丰富体验能提高学生的实践能力。同时通过合作让学生走进社会，从不同角度认识生命的意义，对丰富学生生涯也有着重大的意义。

单位：佛山市南海区大沥镇中心小学

执笔人：麦婉军

四、隔代不隔爱，互学共成长

（一）班会背景

随着社会的发展，越来越多的年轻人选择背井离乡，来到城市谋发展，安家落户，所以城市出现越来越多的外地学生。为了缓解家庭与事业的矛盾，很多年轻父母都选择让老人帮忙带孩子，教育孩子。因此"隔代教育"在城市就成了一种普遍的情况，但是众所周知，祖辈们虽然有丰富的育儿经验，但思想观念陈旧，育儿方法老套，远远跟不上新时代的发展，所以为了改变祖辈的思想，转变他们的观念,这次系列活动我聚焦"隔代互学共成长",开展了"隔代教育"的新探索。

在这个时代,一方面,独生子女较多,家长们都视孩子为珍宝,而大部分的祖辈们在家时间充裕,勤劳能干,所以在生活上更是溺爱孩子,事事包办替代,这无形中就容易让孩子养成"饭来张口,衣来伸手"的习惯,所以孩子的独立性差、自理能力差。另一方面,随着网络和信息的发展,现在的小学生接触的新事物很多,接受能力很强,他们的知识也越来越丰富、全面。很多学生开始抱有一种"爷爷奶奶不如我"的心态,不听祖辈们的教导,在他们眼里,祖辈们不仅思想落后,对于互联网时代的新产品更是一窍不通。于是我们想尝试把两代人的优点挖掘出来,让他们相互学习,共同成长,共建良好的隔代家庭关系。

(二)班级背景

三年级是学生自我意识觉醒的时期。学生特别爱表现自己,自我建构的动机增强,希望给他人、同学或师长留下好的印象。因此在三年级促进学生的内在动机,提升他们学习的责任感尤为重要。而我们班学生,进入三年级以来,学习的主动性不强,大部分同学都是在教师的牵引下,一步一步学习。因此,这次我想抓住互学的契机,让我们班学生真实地体验教和学的过程,让他们在这个过程中学会学习,能够体验努力之后的成就感和迎接智慧挑战的乐趣。

(三)班会目标

(1)知识目标:通过学生和祖辈互学的方式,每个学生获得一些经验,掌握新技能,增长新知识,与此同时祖辈也能获取一些新技能。

(2)情感目标:通过和祖辈的互动交流,让学生体会祖辈们的辛勤和付出,从而更加懂得尊敬和感恩祖辈,增进祖孙之间的感情。

(3)技能目标:提高学生总结反思的能力,增强学生"共学互学,共同成长"的终身学习意识。

(四)生涯教育渗透点

学会与长辈沟通,与人沟通是生涯教育中极其重要的内容。通过主题班会活动的学习,培养孩子的沟通能力,培养孩子感恩长辈、感恩生命的情感。

(五)班会准备

(1)开展调查问卷:教师深入学生家庭,对班级学生祖辈进行有针对性的了解,了解班级学生是否与祖辈居住在一起,平日是否有沟通交流,祖辈可以教会学生什么等具体情况,以方便活动的开展。

(2)开展班级活动的动员会和策划会:教师先跟学生简单介绍本次隔代互

学活动的基本情况;学生开展讨论会,发动祖辈参与进来;然后进行分组,以利于后续互学的顺利开展。

(3)学生和祖辈开展为期一周的隔代互学活动。

(4)活动中期和末期随机采访十几名学生,了解活动的开展情况以及及时收集学生遇到的问题(如与长辈沟通)。

(5)活动末期收集活动开展资料和成果:学生可以利用一两周时间向祖辈学习技能知识,同时也可以教祖辈新技能。学习过程通过照片、视频等方式记录学习情况,教师收集成果。

(六)授课对象

三(9)班全体学生。

(七)班会过程

1. 视频导入,激发兴趣

(1)播放视频,分享前期全班同学和祖辈互学的情况。

(2)引导学生谈感受:这次"隔代互学"活动,每个同学都向爷爷奶奶学习了新本领,同时也教会了爷爷奶奶新本领,你有什么感受呢?

预设学生的回答:爷爷奶奶学得很开心,爷爷奶奶教我的时候,我学得很认真,我们在互学过程中产生了一些沟通上的问题,出现过分歧。(如果学生没有生成学习资源,则通过教师的提问引出:同学们有没有在和祖辈互相学习的过程中就某个问题产生过不同的意见和看法呢?)

【设计意图】通过回顾,将学生带进熟悉的情境,勾起学生对前期活动的回忆,激发学生对参与活动的热情,引起他们对活动的期待,同时引出班会主题。

2. 身临其境,初识代沟

教师巧妙地构建了一个隔代互学的假设情境,旨在引导学生深入反思,探讨造成这种矛盾和分歧的根本原因所在。

情景:小明同学患有过敏性鼻炎,想向爷爷学游泳这项技能。爷爷不太赞同,一来觉得游泳馆水可能比较脏,对于小明同学的鼻炎不太友好;二来近期天气反复多变,下水游泳时间久容易感冒。但是小明同学认为学游泳可以锻炼身体,又可以克服一下自己怕水的心理恐惧。两人就小明"该不该学游泳"产生不同看法。对此,你怎么看?

学生各抒己见,可以是支持小明的看法,也可以是支持爷爷的看法。并且说出双方产生不同看法的原因。

教师总结,进一步发问:双方的看法都没有什么不妥,爷爷是关心孙子身体,因而有所顾虑;而小明同学则是想要锻炼身体,克服心理恐惧。产生分歧的原因是两代人的观念不同,存在所谓的"代沟"。

【设计意图】通过收集到的真实案例，引出学生对代沟这一概念的初步认识。联系学生生活实际，更加贴近学生生活，让他们有感而发。

3. 探寻"沟通密钥"，小结沟通方法

教师过渡：祖孙辈之间一般都会存在代沟。既然我们没办法去消除分歧和代沟，那我们可以通过好好地与祖辈沟通来化解分歧。沟通是一个双向互动的过程，不光祖辈们需要努力，作为孙辈，也要掌握一些技巧，学会主动与祖辈沟通。

让学生进行小组讨论：如何就此事（情境中）与祖辈沟通，和祖辈达成一致看法呢？

预设学生回答：①耐心地听祖辈的想法；②站在祖辈的角度去考虑祖辈的想法和理由；③委婉平和地表达自己的看法与感受。

教师总结：倾听看法、尊重观念—共情感受、探寻意图—表达看法、提出建议。

【设计意图】通过小组讨论，让学生充分进行头脑风暴，在交流中不断提高对于科学沟通的认识。

4. 活学活用，争做小小沟通师

（1）播放一个祖孙辈之间产生分歧的视频，让学生用刚学到的沟通技巧去解决，尝试表达。

（2）看完视频先进行四人小组讨论，再选择班上几组同学进行角色扮演，情景模拟，还原生活中真实的祖孙矛盾和分歧场景，在模拟中练习与祖辈沟通。

【设计意图】用学到的方法去解决真实发生的生活问题，活学活用，更有针对性。

5. 制作爱心卡，表达爱意

（1）教师引导孙辈表达对祖辈的感恩之情，现场制作爱心卡。

（2）通过击鼓传花的方式让孩子大声说出对于祖辈的爱。

【设计意图】升华感情，引导学生从沟通方面升华到对祖辈的感恩层面，激发学生对祖辈们的感恩之情。

6. 活动拓展，教师总结

（1）学生说今日的活动感受，教师总结。

（2）教师布置孩子课下将爱心卡赠与祖辈，并当面说出对祖辈的感恩之情。

【设计意图】课后延伸，让学生们将对祖辈的感恩之情真真切切地落实到实际行动中。

执教：佛山市南海区大沥镇中心小学
执笔人：潘泳欣

五、你我手拉手，共育文明花

（一）班会背景

讲文明、有礼貌、重礼仪是孩子们健康成长的需要，是他们个人内在修养的表现，也是他们将来走向社会人际交往的必备素质。如果从一点一滴做起，从小养成了文明有礼的好习惯，形成正确的人生观、价值观，将来在社会生活和工作中，能受到别人的尊重和建立良好的人际关系，成就一番大事业。

（二）班级背景

五（1）班共有45个学生。最近有学生被发现在校外有不文明行为。对小学生进行礼仪教育，是一项巨大的工程。要从小抓好这一教育，因为不仅关系着一个少年儿童的健康成长，还可以彰显我们中华民族的文明。选取学生日常生活中的真实故事，编排成节目，让学生对自己发生在校外的不文明行为进行反思，促进学生养成良好的行为习惯，使学生认识到养成教育的重要性和必要性，从小养成良好的道德意识和文明习惯，提高自己的文明修养，形成正确的人生观和价值观。

（三）班会目标

（1）知识目标：使学生懂得讲文明、讲礼貌是小学生必须遵守的日常行为规范。

（2）情感目标：培养学生讲文明、讲礼貌的好品质。

（3）技能目标：让学生从身边的小事做起，做一个讲文明礼貌的好孩子。

（四）生涯渗透点

帮助学生更好地认识自我，讲文明，懂礼貌，学会适应未来，适应不断变化的社会发展趋势，管理自己的情绪，学习解决问题、学会交往。

（五）班会准备

（1）分组排练儿歌、小品、相声、快板。

（2）搜集关于文明礼貌的知识和儿歌。

（3）合唱音乐、游戏项目。

（4）PPT课件。

（六）授课对象

五（1）班全体学生。

（七）班会过程

1. 播放音乐，引入班会

主持人（男）：合着欢乐的节拍，

主持人（女）：我们迈进了五年级。

主持人（男）：做一个文明的人，

主持人（女）：那是我们共同的心愿。

主持人（男）：文明人要有良好的行为，

主持人（女）：文明人要有良好的习惯。

主持人（男）：做到这些，需要克服很多困难，

主持人（女）：做到这些，养成教育是关键。

合：老师、同学们，你们好！大沥镇邵边小学五（1）班"你我手拉手，共育文明花"主题班会现在开始。（鼓掌）

主持人（男）：在校园里，大部分同学们都做到文明有礼，但有些同学一迈出校门口就把文明给丢了，希望通过这次主题班会，各位同学都能成为一个真正的文明人。（主持人退场）

【设计意图】伴随着音乐，让学生在轻松愉快的氛围中参与到班会活动中，激发学生的兴趣，调动学生们参与活动的积极性。

2. 小组合唱《文明在哪里》

同学A（戴着文明花头饰）上场：我是一颗文明的种子，我从远古走来，带着光荣的使命，走进每一个人的心田，在那里生根、发芽，然后开出文明之花。那么，文明之花藏在哪里呢？有请我的兄弟姐妹们告诉你。请听小组合唱《文明在哪里》。（边唱歌边跳舞）

【设计意图】由学生们熟悉的《春天在哪里》歌曲入手，改编成歌曲《文明在哪里》，培养学生的学习能力和创新能力。

3. 欣赏相声《说话的学问》

主持人（女）：谢谢同学们的精彩表演！让我们再一次地把掌声献给他们。

主持人（男）：原来文明就在我们的身边。

主持人（女）：是啊，文明就在我们的生活里。

主持人（男）：让我们看看下面这位同学的毛病出在哪儿？看看这位同学开出"文明花"了吗？请欣赏相声《说话的学问》。

【设计意图】通过诙谐幽默的相声，激发学生的表演能力、表达能力，指导学生从多维视角认识自己，了解个体性格，客观理性地评价自我，建立自我概

念，学习自我完善和发展。

4. 欣赏儿歌《礼貌用语》

主持人（女）：听了相声之后，你有什么感想呢？请同学们说说。（指名发言）我们看到了这位同学的"文明花"还没有开放。

主持人（男）：其实在生活中，人际交往时学会文明用语，是我们从小学做人很重要的一项道德修养。那我们见到长辈的时候应该怎样做呢？让语言美小队来告诉你，请听儿歌《礼貌用语》。

【设计意图】通过礼貌用语的学习，引导学生进一步完善自我。

5. 欣赏小品《问路》

主持人（男）：谢谢语言美小队为我们带来的儿歌。

主持人（女）：文明用语确实很重要。

主持人（男）：但人与人之间相处时难免有磕磕碰碰，犯错之后的一声"对不起"就能使对方的怒气烟消云散。我们看看这两位同学是怎样做的？

主持人（女）：下面请看小品《问路》。

主持人（男）：看了刚才的小品，同学们有何感想呢？请同学们讨论一下，我们再请几个同学谈谈自己的看法。（学生展开热烈讨论；主持人男、女分别指名发言）。

【设计意图】通过受众度高的小品形式，了解社会现象，展开讨论，让学生各抒己见，培养学生的自主性和主动性，掌握有效的人际沟通方法。

6. 快板《交通安全记心间》

主持人（男）：文明用语很重要，交通安全更重要。

主持人（女）：文明交通，必须从我做起，下面请看快板《交通安全记心间》。

【设计意图】通过强烈的民间色彩和具有地方特色的快板表演，学习交通规则，培养学生的舞台形象、表演技巧、音乐感受力和合作精神，形成正确的人生观和价值观。

7. 做游戏《红绿灯》

主持人（男）：我看了快板后，不得不引用一句广告词：精彩！真精彩！看来，文明的种子已经悄悄地在我们的心田里生根发芽了。

主持人（女）：下面，我们来看看，谁的文明之花开得最灿烂。游戏《红绿灯》。

主持人（男）：有请××当小汽车，请××当摩托车，请××当单车，请××当巴士……（请到的同学戴上车头饰玩游戏）

主持人（女）：游戏结束了，请同学们说说，哪种车最守交通规则呢？（请几位同学发言）

主持人（男）：看来同学们都非常遵守交通规则，希望你们的家长同样能做到文明出行，安全出行。

【设计意图】通过趣味十足的游戏，让学生在玩乐中学习交通规则，培养学生的是非判断能力。

8. **欣赏拍手歌《文明礼仪拍手歌》**

主持人（男）：其实，文明礼仪无处不在，文明就在我们的一言一行里。

主持人（女）：文明需要我们大家的参与。下面有请礼仪小队为大家表演《文明礼仪拍手歌》。

【设计意图】通过拍手歌进一步学习文明礼仪规范，让学生形成正确的信念和价值观。

9. **齐唱《文明之歌》**

主持人（女）：同学们，让我们从现在做起，养成各种文明习惯，提高我们的素质，净化我们的心灵，开出文明之花。下面请班主任给我们做总结发言，大家掌声欢迎。

班主任：同学们，今天的主题班会非常有意义。希望同学们通过体验各种行为规范，养成各种文明习惯，让文明之花处处开放，那么我们的世界就会越来越美好，谢谢。

合：现在让我们一起行动起来，齐唱《文明之歌》，全班边拍手边唱。

【设计意图】让学生在歌声中感受文明礼仪，体验行为规范，帮助学生认识自我，客观了解社会，形成正确的价值观，为未来的人生发展做好准备。

10. **小结**

合：同学们，让我们一起向不文明行为告别，自觉遵守文明行为规范，从我做起，从现在做起，从点点滴滴做起吧！五（1）班"你我手拉手，共育文明花"主题班会到此结束。

【设计意图】通过主题班会，培养学生良好的为人处世能力、良好的品质和健康的心理素质，使学生能够把礼仪常识运用于生活中。通过主题班会，引导学生做到彬彬有礼、举止得体，养成知礼仪、讲文明的好习惯。

单位：佛山市南海区大沥镇邵边小学
执笔人：梁惠珊

六、"职"为你而来

（一）班会背景

《中小学德育工作指南》中提出：德育教育包括心理健康教育。心理健康教育是指开展认识自我、尊重生命、学会学习、人际交往、情绪调适、升学择业、人生规划以及适应社会生活等方面教育。其中，人生规划中有一部分是职业生涯规划。职业生涯规划其实就是对一个人的职业生涯发展进行系统规划的过程。职业生涯规划可以帮助我们看清道路，找到理想。在现代社会职业竞争激烈、职业种类不断更新的背景下，提前做好职业了解和规划至关重要。小学中高年段的学生接触网络信息比较多，对于职业有一定的了解，同时也对职业存在一定的好奇心。但什么是职业？自己喜欢什么职业？适合哪种职业？为什么要工作？关于这些问题，网络上并不会直接给出答案。因此，在小学中高年段，教师就应当及时开展职业生涯规划教育，教会学生通过自我探索了解社会、了解专业和职业，早一点找到自己努力的方向和人生目标。

（二）班级背景

本班是由 25 个男生、21 个女生组成的集体，男生思维活跃，想法比较多，女生相对文静内敛，细心，与其他班的学生一样，他们对于职业认识存在好奇心，但是只是停留在表面，也就是说他们只知道工作，并不了解什么是职业，同时也认为职业离自己很远，认为职业是看不见也摸不着的东西。课前通过谈话调查：你知道自己家人从事什么职业吗？只有 45% 的学生真正知道自己的家人从事什么职业，55% 的学生只知道自己家人在哪个地方工作，具体的职业说不出来。数据证明，我班的学生对于职业这一概念只是一知半解，对自己的未来没有一个清晰的规划。通过本节主题班会课，能够让学生对自己的未来发展规划有一个清晰的概念，并且能够为之努力奋斗，实现自己的奋斗目标。

（三）班会目标

（1）知识目标：通过这次主题班会，同学们能够认识到人生规划的重要性，学会制作简单的生涯规划。

（2）技能目标：引导学生确定未来的学习目标，培养学生为实现自己的目标奋斗的能力，树立正确的人生观和价值观。

（3）情感目标：初步培养职业意识，对自己美好的未来进行畅想，产生学习的动力，为自己的未来而奋斗。

（四）生涯渗透点

本次主题班会是围绕认识自我—初探职业—对话未来这一主线进行开展，在认识自我部分通过简单的活动，让学生填写自己前十年的信息卡，使其能够了解自己，在活动中认识自己；在初探职业这一环节通过简单介绍 2022 版《中国职业分类大典》，让学生了解社会上有各种各样的职业，同时引出现代社会的新兴职业，为学生对自己未来的职业规划提供资料；在对话未来这一部分，则是利用了舒伯"生涯彩虹图",从心理学的角度出发,让学生深入地剖析自我,同时利用现代 AI 技术,让学生写下自己的未来规划书,与未来的自己进行"对话"。三个环节环环相扣,每个环节中都渗透了生涯教育,为学生未来的职业规划提供夯实基础。

(五) 班会准备

"霍兰德 SDS 职业兴趣测试"网站;"我的前十年"信息卡;"我的后十年"职业卡;彩虹图卡片;轻音乐;漂流瓶;PPT 课件。

(六) 授课对象

六(7)班全体学生。

(七) 班会过程

班会前让学生提前在网上完成"霍兰德 SDS 职业兴趣测试"。

1. 视频导入,激发兴趣

播放视频《袁隆平传记》。

教师:什么是传记?简单地说,传记是记录一个人的生平事迹和心得体会,内容包括一个人的姓名、年龄、求学经历、工作经历、理想与抱负,等等。而《袁隆平传记》中简单又隆重地介绍了袁爷爷一生的经历,他一直坚守在田野中,无私奉献自己的力量,他以"知识、汗水、灵感、机遇"的八字方针影响后辈。而现在属于你们的故事就即将开始,接下来让我们进入今天的主题班会——"职"为你而来。

【设计意图】从视频《袁隆平传记》开始导入,通过简短的视频让学生了解袁隆平爷爷的一生,引起学生的共鸣,引发学生对自己未来的思考,也为学生未来的职业选择埋下伏笔。

2. 环节一:认识自我,挖掘兴趣

教师:"我"是谁?"我"到底是一个什么样的人?同学们真的了解自己吗?也许你要问了,我自己还能不认识自己吗?其实不然。我们每个人从出生到成长走过的每一天每一步都在塑造着自己。但对于真实的自己,我们就要从心出发,再次来认识自己。

活动开展:填写"我的前十年"信息卡。(如图 4-2 所示)

(教师播放轻音乐,让学生在一个轻松的氛围中去认识自我)

教师小结:在过去的时间里,同学们都有自己的一个成长轨迹,这个轨迹或是父母给你安排的,或是你自己想要的。我们依旧是我们,一个独立的个体,我们从小朋友到如今的少年,我们对自己都有一个确切的认知。

【设计意图】写信息卡能够激发学生认识自我的兴趣,提高自我认识程度。

我的前十年

我是谁：_____
我在哪：_____
我的性格：_____
我最喜欢的人：_____
我最喜欢做的事_____
我最喜欢的东西：_____
我做过的最成功的的事：_____
我之所以能够成功的原因：_____
我希望未来成为一名：
（或所拥有过的梦想）_____

图 4-2 "我的前十年"信息卡

通过挖掘过去的"我"，寻找自己的兴趣点，回忆自己曾经的理想，追溯最初对于职业的追求，以便引导学生找到未来以及未来想从事的职业。让学生能自己发现自己已有的资源，正确认识自身的特点，树立与自己主客观条件最匹配的职业定位，进而引出下一环节。

3. 环节二：初探职业，确定目标

教师：刚才回顾了这十年来的自己，相信大家都有一定的时间感，时间既包括对过去的审视，也包括对未来的畅想。接下来就让我们进入第二个环节：畅想我的后十年，请你想象十年后的你会在哪里，正从事着什么职业？（组织学生进行小组讨论）

教师引导：也许很多同学对职业非常陌生，甚至不知道自己适合什么职业，但是没关系，可能是因为大家对"职业"还缺乏一定的了解，所以还没有发现自己感兴趣的职业。

教师提问：中国有多少种职业？很多同学会想到有很多种，那我们一起来了解一下我国到底有多少种职业。

播放视频：解读《中国职业分类大典》2022 版。

教师：从视频中可以得知与 2015 版大典相比，在保持八大类不变的情况下，新版大典净增 158 个新职业，职业数达 1639 个，其中还有部分从业人员比较少的新兴职业还未算进去。

教师：提及新兴职业，那我们一起来了解我们所不知的新兴职业。PPT 展示：未来职业大揭秘——新兴职业。

（1）民宿试睡师：民宿试睡师主要给民宿店主提供整改运营建议，还需要利用社交软件以视频或照片的形式分享入住体验，帮助民宿的推广。

（2）实景地图采集员：采集员需要开着采集车，完成所经过道路 360°实景数据的采集以及上传工作。

（3）铁甲设计师：主要设计制造出专门用于格斗的铁甲机器人，然后不断参加比赛获取奖金。

（4）犬行为训练师：主要通过沟通和演示，帮助狗的主人了解自己的狗，在此基础上解决犬行为问题。

（5）农业经理人：主要带领农村发展农业科技化，使得农业发展规律化，形成农业—农产品产业链。

教师：现在的你应该对未来的职业有目标了吧，那现在我们结合课前做的"霍兰德SDS职业兴趣测试"结果一起来完成"我的后十年"职业卡。（如图4-3所示）

我的后十年

十年后我所在的城市：_____
十年后我所从事的工作：_____
十年后我所从事工作的具体内容：_____
十年后我所从事工作的周围环境或人际关系：_____

图4-3 "我的后十年"职业卡

【设计意图】学生已经在班会前完成了"霍兰德SDS职业兴趣测试"，了解了与之相匹配的部分职业，加上第一环节的认识自己，回忆和畅想自己的未来，为确定好自己的人生职业提供信息支持。

4. 环节三：天生我材，对话未来

教师：一个人最大的本事就是认清自己，每个人都有自己的活法，关键是要认清自己内心热爱的是什么，因为只有这样，我们才能拥有持续的动力去选择正确的方向而绽放光芒。既然同学们都已经确定了在未来希望从事的职业，接下来我们进行第三个环节：与未来的自己进行对话。

绘制"我的"彩虹图。（如图4-4所示）

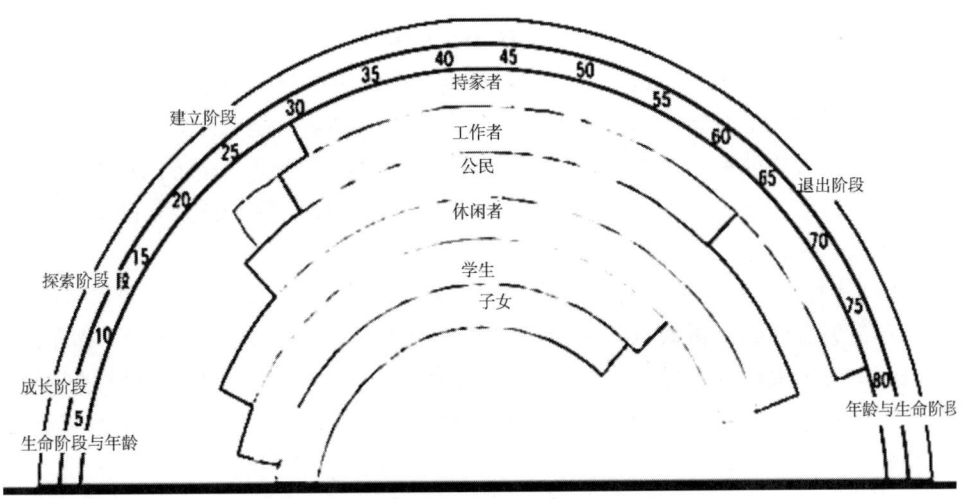

图4-4 彩虹图（根据舒伯的"生涯彩虹图"改编）

第一步：选择自己喜欢的六种颜色，分别代表六个角色。

第二步：每一个生涯发展阶段用"涂色比例"的方式表示六种角色的轻重分配，某一角色在某阶段个人投入程度越高，那么在该位置的颜色占比就越大。

注意：每个角色的年龄阶段可依个人情况而定，不同人认为每个角色在不同年龄的意义与重要性是不同的。

第三步：确保六个颜色填涂完。

教师：画完彩虹图，有什么感受？当下最重要的角色是什么？你打算怎么做呢？未来你需要承担什么角色，你准备怎么做？

借助 AI 技术，与未来的自己"对话"。

活动规则：将同学们分成几个小组，各小组商量好与未来自己对话的期望和问题，确定好未来自己的职业规划。再通过与 AI 机器人"豆包"之间的对话，制作个人成长规划。（如图 4-5 所示）

我的个人成长规划

制定目标：是什么
目标大学：＿＿＿＿＿＿＿＿＿＿
目标专业：＿＿＿＿＿＿＿＿＿＿
执行目标：怎么做
学习方面：＿＿＿＿＿＿＿＿＿＿
生活方面：＿＿＿＿＿＿＿＿＿＿
实践方面：＿＿＿＿＿＿＿＿＿＿

图 4-5　我的个人成长规划

学生完成后，将学生的个人成长卡分别装进漂流瓶中，然后将漂流瓶埋在学校的大树下，与学生订下十年之约，十年后再次回到学校与老师共同来开启这宝贵的约定。

教师小结：希望同学们都能够记住今天在卡片上写下的初心与目标，并且朝着这个目标一步一步地前进，也许你是奔跑向前，也许你是负重前进，不论怎样我们都在朝着那个既定的目标努力，十年之后我们再来一起见证大家的成长。

结语：人生就像是一本书，执笔人是你自己，这本书会是多彩的还是暗淡的取决于你自己。未来很长，但时间很快，只有我们沉淀下来去思考自己的人生时，从这一刻开始我们才真正长大。

【设计意图】通过彩虹图，让学生了解自己当下处于什么阶段，想象未来的自己会是怎么样的，再通过与 AI 对话，让学生尝试跟未来的自己进行"对话"，加深学生对未来计划的憧憬，同时让学生制作"个人规划卡片"，使学生能够更加清晰分析自己的未来，确定未来的发展方向，并且为之努力，为未来的职业打下基础。

5. **板书设计**（如图4-6所示）

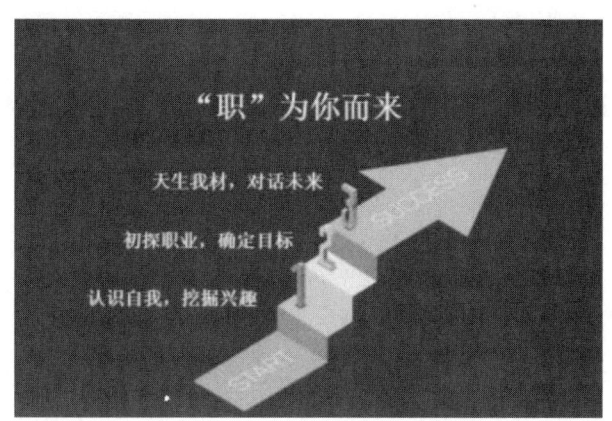

图4-6 "职"为你来 板书设计

【设计意图】通过简洁明了的板书设计能够让学生更好地知道本次主题班会的环节，每一个环节都是环环相扣的，培养学生良好的职业观，同时为自己未来的人生做好规划。

单位：佛山市三水区乐平镇中心小学
执笔人：李小莹

第五章　小学生涯教育主题活动方案

一、一年级学业生涯启航体验之旅活动方案

（一）活动目的

（1）通过本次活动，帮助一年级新生在短时间内迅速认识大沥镇中心小学的美丽校园，初步体验丰富多彩的小学校园生活，从而迅速爱上大沥镇中心小学和爱上小学生活。

（2）通过本次活动，让学生知道在小学要养成良好的行为习惯和学习习惯，为自己的终身学习打下扎实的基础。

（3）通过本次活动，激发学生主动和积极发展自己，关注自己的成长，建立信心，主动把握自己的未来。

（二）活动主题

童心筑梦，放飞梦想。

（三）活动时间

一年级新生入学的第一天上午。

（四）活动地点

大沥镇中心小学。

（五）活动对象

一年级新生。

（六）活动形式

成功之路：孩子们与家长"手拉手"，穿越"成功之路"，步入小学阶段，打开七彩童年的美好画卷，开启成长历程充满希望的第一步。

开笔礼：认识"中华"，弘扬爱国精神，感恩革命先烈开创的和平盛世，传递"登贤精神"；写"人"字，寓意学会做人。

游园：认识学校；了解校园文化；激发学习兴趣。

（七）人员安排（见表5-1）

表5-1 游园活动人员安排表

班级	带班游玩人员
一（1）班	每班由一名班主任和两名科任老师带队
一（2）班	
一（3）班	
一（4）班	
一（5）班	
一（6）班	
一（7）班	
一（8）班	
摊位工作人员	共43名教师

（八）工作安排

各班流程设计见表5-2、表5-3、表5-4。

表5-2 一年级1-3班活动流程

1-3班活动流程（从1号梯上下楼）		
时间	内容	负责人/内容
8月30日前	1. 指导家长为孩子制作容易识别的个人名片并佩戴在胸前 2. 布置教室（黑板贴欢迎词），营造愉快氛围	一年级班主任
8：00—8：30	家长将学生带往相应班级 （1-3班走1号梯）	各班负责老师 （每班3名教师）
8：30—8：50	1. 开笔礼：播放关于人生的视频，组织学生观看视频 2. 认识"中华"二字，发卡片给学生，学会写"人"字（20分钟）	视频放于 相应文件位置

续上表

1-3班活动流程（从1号梯上下楼）		
时间	内容	负责人/内容
8：50—8：55	1. 在班里讲解游园活动规则（游玩过程跟随队伍、听老师指挥） 2. 发放闯关卡（5分钟）	—
8：55—10：15	学生闯关（每班安排三位老师，每位老师带15个左右学生去闯关）（80分钟）	闯关路线和时间见附件1、2
10：15—10：25	回到班级休息（10分钟）	—
10：25—10：45	1. 学生生涯第一课（20分钟） 2. 教师总结今天早上的活动 3. 引导学生分享收获	—
10：45—11：00	1. 走1号梯到班级接送学生回家 2. 班主任提醒家长和学生以后上学、放学均走1号梯	—

表5-3　一年级4-6班活动流程

4-6班活动流程（从6号梯上下楼）		
时间	内容	负责人
8月30日前	1. 指导家长为孩子制作容易识别的个人名片并佩戴在显眼处 2. 布置教室，营造愉快氛围	一年级班主任
8：00—8：30	1. 家长将学生带往相应班级 （4-8班走6号梯到三楼，5号梯下楼）	各班负责老师（共3人）
8：30—8：35	简单互动后，在班里讲解游园活动规则（游玩过程跟随队伍、听老师指挥）；发放闯关卡（5分钟）	—
8：35—9：55	学生自由闯关（每班安排三位老师，每位老师带15个左右学生去闯关）（80分钟）	闯关路线和时间见附件1、2
9：55—10：05	回到班级，总结活动后休息（10分钟）	—
10：05—10：25	1. 开笔礼：播放关于人生的视频，组织学生观看视频 2. 认识"中华"二字，发卡片给学生，学会写"人"字（20分钟）	视频放于相应文件位置

续上表

4-6班活动流程（从6号梯上下楼）		
时间	内容	负责人
10：25—10：45	1. 学生生涯第一课（20分钟） 2. 教师总结今天早上活动 3. 引导学生分享收获	—
10：45—11：00	1. 家长走5号梯到三楼教室接送学生，走6号梯下楼 2. 提醒家长和学生以后上学、放学均走相应楼梯	级长、各班负责老师

表5-4 一年级7-8班活动流程

7-8班活动流程（7-8班从6号梯上下楼）		
时间	内容	负责人
8月30日前	1. 指导家长为孩子制作容易识别的个人名片并佩戴在显眼处 2. 布置教室，营造愉快氛围	一年级班主任
8：00—8：30	家长将学生带往相应班级 (4—8班走6号梯到三楼，5号梯下楼)	各班负责老师（每班3名教师）
8：30—8：50	1. 开笔礼：播放潘校的视频，组织学生观看视频 2. 认识"中华"二字，发卡片给学生，学会写"人"字（20分钟）	视频放于相应文件位置
8：50—9：10	学生生涯第一课（20分钟）	—
9：10—9：20	小结活动后休息（10分钟）	—
9：20—9：25	在班里讲解游园活动规则（游玩过程跟随队伍、听老师指挥）；发放闯关卡（5分钟）	—
9：25—10：35	学生闯关；每班安排三位老师，每位老师带15个左右学生去闯关（不走回头路）（60分钟）	闯关路线和时间见附件1、2
10：35—10：45	1. 返回班级 2. 教师总结今天早上活动 3. 引导学生分享收获	

续上表

时间	内容	负责人
\multicolumn{3}{c}{7-8班活动流程（7-8班从6号梯上下楼）}
10：45—11：00	1. 家长走5号梯到三楼教室接送学生，走6号梯下楼 2. 提醒家长和学生以后上学、放学均走相应楼梯	

附件1：各班游玩路线图表（见表5-5、图5-1、图5-2）

表5-5　各班游玩路线表

班别	8：35—9：55 （起始摊位）	班别	8：55—10：15 （起始摊位）	班别	9：25—10：35 （起始摊位）
4班第一组	1号	1班第一组	6号	7班第二组	6号
4班第二组	4号	1班第二组	4号	7班第三组	4号
4班第三组	7号	1班第三组	1号	7班第一组	1号
5班第一组	10号	2班第一组	12号	8班第二组	12号
5班第二组	13号	2班第二组	10号	8班第三组	10号
5班第三组	15号	2班第三组	8号	8班第一组	8号
6班第一组	18号	3班第二组	14号	9班第二组	14号
6班第二组	19号	3班第三组	16号	9班第三组	16号
6班第三组	21号	3班第一组	18号	9班第一组	18号

备注：1. 路过拍照点，拍照。2. 不走回头路。

图 5-1　班级学生姓名牌

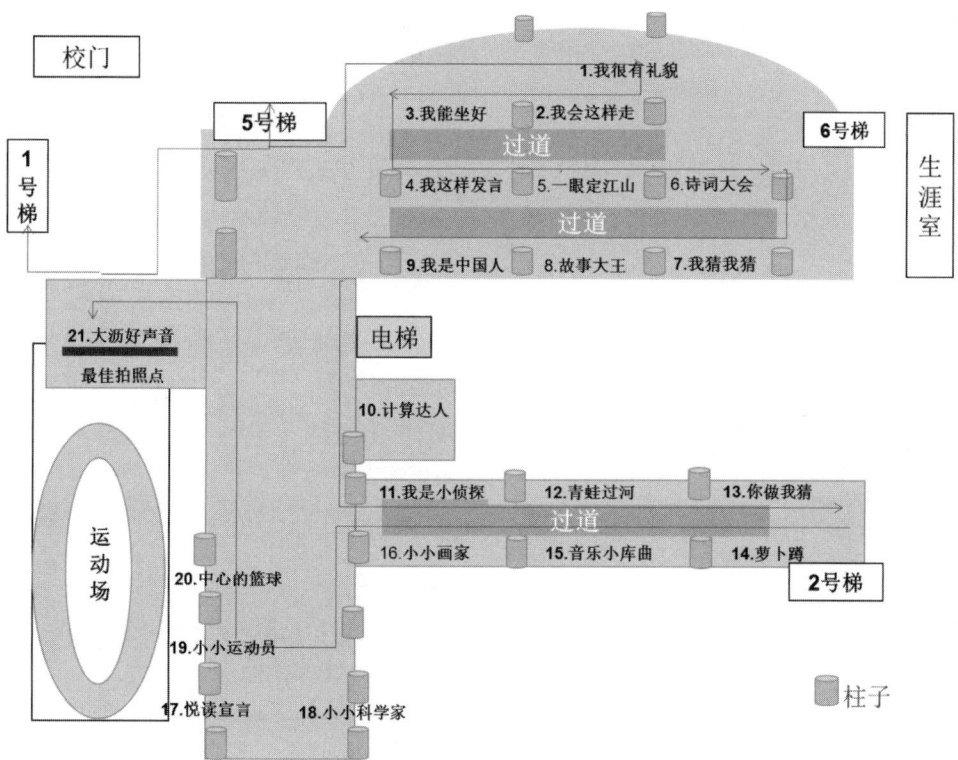

图 5-2　各班游玩路线图

附件 2：游园活动内容（见表 5-6）

表 5-6 游园活动内容

名称	游戏规则	准备材料	桌子数量（个）
1. 我很有礼貌	4—6人一组，角色扮演：向老师问好，同学互相问好	2个教师形象的头饰和道具	1
2. 我会这样走	4—6人一组，体验靠右行走和按要求行走的良好习惯	设计情景	1
3. 我能坐好	4—6人一组，体验正确的坐姿	4—6套学生桌椅	4—6
4. 我这样发言	4—6人一组，体验如何举手，如何站出来大声读句子	4—6套学生桌椅	4—6
5. 一眼定江山	4个人一组，抽出一句话，大声朗读出来	印有句子的纸条	2
6. 诗词大会	4人一组，抽出一首诗，由老师示范，学生跟读	印有诗词的纸条	2
7. 我猜我猜	4人一组，抽出一条谜面猜谜语	印有谜语的纸条	2
8. 故事大王	4人一组，抽出故事中的一个角色的图片，根据故事中的角色说出故事的名称	彩色的故事角色的图片	2
9. 我是中国人	4人一组，感知世界地图，认识中国地图在世界地图的位置，知道广东在中国地图的位置	世界地图、中国地图和广东地图	2
10. 计算达人	2人一组（可以两组同时进行），抽出题目，计算答案，用沙包击中正确的答案，即为胜出	20以内的加减法算式和2个小沙包	1
11. 我是小侦探	4人一组，抽出一张图片，通过观察选出正确图形把缺的图片补上	4份卡纸做的图片和图形	2
12. 青蛙过河	2人一组（可以两组同时进行），骰子上的六个面，分别是六道问题，一名学生投骰子，另外一名学生算出答案，并数出相应数量的物品	2个盒子、12张印有20以内的加减法算式的纸、相应数量的物品	1

续上表

名称	游戏规则	准备材料	桌子数量（个）
13. 你做我猜	5—6人一组，一个学生抽取图片，根据图片做动作，传到第五个学生，用英文读出单词	图片	1
14. 萝卜蹲	6人一组，手中拿着图片，先说两遍自己的图片单词，再说任意对手的单词，被说中的学生马上重复两遍自己的单词，再说任意对手的单词，以此类推	6张图片	1
15. 音乐小库曲	5人一组，听一首英文歌，说出里面的指定的单词，如水果、身体部位、动物等	英文歌曲、扩音器	1
16. 小小画家	2人一组（3个小组同时开始），一位同学抽出词语，并根据词组在黑板上画出相应的图像，第二位同学猜并说出词组，猜对的胜出	词语、黑板和粉笔	2
17. 悦读宣言	"悦读卡"上写了一年级必读课外书，孩子宣读"悦读"宣言，并把宣言带回家，与家长进行有质量的亲子共读	设计"悦读卡"，打印	2
18. 小小科学家	4人一组，把镜子斜插入水盆中，观察阳光反射在墙面上的颜色	清水1盆、平面镜1个	4
19. 小小运动员	2人一组，丢沙包到指定筐内，每人3个沙包，丢进较多的同学获胜。如果都全部丢进，再延长距离增加难度多比一场	沙包、筐	1
20. 中心的篮球	4人一组，教师示范，学生左右手同时拍球，连续拍得最多的获胜	篮球	1
21. 大沥好声音	能大方自信唱出一首歌就算胜出（中文歌、粤语歌和英文歌都可以），独唱、双人唱和小组唱都可以	移动音箱、麦克风	1
最佳拍照点	有路过的队伍或班级，协助带队老师带队，拍照	拍摄道具	若干

二、高年级学生学业生涯体验之旅活动方案

（一）活动目的

通过一天的体验活动，为学生模拟了未来初中、高中、大学成长学习的每一个阶段（小升初、初中升高中、备战高考、大学生活及毕业过程），让学生真实面对人生交叉点和各种挑战，并做出种种人生决定，以帮助学生了解自己的优点、弱点、盲点及成长机遇，及时调整自我，做好生涯规划。

（二）活动主题

六年级学生学业生涯体验之旅。

（三）活动时间

六年级第二学期（一般安排在6月）。

（四）活动地点

多功能报告厅。

（五）活动对象

六年级全体师生。

（六）活动内容

1. **学生进场**

（1）主持导师：介绍体验活动的目的，热身和引导学生观看视频。

（2）校长开场白：人生竞争激烈、节奏快，讲解人生追求精神。

（3）导师：负责派发"我的生命成长资料"，每生一本。

2. **小升初**

（1）导师：讲解小升初过程。

（2）四个导师分别介绍自己班的情况（四个班：卓越中学、启航中学、宏志中学、向阳中学）。

（3）初中参观。（循环播放初中学校的视频）

（4）每个学生根据学区安排或民办学校的选择，选择到相应的学校去参观。

（5）公布注册名单。

（6）学生根据录取名单到相关的初中报到。

（7）导师组织学生搞团建，选班长，同学交流、讲感受。

3. 初中生活

（1）学生回到本班课室上初中课程，负责上课的相关老师准时到岗上课。

（2）要求做好笔记。

（3）中考。①学生回到报告厅进行初中升高中考试，时间 15 分钟。②考生观看初中升高中的竞争视频。③课件公布各高中学校录取名单。

4. 高中生活

（1）学生根据录取名单到高中学校报到，负责上课的相关老师准时到岗上课。

（2）导师组织学生搞团建，选班长，同学交流、讲感受。

（3）学生回到本班课室上高中课，负责上课的相关老师准时到岗上课。

（4）参加高考：①学生回到报告厅席地而坐进行高考。②高考结束，学生观看高中升大学的竞争视频，然后计划自己未来的职业并思考现在需要做什么准备。③每个班的导师改卷，何绍佳同学负责制作相册 MV。④学生看相册 MV。⑤PPT 公布录取学生名单，学生到后台穿学士袍后，排好两列队伍出场。

5. 畅想大学

（1）主持导师：讲解大专、大学生活及就业情况。

（2）观看大学生活及就业竞争视频。

（3）公布大学毕业名单和前三名学生名单。举行大学毕业典礼，本科生上台领毕业证书，毕业生代表讲话，校长颁发证书及讲话。

（4）导师组织学生谈感悟，讲感受，写体会，让几个学生代表讲感想。

6. 讲感谢语后宣布结束

7. 活动评价

略。

收集到学生的活动感受及家长反馈的意见，评价一致良好，获益良多。

8. 按需要增设

导师方面需要更对口的专业。

三、"感恩母校情，追梦向未来"六年级感恩礼活动方案

（一）活动目的

时间转瞬即逝，犹如白驹过隙，六年的校园生活，学生们共同走过了春华秋实，共同迎来了成长的硕果。在感恩活动上，每一个学生怀着一颗感恩的心，回顾过去，感谢师恩，展望未来，立下心愿。愿每一位学生都能"长风破浪会有时，直挂云帆济沧海"，在未来的征程中，乘风破浪，勇往直前。

（二）活动主题

感恩母校情，追梦向未来——六年级学生感恩礼。

（三）活动时间

六年级毕业当天下午。

（四）活动地点

多功能报告厅。

（五）活动对象

大沥镇中心小学全体六年级师生及学校行政、家长代表。

（六）活动内容

1. 忆往昔快乐成长

（1）主持人开场，宣布活动开始。

（2）校长致学生寄语。

（3）观看学生视频《我们的快乐成长》（播放学生六年的成长照片、活动片段）。

（4）优秀学生代表分享与母校的故事。

2. 感恩母校浓浓情

（1）观看教师祝福寄语。

（2）合唱歌曲《感恩的心》，感谢师恩。

3. 同心追梦向未来

（1）畅想未来梦：①我的未来梦_____；②未来，我能为母校_____。

（2）看视频合唱《最初的梦想》（自制 MV），立下奋斗誓言。

（3）分发毕业纪念章（如图 5-3 所示），鼓励学生努力拼搏，实现成长心愿。

图 5-3 大沥镇中心小学学生毕业纪念章

四、"厉害了，我的国"财商游戏节活动方案

（一）活动目的

大沥镇中心小学第六届财商游戏节将围绕"厉害了，我的国"，让学生在活动体验中感受中国"理论自信、制度自信、文化自信和道路自信"的意义。教育学生要善于从五千年中华传统文化中汲取优秀的东西，真正把自己培养成为"自信"的学生，为学生的生涯教育增添亮丽的一笔。

（二）活动主题

厉害了，我的国。

（三）活动时间

每学年第一学期（12月上旬）。

（四）活动地点

大沥镇中心小学。

（五）活动对象

全校师生。

（六）活动主要内容

本次活动分为4个板块，其中全校师生在小星星电台进行主题学习，分别有"中国货币发展""中国经济发展""中国四个自信"；45个班级分别代表不同的省份、自治区、直辖市，各班级进行旅游海报设计和手工产品DIY；班级里还增设"财商知识星球"环节，增加学生及"市场监督员"角色（需要调拨12名高年级大队委学生，提前参与"市场监督员"的体验和培训，在活动当天充当市场监督员）。

走进"万亿俱乐部，当'燃'有我"主题集市。当天，会按照中国四大经济分区方式呈现，分别是东北振兴、中部崛起、东部率先发展、西部开发。45个班级会分配到不同的经济分区。把家里闲置（尽量要求是闲置物品，提倡环保和资源换新）的1～2件物品作为售卖品，并开展自己班级的摊位。基于安全及分流考虑，整体依然划分先后顺序来错峰体验。

（七）设计逻辑

1. 四个自信

"自信人生二百年，会当水击三千里。"作为新时代的少年，学生肩负着实现中华民族伟大复兴的历史使命，所以要争做自信的好少年。

本届财商游戏节的设计上，以"四个自信"为核心，播放《小星星》电视节目解说"中国货币发展史"到"中国经济发展"，让学生感受改革开放以来，中国经济的迅猛发展，特别是在过去10年间，中国的经济实力得到了大幅增强，已跃升为世界第二大经济体。本次活动不仅能让学生收获财商知识，更有利于树立民族自信心。

2. 职业体验——市场监督员

由12个高年级学生组成的"市场监督员"队伍，负责调研"万亿俱乐部"摊位的摆摊情况、监督不合理的市场行为、收集摆摊过程中摊位的策略。

3. "摊位经济学"财商小课堂

"摊位经济学"财商小课堂，通过有趣的财商动画，让学生学习摆摊中的"经济学"，如成本、定价策略、销售技巧等，帮助学生在摆摊的时候旗开得胜，成为财商小达人。

4. 打造班级省份俱乐部，"万亿俱乐部"狂欢

每年的财商游戏节不容错过的便是"创意市集"。今年的财商游戏节，学生化身"宣传大使"，为各个省份、直辖市、自治区以及特别行政区喝彩，精心打造"万亿俱乐部"，让摊位更具特色。学生组成的营销团队在一楼大堂销售所承办省份的特色商品和闲置物品。让全校师生共同参与"买卖"，了解某省份的特色产品及经济状况，学会资源利用，创造价值。

八、活动流程（见表5-7）

表5-7 财商游戏节活动流程

时间	年级	内容	地点
14：10—14：20	1-6年级	开幕式	班级课室直播
14：20—15：20	1、2、5年级	参加俱乐部狂欢	活动现场
	3、4、6年级	中国猜猜猜/财商知识星球/神奇储蓄罐	课室
15：20—15：30	转场	整齐排队	活动现场、课室

续上表

时间	年级	内容	地点
15：30—16：30	3、4、6年级	参加俱乐部狂欢	活动现场
	1、2、5年级	中国猜猜猜/财商知识星球/神奇储蓄罐	课室
16：30后	1-6年级	留影（自行安排）	主场口/小舞台

（九）物料准备

（1）"小星星"电视视频解说。"中国货币发展""中国经济发展""中国'四个自信'"相关视频；摆摊"经济学"小课堂视频。

（2）班级筹备。中国省份猜猜猜PPT及奖品5000份、财商知识星球资料及奖品500份、神奇的储蓄罐操作视频解说及奖品5000份。

（3）给家长一封信及视频说明。介绍本次活动的目的和需要家长配合的内容，让家长更理解活动的设计意义并支持孩子参与。

（4）创意市集。市集标识、摊位桌椅、摊位销售物品、市集门头。

（十）其他准备

（1）市场监督员培训：提前对12位高年级大队委进行相关培训。

（2）目标：维护市场的正常运转，确保交易的公平性、公正性和透明度。

（3）任务：活动当天到对应的班级巡查，调查摊位商品的畅销商品、最受欢迎价格区间、最有效的营销手段。

五、"我是未来科学家"科创节活动方案

（一）活动目的

为激发学生对科技的兴趣和爱好，培养学生的创新意识，提高学生的科学素养和科技创新能力，使学生从小养成"爱科学、学科学、用科学"的好习惯，为学生的生涯发展打下坚实的基础，此次活动本着"全员动手、重在体验"的思想，面向全体学生，在全校范围内营造浓厚的"学科学、爱科学、用科学"的氛围，全面推进素质教育。在"六一儿童节"来临之际，让全校学生享受节日的快乐。

（二）活动主题

未来科学家——大沥镇中心小学第七届科创节。

（三）活动时间

每学年第二学期5月中下旬—6月初。

一至三年级：上午8：30—10：00。

四至六年级：上午10：00—11：30。

（四）参加对象

全校师生。

（五）组织领导

为确保本次科创节暨儿童节庆祝的活动圆满成功，特成立学校活动领导小组，负责对本次科创节活动的领导和指引。

组长：校长。

副组长：信息技术学科负责行政。

组员：信息技术学科教师。

（六）活动阶段

每学年第二学期5月中下旬—6月初。

第一阶段：活动准备阶段（五月中旬）

（1）商讨科创节各项活动方案。

（2）确定科创节方案及分工。

（3）科创节活动用品的安装调试。

（4）各分工负责人完成科创节物品的认识使用。

（5）各班完成科创节比赛项目报名。（负责人：班主任）

（6）级组长统筹年级各班班主任和学生构思一个班级科创节游戏项目，分别供全体低高年级分时段游玩。（如：低年级参加课室活动时，高年级到一楼参加科创节活动。）

第二阶段：活动开展阶段（五月下旬）

（1）完成科创节的宣传，包括宣传推送的发布。

（2）完成活动物资的准备。

（3）向学生介绍活动流程。

（4）领取活动物资。

第三阶段：正式活动阶段（五月下旬）

第一部分：低年级和高年级分别分时段分批次在课室和一楼参加科创节活动。（负责人：班主任）

第二部分：活动感想分享会，班主任总结本次活动，派发儿童节礼物。（负责人：班主任、副班主任）

（七）比赛活动内容

1. 自编科学书

活动对象：四、五、六年级学生。

活动内容：自编科学书。

活动安排：对已经结束的自编科学书比赛优秀作品进行展示。

展示地点：生涯活动室。

2. 科学幻想画

活动对象：一至六年级。

活动内容：画一幅科学幻想画。

活动安排：五月中旬作品创作；五月下旬上交作品给美术老师；五月下旬，组织评委评奖；六月初作品展示与获奖表彰。

展示地点：真心楼一楼大堂。

参与方式：每班推选选手制作作品参与校级评选。

3. 创意造物

活动对象：五年级。

活动内容：创意造物活动项目的主要内容是根据现场公布的题目要求，利用轻黏土和其他基本物料素材制造出创意物件，造物时间为30分钟。

活动规则：①参加活动者按序进场，熟悉轻黏土以及其他简单的素材物料。②活动期间，团队内进行讨论研究，但不得与他组讨论，保证作品的原创性。③学生完成作品后，每组需提交作品名称和简要分工说明，并将说明交给工作人员，在清理赛场后参加其他活动。

活动安排：①报名：5月28日前，每班上报1队参赛队，每队3人。②培训：5月24日前对参赛学生进行培训。③比赛：6月1日当天各班学生代表组队参加创意造物现场制作比赛。

活动地点：真心楼一楼大堂

4. 模型展示比赛

活动对象：一至六年级学生。

活动内容：学生在家完成模型，带回学校进行展评。

活动安排：①报名：5月28日前，带回模型作品，贴上班别姓名，交给相应年级的信息技术老师。②比赛：由科技科组对模型进行打分评奖。③展览：6月1日，学生模型作品在生涯活动室共同展出。

活动地点：生涯活动室。

5．纸桥承重竞赛

活动对象：六年级学生。

活动内容：利用学校提供的物品现场制作纸桥进行承重比赛。

活动安排：①报名：5月28日前，上报比赛名单，每班1队，每队3人。②培训：6月1日前对参赛学生进行培训。③比赛：6月1日各班学生代表组队参加纸桥承重比赛。

活动地点：一号梯旁大堂，小舞台后面。

比赛时间：6月1日早上10：00—10：30。

6．纸绳比长大赛

活动对象：四年级。

活动内容：①材料：A4纸1张，吸管4根，牙签4支，标签纸4张，铅笔2支，30厘米棉线1段。②要求：30分钟内，制作一个越长越好的结构，使它能由两名队员各拿一头架空至少10秒进行测量。

活动安排：①报名：5月28日前上报比赛名单，每班1队，每队3人。②培训：6月1日前对参赛学生进行培训。③比赛：6月1日各班学生代表组队参加纸桥承重比赛。

比赛地点：学校大堂。

比赛时间：6月1日早上10：00—10：30。

（八）体验活动内容

活动对象：一至六年级学生。

各项目负责学生：三至六年级每班各选三至四人为一个小组，其中一个为小组长，小组内轮流负责摊位的演示，展示的组员相应提供额外奖品。

项目负责老师：班主任在科创节前到科技科组领取班级所负责的展示道具并了解道具的使用方法，选出负责学生小组，并教会他们道具的使用方法。安排小组在班内活动和楼下活动两个时段的分工，让小组学生有足够的时间进行游玩。活动过程中，摊位负责老师对学生的展示活动进行协助和看管，处理学生的疑难问题。级长负责维持现场纪律，处理突发情况。

活动形式：负责班级小组按桌子标签找到指定位置的摊位进行展示，一个展位一桌一椅（桌子上贴有班级标签）。班主任协助小组长安排摊位看管的顺序和时间；组员在展示的过程中，负责讲解展示的物品（见表5-8）。

表 5-8 科创节活动各摊位负责安排

序号	名称	负责班级/人
1	遥控卷闸门卷帘门电动电路手工	三（1）班
2	DIY 注射器三、四、五年级手工小制作	三（1）班
3	遥控塔吊起重机材料定向滑轮实验机械齿轮传动手工科技小制作	三（2）班
4	DIY 滚珠滑道杠杆原理手工小制作	三（2）班
5	遥控机械齿轮科技手工小制作	三（3）班
6	遥控升降桥机械齿轮皮带传动手工桥结构	三（3）班
7	电磁力荡秋千磁性铁	三（4）班
8	数字计分器材料包	三（4）班
9	DIY 漂浮木质拼装材料包小制作	三（5）班
10	DIY 漂浮木质拼装材料包小制作	三（5）班
11	DIY 筛子拼装电动玩具科技小制作	三（6）班
12	电动地月日演示模型学	三（6）班
13	DIY 升降台手工拼装科技小制作	四（1）班
14	涂色机械蝴蝶 1 号	四（1）班
15	自卸工程车 1 号创意 DIY 手工	四（2）班
16	DIY 手摇教学新能源礼品小制作	四（2）班
17	DIY 手摇排气扇	四（3）班
18	DIY 穿越材料包学校教具创意科技	四（3）班
19	DIY 穿越材料包学校教具创意科技	四（4）班
20	DIY 穿越材料包学校教具创意科技	四（4）班
21	声控机器鼓手 1 号	四（5）班
22	渐变视觉错位套件 1 号	四（5）班
23	DIY 爬绳益智力儿童玩具小制作	四（6）班
24	锐智心物理类科学实验材料包	四（6）班
25	齿轮往返车机械传动物	五（1）班
26	通用技术作品手工科学实验	五（1）班
27	活字印刷术	五（2）班
28	油田抽油机磕头机初中科学实验	五（2）班
29	自动发球机器科技作业	五（3）班

续上表

序号	名称	负责班级/人
30	无线电报机发报机组合	五（3）班
31	液压挖掘机挖土拼装模型	五（4）班
32	DIY 激光报警器物理科技小制作	五（4）班
33	威猛的机甲战士1号	五（5）班
34	DIY 三角形机器人木质科技小制作	五（5）班
35	DIY 翻转机器人拼装模型创意手工	五（6）班
36	大眼双轮车木质套件	五（6）班
37	打鼓机器人2号	六（1）班
38	DIY 学生模型拼装比赛科技小制作	六（1）班
39	DIY 感应模型玩具声控机器人	六（2）班
40	瞄准射击科技小制作	六（2）班
41	DIY 录音机1号简易电路科学实验	六（3）班
42	声控旋转木马1号	六（3）班
43	空气炮模型1号	六（4）班
44	绘图仪小制作	六（4）班
45	遥控皮卡车中小学生发明手工套件	六（5）班
46	绘图仪小制作	六（5）班
47	跳舞的铜丝	各两名教师及家长义工
48	静电吸吸乐	
49	抽纸挑战	
50	吹乒乓球	
51	水的幻觉	
52	筷子提米	
53	神奇的泡泡	
54	显微镜看微观世界	
55	借力使力机械手	
56	多米诺骨牌	
57	趣味浮沉子	
58	压缩气体火箭	

（九）人工智能展示

活动对象：一至六年级学生。

活动形式：组装好若干中级班的人工智能作品，在指定位置进行展示，负责对人工智能作品的讲解展示和提供给其他学生体验。

（十）RSVP 虚拟现实体验

活动对象：一至六年级学生。

活动设备：PS4 游戏机、RSVP 体感设备一套、RSVP 游戏、移动液晶电视机。

活动地点：生涯活动室。

活动形式：学生排队进行 RSVP 游戏的体验，每人体验时间一分钟。

（十一）编程跳舞机器人展示

活动对象：一至六年级学生。

活动设备：编程跳舞机器人 5 台。

活动地点：一号梯旁大堂，小舞台后面。

活动形式：教师对机器人进行调试展示跳舞动作，学生进行参观。

活动位置汇总：（见表 5-9）

表 5-9　科创节活动位置汇总

序号	活动项目	活动位置
1	班级活动	课室和走廊
2	自编科学书	生涯活动室
3	科学幻想画	旧教学楼大堂（展板）
4	创意造物	旧教学楼大堂
5	模型展示	生涯活动室（玻璃柜）
6	纸桥承重	一号梯旁大堂，小舞台后面
7	纸绳比长	旧教学楼大堂
8	体验活动一	新教学楼大堂和连廊
9	体验活动二	新教学楼大堂/连廊操场
10	人工智能体验	生涯活动室
11	RSVP 体验	生涯活动室

续上表

序号	活动项目	活动位置
12	机器人体验	一号梯旁大堂，小舞台后面

（十一）巡视教师安排

为了保护学生在科创节的安全，安排老师在活动中进行巡视，提醒学生不要冲跑或做出危险的行为，及时发现和处理活动中出现的突发情况（如图5-4所示）。老师负责时间为所在班级在课室进行活动的时段，在学生到楼下活动的时段，到达活动地点帮助维持纪律。其他没有安排的老师，弹性进行巡查（见表5-10）。

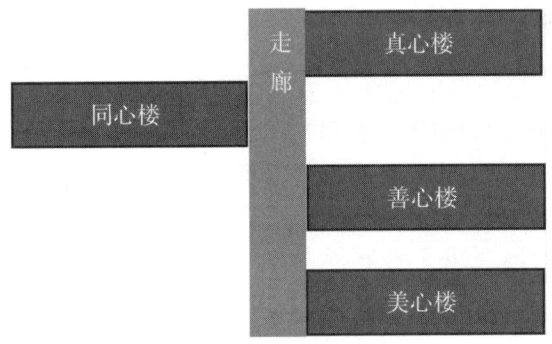

图5-4 学校分布

表 5-10　维持纪律安排

纪律管理位置	人员
真心楼三楼	各一名科任老师
真心楼四楼	
真心楼五楼	
善心楼三楼	
善心楼四楼	
善心楼五楼	
同心楼楼梯	
美心楼楼梯	
五号楼梯	
同心楼三楼	
同心楼四楼	
同心楼五楼	
美心楼三楼	各一名科任老师
美心楼四楼	
美心楼五楼	
二号楼梯	
四号楼梯	
六号楼梯	

（十二）其他说明

（1）庆祝"六一"当天，学生可以穿自己喜欢的衣服和鞋子，但进入学校或离开学校时需要佩戴校卡。

（2）本次活动，信息科组负责拍照、录像。

（3）活动后，每个班级上传科创节的活动照片和视频。

（十三）分布图（如图5-5所示）

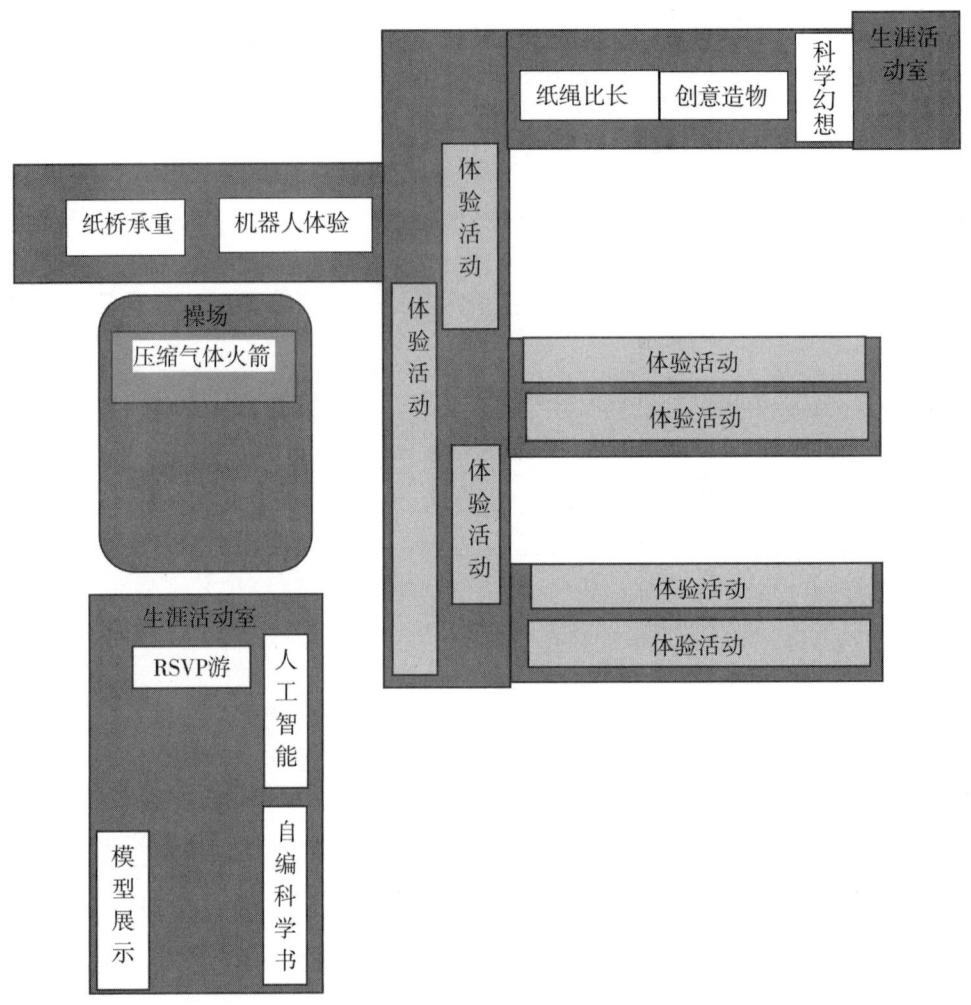

图5-5 科创节体验活动分布地

六、"我是艺术小达人"才艺大赛活动方案

（一）指导思想

深入贯彻落实习近平总书记关于文艺工作的重要讲话，弘扬社会主义核心价值观，坚定文化自信，建设文化强国，提升校园文化，丰富同学们的课余生活，

展示我校学生健康活泼、积极向上的精神风貌，发掘优秀艺术人才，营造和谐美好的校园精神环境，融合师生情谊，提高艺术修养，培养健康向上的审美情趣。

（二）活动主题

"我是艺术小达人"才艺大赛。

（三）活动时间

每学年第一学期12月上旬（周四3、4节课低年级，第6节至托管课中年级，周五第6节至托管课高年级）。

（四）比赛对象

全校学生分级部（低年级组、中年级组、高年级组）。

（五）活动地点

大沥镇中心小学三楼多功能报告厅。

（六）活动项目

（1）声乐：独唱，民歌、戏曲、流行歌曲等，歌曲风格不限，表演内容健康、积极向上。

（2）器乐：器乐独奏，民族、西洋乐器均可，演奏古今中外优秀器乐作品。钢琴除外，其他乐器需要选手自备。表演内容健康、积极向上。

（3）舞蹈：独舞，民族舞、拉丁舞、街舞、现代舞等舞种不限。表演内容健康、积极向上。

（4）语言艺术：朗诵、演讲、讲故事、脱口秀、单口相声等，形式不限。表演内容健康、积极向上。

（七）活动方法

以班级为单位进行报名，每班在4个项目中自选项目报名（同一项目限报2个，每人每项目限报2个），一、二年级，每班限报3个节目，其余年级每班限报4个节目。每个节目不超过2分钟，时间到，评委喊停，但不影响评分。可先在班内进行初选和节目审查，再推选优秀节目参赛。班主任填写好报名表，伴奏音乐在11月28日前上传。附活动行事历（见表5-11）。

表 5-11　活动行事历

报名截止时间	抽签时间	填写报名表、上传音乐时间、地址	比赛时间
11 月 27 日	11 月 29 日级长落实	相关资料存放在对应的文件位置，填写报名表以及上传音乐伴奏	（12 月 5 日周四 3、4 节课低年级，第 6 节至托管课中年级） （12 月 6 日周五第 6 节至托管课高年级）
备注	此表资料由音乐科组教师跟进。各年级级长落实传达和协助级部比赛抽签			

（八）奖项设置

1. 个人奖项

根据比赛成绩按级部比赛项目比例评奖，评出 30% 特等奖，30% 一等奖，40% 二等奖。

2. 团体奖项

（1）采用积分制，按照各班获奖情况计算团体分数，获特等奖积 6 分、一等奖积 3 分、二等奖积 2 分。

（2）会场纪律占 2 分。

（3）获奖得分加上纪律得分计算出各班的团体总分，设置特等奖、一等奖、二等奖，各年级比例如下：一年级 2：2：3；二年级 1：2：3；三年级：1：2：3；四年级 1：2：2；五年级 1：2：2；六年级 1：1：2。

（4）根据团体总分各年级进行排名，并加入文明班分，分别加入：4、3、2、1 分；现场公布成绩及颁奖。本次比赛委员会由音乐科组和学校少先队大队部组成，解释权属本次比赛委员会。

3. 奖励机制

（1）个人特等奖奖品：高、中、低级部分别 15 份，共 45 份。

（2）个人一等奖奖品：高、中、低级部分别 20 份，共 60 份。

（3）个人二等奖奖品：高、中、低级部分别 15 份，共 45 份。

（4）团体奖（特等奖的奖品为奖状和音乐书籍，一、二等奖的奖品为奖状）：特等奖、一等奖、二等奖各年级比例如下：一年级 2：2：3；二年级 1：2：3；三年级：1：2：3；四年级 1：2：2；五年级 1：2：2；六年级 1：1：2。

4. 嘉宾表演节目

计分时段嘉宾表演。

5. 颁奖环节

级长宣布成绩，学校行政、音乐科组老师负责颁发奖状、礼物。

附件一:"我是艺术小达人"才艺大赛报名表(见表5-12)

表5-12 "我是艺术小达人"才艺大赛报名表
(项目填学生名字)

班级	声乐	舞蹈	器乐	语言艺术	备注

附件二:各项评分表(见表5-13至表5-16)

表5-13 "我是艺术小达人"才艺大赛个人舞蹈评分

班级	姓名	主题:健康向上,时代感强,形式富有创新(10分)	形象:衣着符合表演主题,精神饱满(10分)	动作技巧:动作流畅协调,表现力和技巧性强(50分)	创新与情感:舞蹈编排新颖有创意,具有较强的感染力(30分)	总分(100分)

续上表

班级	姓名	主题：健康向上，时代感强，形式富有创新（10分）	形象：衣着符合表演主题，精神饱满（10分）	动作技巧：动作流畅协调，表现力和技巧性强（50分）	创新与情感：舞蹈编排新颖有创意，具有较强的感染力（30分）	总分（100分）

表5-14 "我是艺术小达人"才艺大赛个人声乐评分

班级	姓名	主题：健康向上，时代感强，形式富有创新（10分）	形象：衣着符合表演主题，精神饱满（10分）	演唱基础：发音准确，音色清晰而有质感，音准、节奏把握准确，吐字清晰（50分）	演唱技巧：声音处理科学得当，演唱富有情感，把握作品风格（30分）	总分（100分）

表5-15 "我是艺术小达人"才艺大赛个人器乐评分

班级	姓名	主题：健康向上，时代感强，形式富有创新（10分）	形象：衣着符合表演主题，精神饱满（10分）	技术性：音准，音色，音质，节奏，强弱，技巧，技术纯熟、乐曲难易程度（50分）	艺术性：音乐感情的抒发和对音乐形象的塑造等方面（30分）	总分（100分）

表 5-16 "我是艺术小达人"才艺大赛个人语言艺术评分

班级	姓名	主题：健康向上，时代感强，形式富有创新（10分）	形象：造型、服装、道具能够配合、辅助情景或剧情效果，精神饱满（10分）	语言技巧：表达能力强，普通话标准，语言流畅生动，有较强的表现力（50分）	创新与情感：创意新颖，具有较强感染力（30分）	总分（100分）

七、"我能行"最炫舞台展示活动方案

（一）指导思想

为了在美丽的校园里营造更浓厚的艺术氛围，培养孩子们热爱艺术的情怀，让学生们在校园的七彩小舞台秀出个人才艺，"我能行"最炫舞台展示活动突出培养一人一特长，一人一展示，发掘我校优秀人才，进一步丰富和提高学生的艺术素养，提高学生的获得感和成就感，促进学生人人出彩。

（二）活动主题

"我能行"最炫舞台展示活动。

（三）表演艺术种类

动态才艺表演：声乐、舞蹈、器乐、朗诵、语言艺术、武术、英语故事、英文歌表演唱、体育技能（球操、啦啦操、醒狮、武术、咏春）等。静态才艺表演：美术、科技作品展示。

（四）参演学科以及顺序安排

周一英语，周二音乐，周三语文，周四美术、体育，周五科学。

（五）征集艺术节目截止时间

各学年第一学期11月前。

（六）才艺表演时间

第11—17周，每周一至周五的11∶30—12∶00。

（七）表演要求

（1）由科组长跟进科任老师，每学科推荐每周2～3个优秀节目参加表演活动。每个节目时长3分钟内。

（2）请按表格填写表演名单和表演节目，有伴奏音乐的请由科组长跟进上传。上传至"我能行"最炫舞台展示活动文件夹内。每周活动的伴奏音乐需要填写好"学科+姓名+节目名称"，伴奏音乐由负责上音乐课的老师监听。

（3）科组长落实演出要求：指导学生穿符合节目表演主题的演出服装，精神饱满有艺术气质。对表演同学颁发奖状鼓励。（各学科科组长跟进奖状）

（八）表演时间表

请各科组长填写第11—17周"我能行"最炫舞台展示活动安排表（见表5–17）。

表5–17　第（　）周"我能行"最炫舞台展示活动安排

第（　）周（月　日—月　日）	演出（队伍或班级）	演出名称	演出种类	是否需要背景音乐	音响、奖状、人员跟进（科组长或备课组长）	当日演出跟进（科任老师）
（　）周周一	英语兴趣组					
（　）周周二	音乐兴趣组					
（　）周周三	语文兴趣组					
（　）周周四	体育兴趣组					
（　）周周五	科学兴趣组					

八、"梦起航，秀风采"未来职业梦想秀活动方案

（一）活动目的

进一步丰富校园文化生活，推动校园精神文明，展示学生积极向上的精神风貌；将生涯职业启蒙教育与动漫艺术相融合，开发学生智力，发展学生能力，激发兴趣，展示个性才华；树立自信，增强参与和成功意识，提高文化艺术修养，

鼓励学生争当德、智、体、美、劳全面发展的小学生。

（二）活动主题

梦起航，秀风采。

（三）活动时间

（1）作品制作时间。各班学生制作自己喜爱的动漫影视作品中的职业服装，可适当添加角色道具，于第一学期（即11月下旬）前完成作品制作。

（2）背景音乐和课件上交时间。12月初上传背景音乐和课件，课件命名格式：班级+班主任姓名。

（3）比赛展示时间。第一学期第16周，周三14：00—16：30；三年级：14：00—15：10；二年级：15：10—16：30。

（四）活动地点

多功能报告厅。

（五）活动对象

二年级、三年级每班8～10名学生代表。

（六）活动内容

（1）参赛形式。学生穿戴设计的职业服装，在背景音乐和解说员的配合下进行不超过5分钟的走秀。

（2）作品要求。①能利用各种"可废物利用的材料"（纸皮、塑料袋、卡纸、皱纹纸、易拉罐等等）设计或半加工职业服装。作品形象健康、环保、生动活泼，突出个性化设计。②准备梦想秀的服装介绍词及负责解说介绍词。③制作梦想秀走台背景音乐和背景图片，做成一份PPT。

（七）活动评价

1. 比赛奖项

（1）比赛以班级为单位：二年级设特等奖2名，一等奖2名，二等奖3名。三年级设特等奖2名，一等奖2名，二等奖2名。

（2）各年级分别再评选出：最佳表现奖10名、最佳服装设计奖10名、最美环保小天使10名、最佳解说员2名。

2. 评分标准（见表5-18至表5-20）

表5-18　____年级班级职业梦想秀个人作品评分

（　　）年级（　　）班

个人作品评分（每项奖项只选两名，即每列打两个√）

序号	姓名	最佳服装设计奖	最美环保天使奖	最佳表现奖

表5-19　____年级班级职业梦想秀最佳解说员评分

（　　）年级最佳解说员：（100分）

班级	1	2	3	4	5	6	7
姓名							
分数							

表5-20　____年级班级职业梦想秀活动总评分

（　　）年级职业梦想秀活动总评分：（100分）

班级	1	2	3	4	5	6	7
分数							

九、"梦飞扬，树理想"未来职业梦想说活动方案

为了引导广大学生树立远大理想，扬起童年风帆，我校决定在四、五年级学生中开展职业梦想说演讲比赛。

（一）活动目的

引导学生树立正确的世界观、人生观和价值观，帮助学生确立积极的奋斗目标、价值取向和精神追求；通过活动激发学生爱国、爱家乡、爱校的情怀，进一步增强学生的自信心、自豪感、成就感，充分展示我校学生全面发展、积极进取、勇攀高峰的精神面貌和能力。

（二）活动主题

梦飞扬，树理想。

（三）活动时间

四年级：10月下旬第9周星期二。

五年级：10月下旬第9周星期三。

（四）活动地点

多功能报告厅。

（五）活动对象

四、五年级在本班初赛的基础上选派3名优胜者参加。

（六）活动内容

（1）演讲主题：未来职业梦想。

（2）表达形式。表达形式新颖多样，具有独创性，选手可以围绕主题畅谈自己的所见所闻，也可以根据个人思想，抒发自己的感想。

（3）演讲要求。必须脱稿演讲，演讲过程中要求选手语言流畅、演讲技巧娴熟，具有较强的感染力；举止大方，表现自然，与观众有目光交流，有适当的肢体语言。

（4）时间安排。每位选手的演讲时间限时4分钟。

（5）比赛流程。本次活动分为两个阶段。第一阶段：第8周班会课，各班级进行初赛、复赛。①初赛：每位同学在小组内演说1分钟，每小组选派优胜者参加班级复赛。②复赛：选拔出3名同学代表班级参加学校决赛。第二阶段：以班级为参赛单位参加年级比赛（即学校的决赛）。

（七）活动评价

（1）评委安排。为确保比赛的公平公正，本次比赛采用以年级为单位，评委成员由学校行政和语文教师团队组成。

（2）比赛奖项。比赛以年级为单位，设特等奖3名，一等奖6名，二等奖9名。

（3）评分标准。（见表5-21）

表 5-21 "梦飞扬，树理想"未来职业梦想说活动评分

演讲词质量（50 分）	得分	演讲现场表现（50 分）	得分	总分（100 分）
主题正确，针对性强 10 分		仪态端庄，注意礼貌 10 分		
思路清晰，观点明确 10 分		表情自然，落落大方 10 分		
内容充实，言之有物 10 分		目光交流，动作自然 10 分		
态度诚恳，情感真实 10 分		口齿清晰，音量语速恰当 10 分		
用语恰切，贴合内容 10 分		抑扬顿挫，语调有吸引力 10 分		

备注：演讲时间少于 3 分 45 秒扣 2 分；超过 4 分 15 秒扣 2 分。
去掉最高分、最低分，得总分。设特等奖 3 名，一等奖 6 名，二等奖 9 名。

十、"出彩策展"活动方案

（一）活动目的

本次活动以立德树人为宗旨，以出彩策展为主题，以学生发展为本，为学生搭建实践和展示舞台，促进学生全面发展、个性发展、持续发展，充分调动多方资源，培养学生跨学科思维，多角度展示"生涯"课程亮点，进一步擦亮大沥镇中心小学"生涯"特色品牌。

（二）活动主题

国·潮—科技之风。

（三）活动时间

第二学期（五月中旬）。

（四）活动地点

生涯活动室。

（五）活动对象

六年级学生。

（六）活动内容

活动设置 6 个展示区域，每个班分别负责一个特色区域，围绕大主题设计各

班的小主题内容。（见表 5-22）

表 5-22　出彩策展之班级主题及形式

国·潮—科技之风	
小主题	科学伟人、高新科技、科技发展史、人工智能、四大发明、科技梦想、航空航天、自然科学、人文科学、电子机械、军事技术、科技新闻、科技产品、科技故事等等
形式	静态展示：绘画、手工作品、模型、诗歌文章、小制作、照片、思维导图、手抄报、海报、展板、日记、实物标本、调查报告、书籍报刊、绘本、读书小报、3D 打印等等
	动态展示：视频、音频、演讲、表演、走秀、装置、游戏等等

（1）每班选出策展负责人 3 人，统筹整个策展项目，策展负责人利用大课间集中录播室进行培训。

（2）各班的策展负责人抽签选定各班的小主题。

（3）策展负责人向班上同学明晰班级主题内容和形式。

（4）各班策展负责人再根据主题内容再挑选 1～2 种作品类型（见表 5-23），向相应科任老师发出辅导邀请函。（如图 5-6 所示）

表 5-23　出彩策展之学科作品类型

学科	作品类型	备注
语文	诗歌文章、读书小报	学生将从左侧的"作品类型"中选择相应内容，收到邀请函的老师根据学生选择的内容进行辅导。受邀请的老师请利用 1～2 节课的时间对学生进行作品辅导。
数学	数学日记、思维导图	
英语	词汇介绍、绘本、思维导图	
音乐	视频、音频、表演、走秀	
美术	绘画、手工作品、手抄报、海报	
科学及信息技术	模型、小制作、3D 打印	
劳动、综合实践活动	好作业作品、过程性照片	

```
              邀请函
    _____老师:
       您好! 我们是____(  )班同学,大沥镇中心小学出彩策展活动即将拉开
    帷幕,我班的策展主题是_____,因此诚意邀请您对我们进行_____
    方面的辅导,我们相信,有老师您的辅导,将会让我们的策展作品增色不少,我
    们期待您的参与。
       感谢老师您对我们策展的支持! 祝老师工作顺利!
                                            ____(  )班全体同学
```

图 5-6 出彩策展之学科辅导邀请函

（5）作品存放与收集：小件的作品由班主任自行保管，大件的作品可向美术老师申请存放于美术室或生涯活动室。

（6）请六年级各班的策展负责人依据安排表汇报策展进度，设计策展摊位，地点：录播室。

（7）依据布展时间，各班安排 5 名同学布展，各班任和美术科组老师届时协作组织。

（七）观展研学

班主任利用班会课带学生到生涯活动室进行参观并填写参展研学表。（见表 5-24）

表 5-24 出彩策展之观展研学

姓名		时间		班别		地点	
内容							
评价		请用铅笔画出五角星表达你对作品的满意度。					
	主题突出						
	内容丰富						
	创意表现						

续上表

观后感 （100字以内）	

观看完毕，由各班策展负责人交至大队委进行收集统计。

（八）策展评比

各班策展负责人拍摄策展介绍短片，编辑投放在校级微信公众号进行投票评比，每期分别选出最佳创意策展团队、最佳出彩策展团队以及最佳合作策展团队各1名。

第六章　多彩社团成就出彩少年

一个人有兴趣爱好，生活才会更丰富，才会有更好的心态，才会有对幸福生活的追求，生命才会更有意义。大沥镇中心小学始终关注学生的生涯成长，鼓励学生以积极向上的态度面对学习与生活。为此，学校不仅提供了优质的教育，而且精心组织了多个兴趣社团，让学生在参与中发掘自我潜能，培养多元兴趣，从而更全面地发展。

一、和声悦耳，舞出绚丽彩虹

（一）海燕飞扬，越唱越强——"小海燕"合唱团

大沥镇中心小学"小海燕"合唱团成立于1994年。合唱团以"同心"润泽心灵，以"生涯"指引方向。得益于著名童声合唱艺术家赖广益，合唱专家苏严惠、赖元葵、谢明晶，音乐家刘长安的专业指导，有赖于大沥中心音乐教师队伍的悉心栽培，数百名中心学子在合唱的路上手摘桂冠，出彩成长。

科学合唱，打造优质队伍；魅力合唱，成就非凡团队。大沥镇中心小学小海燕合唱团成立至今，获奖无数，成就众多学子闪耀舞台。曾荣获"一带一路"世界合唱节总冠军；由中华人民共和国教育部主办的全国第7届中小学生艺术展演活动艺术表演类小学组二等奖；第14届中国合唱节一金一银；中国烟台首届国际青少年合唱独唱音乐周比赛金奖；第12届中国国际合唱节表演奖；广东省中小学生艺术展演一等奖；广东省首届中小学生合唱比赛二等奖；佛山市中小学生合唱比赛金奖等60多项奖项。

（二）舞动轻盈，燕舞最灵——"燕之灵"舞蹈队

大沥镇中心小学"燕之灵"舞蹈队成立于1992年。一群活力四射的孩子，在老师们的精心训练和帮助下，凭着一腔热情和不懈的努力，日复一日地练习和磨合，已经成长为一个具有表演性的群体。舞蹈队自成立以来，已多次参加市区的公开演出和舞蹈大赛，获得广东省健美操锦标赛第二名，全国全民健身操舞推广大赛（广东省佛山站）一等奖，第7届全国全民健身操总决赛特等奖等30多项奖项。舞蹈队是激情燃烧的地方，是铸造个性、美丽心灵的殿堂，我们始终相

信,心有多大,舞台就有多大。随着我们经验的日益积累,经历的不断增加,我们深信,我们会更加成熟,更加强大!

(三)余音袅袅,"筝筝"日上——"筝筝日上"古筝社

大沥镇中心小学"筝筝日上"古筝社团成立于2006年,每年由一年级开始培养学员,有计划地进行不同级别的古筝训练,到六年级基本完成古筝十级曲目。古筝社团培养了多名优秀队员,分别参加"朝阳杯"才艺比赛获一、二等奖,古筝节目参加第2、3届广东省佛山赛区民乐总决赛荣获金奖、银奖。参加全国"桃李杯"才艺选拔赛荣获佛山赛区一等奖。古筝节目《雪山春晓》参加广东省第3届少年儿童声乐器乐舞蹈电视大赛荣获银奖。古筝节目《云之南》参加广东省第6届舞蹈声乐器乐比赛荣获一等奖。古筝合奏节目受邀参加广东电视台炫动舞台"六一"节目录制。受邀参加澳门古筝音乐节演奏,成功申报吉尼斯纪录并荣获澳门古筝音乐节比赛银奖。

(四)粤韵悠扬,梨园芬芳——粤韵芬芳曲艺社

粤韵芬芳曲艺社成立于2012年,大沥文化站、沥苑社区的粤剧优秀名师曾进校园指导训练,辅导课程。社团精心组织了广东粤剧的传统戏曲唱腔辅导,并共同创作和编排了曲艺表演唱《创建文明城市》。该作品在南海区第8届少儿花会中荣获一等奖,并在佛山市首届少年粤剧总决赛中摘得银奖。社团还获佛山市第6届少儿粤剧艺术节粤歌金奖等奖项。学校获评第1批佛山市粤剧特色学校。

二、语言天地,彰显少年风采

(一)文字记录生活,文学浸润童心——萌芽文学社

大沥镇中心小学"萌芽文学社"成立于2008年。文学社以"丰富学生文化生活,提高学生文学写作、文字表达、文学欣赏能力"为宗旨,是集文学交流例会、期刊发布、采风活动、读书活动、主题作文交流活动为一体的文学交流社团。

我校萌芽文学社被评为广东省第1届小学生文学社会员单位,南海区首届、第3届小学优秀文学社。教师在第12届全国青少年冰心文学大赛中荣获辅导一等奖;多位教师被《冰心少年文学》"写作园地"栏目授予"优秀辅导老师"荣誉称号。我校在第8、9、10、12届全国青少年冰心文学大赛中共133位同学获奖;4位同学的作文被选登在《冰心少年文学》"写作园地"栏目;7位同学在佛山市"基于儿童文学资源促进小学语文有效教学的实践研究"课题成果交流活动中荣获一等奖;我校学生参加第7届"1+1"全国读写大赛中获全能金

奖高达 14 人。文学社课程获评南海区精品课程。

（二）童心看世界，稚笔写未来——小百合记者社

大沥镇中心小学"小百合记者社"成立于 2008 年。记者社旨在引导小记者们用独特的视角、纯真的思维、富有个性的笔触，描绘校园生活和社会生活中的"真善美"，宣传我校的新闻事迹、活跃校园文化氛围，为构建和谐校园贡献自己的一份力量。记者社现有采风、小记者新闻作品网上竞赛、小记者走进电视台、"小星星"电视采访等特色活动。小百合记者社在《珠江青少年报》创刊五周年系列活动中被评为优秀学生记者站。黄晓欣等 5 位同学在佛山市中小学生小记者新闻作品网上竞赛活动中获优秀奖。

（三）争鸣真理，才辩无双——争鸣社

大沥镇中心小学"争鸣社"成立于 2008 年。社团以"追求真理，思辨推理"为宗旨，以提高学生的思辨能力、口头表达能力，培养团队精神为目标，为学生搭建展示自我、挑战自我的平台。自创建以来，社团在校掀起了思辨的热潮和求是求真的精神追求。争鸣社曾获得辩论比赛全国一等奖；第 10、12 届香港校际网上实时埠制辩论比赛总决赛亚军；获第 12 届网上实时埠际辩论（小学英文讲故事）比赛季军；殷欣等 5 位同学参加埠制辩论比赛获准决赛胜出奖；李珈韵等 4 位同学获香港校际网上实时埠制辩论比赛最佳优胜辩手。

（四）话筒在手，梦想我有——金话筒社

大沥镇中心小学"金话筒社"成立于 2009 年。社团主要包含了主持、演讲、朗诵、相声、情景剧等活动。社团秉承"外塑形象，内秀气质，谦和待人，自信表达"的宗旨，通过了解语言艺术知识和举办语言类活动等途径，给学生提供展示自我价值、提升综合素质、增长社会经验的舞台。

"金话筒社"曾获得南海区第 8 届校园艺术暨学生文明艺术素养展示比赛语言艺术专场金奖；获南海区小学校园心理情景剧大赛特等奖和最佳剧本奖；获南海区"走进佛山"情景剧选拔赛小学组一等奖；获南海区第 18 届"推普周"暨首届语言艺术节活动之"中华文化经典诵读"比赛一等奖；获南海区第 12 届中小学校园艺术展演语言艺术专场银奖；获大沥中学共同体文艺展演银奖。社团长期坚持科学训练，培养了一代又一代的"金话筒"达人。我校学生参加市级、区级语言艺术主持大赛累计获奖人数达 26 人。

（五）More English, more fun—English Funland

大沥镇中心小学"English Funland"创建于 2003 年。社团以各类英语学科竞赛为契机，为培养学生英语能力和素养，先后成立了英语口语兴趣组、阅读兴

趣组等分小组。社团遵循"渐进性、趣味性、科学性、交际性、有效性"原则，以生为本，以师为导开展兴趣辅导活动，最大限度提高成员的英语素养。

在社团负责老师的科学辅导下，我校每年晋级，代表大沥镇参加南海区口语竞赛，成绩优异。学生参加全国英语竞赛获奖人数高达50多人，其中，20多人获全国一等奖；参加全国阅读比赛获奖人数高达100多人，其中，李健彬获全国冠军；参加全国口语比赛获奖人数高达10多人，其中，5名学生参加北京决赛获得金、银、铜奖；参加广东省的朗读比赛，8位同学获省级奖励，30多位同学获市级奖励；佛山市口语大赛获奖人数高达20多人，其中，3人进入市级前3名。多人在佛山市小学英语高年级趣味配音口语展演活动中荣获一等奖。

三、创意工坊，描绘多彩世界

（一）漫游艺术，童乐绘画——漫乐社

漫乐社于2016年9月成立，每周活动4次，授课内容包括电脑绘画、漫画、科幻画等。同学们因为喜欢画画相聚在一起，拿着画笔漫游在艺术的天地，用童乐感受斑斓世界。漫乐社自成立以来，先后参加省、市、区各级绘画比赛，成绩突出。辅导学生参加广东教育"双融双创"行动暨中小学电脑制作活动，5人获省级一等奖，15人获区级一等奖；在第34届佛山市青少年科技创新大赛和佛山市第7届中小学生创新展示活动中，共9人获一等奖；参加南海区"詹天佑杯"青少年科技创新大赛，多名同学在比赛中获得优异成绩。

（二）意由心中生，美从笔中来——精灵艺术社

精灵是有魔法的，艺术也是，它可以把美的东西通过各种媒介具象化地描绘在人们眼前。我校精灵艺术坊，以学习为目的，以兴趣为纽带。参加精灵艺术坊的同学都拥有一颗热爱艺术的心，在这里孩子们可以学习充满创意感、科技感的插画及科幻画，也可以学习传统水墨丹青。宛若一个充满趣味性的艺术工作坊，从里面走出一个个"小精灵们"。这些"小精灵们"获得不少的奖项，获得广东省以及佛山市青少年科技创新大赛一等奖，获得"弘扬传统文化，书写美丽中国"南海区首届硬笔书法银奖以及铜奖，参与镇"修身圆梦"师生廉洁主题书画作品展获得多个奖项。

（三）心灵手巧，创意无限——手工社

手工社团是一个以自己制作手工艺品为特色的社团，社团以"心灵手巧，创意无限"作为口号，我们的手工课程教学内容主要包括折纸、剪纸、橡皮泥制作、纸贴画、手工编织以及"物以致用"（即生活中废旧材料的再利用）等。

学校还组织学生积极参加各项手工比赛，其中参加南海区剪纸比赛，2名同学获优秀奖；第7届中小学生创新展示活动"创意造物"比赛，3名同学获优秀奖。开展手工制作这项活动，充分锻炼了学生的动手能力、手脑协调能力，让学生在实践活动中掌握制作的基础知识、基本技能和基本方法，制作并创造出富有艺术品位的手工作品，充分发挥学生的想象力和创造力，提高学生的动手能力和审美能力。

四、运动达人，身心和谐发展

（一）七彩飞扬，猎鹰翱翔——小猎鹰田径社

小猎鹰田径社团创立于2003年10月。小猎鹰田径社团在辅导老师的带领下，利用课余时间和节假日，开展课余训练，成效显著。每年参加大沥镇中小学生田径运动会，均进入小学组前8名，曾连续5年荣获大沥镇中小学生田径运动会小学组团体总分第一名，实现"五连冠"；多名学生参加佛山市和南海区中小学生田径赛，均取得优异成绩，共获得30多项冠亚军，先后打破多项南海区年龄组纪录；多名学生参加南海区运会、佛山市运会，先后获得10多项冠亚军。

（二）迎"篮"而上，精彩无限——小猎豹篮球社

小猎豹篮球社团成立于2009年9月，以丰富学生的课余文化生活，发展学生的个性特长，提高学生的篮球技术水平和综合素质，达到"育德、启智、健体、树人"为目的。活动采用"三定"原则，即定时间、定地点、定人员，对社团成员进行培训，并组队参与各级各类比赛。篮球社团以形式多样的活动丰富了学生的课余生活，提高了学生的篮球技能，培养学生的组织管理能力，同时提高了学生的交往能力、合作能力。曾经多次参加大沥镇中小学生篮球比赛，并获得第二名、第三名、第六名等多个奖项。

（三）攻防对弈，技艺无穷——棋艺社

大沥镇中心小学"棋艺社"成立于2014年。社团包含围棋、中国象棋、国际象棋三类。棋社自创建以来，以"发扬国粹文化，领悟棋艺真谛"为宗旨，以提高棋类爱好者技艺为目标，以棋类竞技和棋类培训为主线，开展了"三棋比赛"和棋类小讲堂等品牌活动，培养了一批又一批优秀三棋人才。

棋艺社曾获得南海区中小学生三棋锦标赛小学组团体总分第4名；连续多年获大沥镇三棋比赛团体前3名。其中，学生参加围棋比赛获奖人数高达40人；参加中国象棋比赛获奖人数高达35人；参加国际象棋获奖人数高达33人。

五、科创未来，启迪智慧之光

（一）创客有梦，出色成长——创客社

大沥镇中心小学"创客社"成立于 2017 年。创客社包含了 3D 打印技术、模型建设等。社团以"弘扬创新精神，推广创客理念"为宗旨，以"把创意付诸实践，把梦想变成现实"为目标，以"创新"和"实践"为主线，以探究、体验的学习方式和学以致用的态度开展活动，强调共享的人际交往和社会参与，逐步打造具有我校特色的创客文化。

我校被评为南海区中小学创客教育基地；作为全大沥镇试点学校，参与"3D 打印课程亮点工程"；创客社还多次接受大沥镇采访。在创客社的培养下，何泳桥、成裕菲同学获南海区首届"兰湾智能杯"中小学电脑制作活动 3D 设计与打印作品比赛一等奖；梁浩林、余乐洲、邹琦伟、赵祥涛同学荣获佛山市中小学生创客大赛三等奖。

（二）科学点燃人生，知识成就未来——小小牛顿社

大沥镇中心小学"小小牛顿社"成立于 2016 年。社团以"科学探究"为主题，秉承"在实验中汲取知识，在快乐中启迪智慧"的理念，开展了航模、七巧板、建模、魔方、纸飞机等多种活动，激发学生对于科学世界的好奇，促进学生了解科学背后的原理与应用。

我校曾被评为第 9 届广东省"小小科学家"少年儿童科学教育实验学校。多位老师被评为广东省"小小科学家"少年儿童科学教育优秀辅导教师。如欧阳小聪老师荣获南海区小学科学青年教师课堂教学展示评比活动一等奖和佛山市首届小学科学优秀课例暨创新实验展示活动二等奖，叶泳彤、陈梓莹、曾懿馨、黄展鹏等同学在广东省"小小科学家"少年儿童科学教育体验活动中荣获一等奖，多名同学荣获三等奖。

（三）用数学，创未来——小小华罗庚社团

为了激发学生学习数学的热情和兴趣，感受数学的魅力，体会数学的价值，培养同学们在日常生活中应用数学的意识，培养勤学善思、终身学习的良好习惯，大沥镇中心小学于 1991 年开始成立小小华罗庚社团。社团活动以新课程标准为依据，结合本年级教材，力求题材内容生活化，形式多样化，解题思路方程化，教学活动实践化等。以尊重学生的主体地位和主体人格，培养学生自主性和主动性，发展学生适应时代要求的"四种关键能力"及开发学生的潜力，增强学生的智力为目标。

多年来，小小华罗庚社团坚持思维训练"从娃娃抓起"的理念，从一年级至六年级都开展数学思维训练，并且每个学期各年级都开展数学知识竞赛，为兴趣小组选拔后备人才。在各级数学竞赛中，不少学生获国家级和省级数学竞赛奖励。

（四）信息信息，生生不息——小飞龙信息社

根据现代教育形势发展的需求，为开发和发展学生的创造性思维，增强学生的信息应用能力，我校于2008年成立了"小飞龙信息社"。该社团给我校的信息技术教育课程提供动力和新的思路，给有信息学特长的学生提供相互交流和学习的机会。因此本社团一直享有"智力体操，头脑风暴"的美誉。

我校信息社名师荟萃。1人被评为广东省小学生信息技术学科带头人，多位老师在第12届全国信息技术课程教学案例大赛中获奖。在名师指引下，我校被评为广东省中小学信息技术教学优秀科组；南海区中小学编程教育先进单位；南海区信息学奥林匹克活动先进单位；并在大沥镇中小学信息学竞赛中获团体一、二等奖。学生参加南海区青少年信息学结题报告评选活动，获奖人数达3人；参加南海区青少年信息学奥林匹克竞赛，获奖人数高达101人；参加大沥镇小学生信息学奥林匹克竞赛，获奖人数高达97人；参加大沥镇初中学共同体校际信息学比赛，获奖人数高达30人。

第七章 小学生涯教育社会实践课程

一、企业探索之参观联邦家私集团活动方案

（一）活动目的

为了让学生更多地了解本地企业的发展，组织参观联邦家私集团。通过参观，了解联邦家私的原创设计、匠心品质和绿色智造，亲身感受联邦人精益求精的工匠精神，增强学生对本土企业的认同感，引导学生学习联邦人的工匠精神。

（二）活动主题

企业探索之参观联邦家私集团活动

（三）活动时间

11月中旬

（四）活动地点

联邦家私集团总部

（五）活动对象

校级家委、学生及家长100人左右；领队及联系人：家委会主任黄意荷女士

（六）活动内容

（1）在学校集合出发
（2）主持人介绍活动流程
（3）参观联邦集团总部生活公园
（4）参观联邦集团艺术雕刻工坊
（5）观看国家非物质文化遗产东阳木雕传承人、南海大城工匠、联邦家私雕刻总工程师蔡益良创作
（6）参观获CNAS认可的联邦集团检测中心
（7）参观联邦集团总部天际庭院

（8）十楼多功能厅观看视频了解联邦家私发展历程

（9）交流、分享参观学习的感受

（10）为联邦集团赠送纪念品

二、企业探索之参观广东中海万泰技术有限公司活动方案

（一）活动目的

通过企业探索之参观广东中海万泰技术有限公司活动，让教师更了解本地企业的发展，通过参观广东中海万泰技术有限公司，了解广东中海万泰技术有限公司的生产技术和生产过程，了解广东中海万泰技术有限公司的人才培养情况，激励教师积极投身教育教学，培养学生对本土企业的认同感，激发学生对新型科技的探索欲。

（二）活动主题

企业探索之参观广东中海万泰技术有限公司。

（三）活动时间

7月中旬。

（四）活动地点

广东中海万泰技术有限公司。

（五）活动对象

全体教职员工、部分学生及家长120多人。

（六）活动内容

（1）集合出发（早上8：40）。

（2）展厅参观，生产参观（9：40—10：00）。

（3）企业和产品影像观摩（10：00—10：20）：观看央视报道；璇玑产品介绍；尚捷院长做客央视介绍产品技术；广东中海万泰技术有限公司的介绍。

（4）提问互动（早上10：20—10：25）。

（5）分享学习感受。

（6）集体合影。

三、企业探索之参观佛山市艾乐博机器人股份有限公司活动方案

（一）活动目的

通过参观佛山市艾乐博机器人股份有限公司，了解艾乐博机器人股份有限公司智能制造企业的发展现状、技术应用及工作流程，培养学生对智能装备制造产业的兴趣和认知，拓宽学生们的视野，激发学生对科学知识的探索欲和求知欲，促进学生弘扬科技探究精神，激发科技探索兴趣，为未来科技创新培养人才奠定基础。

（二）活动主题

科技筑梦，智引未来。

（三）活动时间

第二学期第十二周星期六。

（四）活动地点

佛山市艾乐博机器人股份有限公司：生产车间和综合办公楼。

（五）活动对象

部分家长代表及其孩子。

（六）活动流程

1. 参观工厂车间（9：30—10：15）

（1）安全事项说明：在来访区集合，介绍厂内参观的安全注意事项、走访路线和时间安排。

（2）专利墙参观：通过分享专利墙，介绍艾乐博在智能装备行业领域的科技创新成果，让学生了解创新的重要性，激发学生的兴趣和增强学生的使命感。

（3）电控工作室参观：电控工作室是一个专注于电子控制系统设计、开发和优化的部门。主要介绍电子控制系统、传感器技术、电气安装等内容。

（4）生产车间参观（装配和调试）：通过生产现场智能装备的安装和调试，介绍设备的生产过程，增强学生对设备的认识。

（5）智能立库参观：通过智能立库的参观，综合介绍智能装备的场景应用和开发目的，让学生了解智能装备在生产中的重要作用。

（6）海外项目参观：通过海外项目的参观，综合介绍自动化和数字化的海外场景应用，让学生了解中国"智"造在世界工业体系中的影响力。

（7）机械设计部参观：机械技术部是一个专注于机械设计、开发和优化的部门。主要介绍各种机械零部件、装配设备、机械系统等内容。

2. 参观综合办公楼（10：15—11：00）

（1）数字机车间参观：数字机加工车间是一个采用先进的数控机床和自动化设备进行机械加工和制造的现代化车间。该车间致力于提供高精度、高效率的数控机加工服务，并积极应用数字化技术来优化生产流程和提升生产效益。

（2）荣誉通道参观：通过介绍艾乐博的历史荣誉，让学生进一步了解艾乐博。

3. 活动交流（11：00—11：30）

会议室总结：通过智能装备的视频介绍，让学生参与提问，总结收获和感受。

四、企业探索之"老赖不赖"超安全门窗馆研学活动方案

（一）活动目的

组织学生们走进"超安全门窗馆"参观学习，围绕"超安全门窗探索之旅"的游学主题，让学生们了解"门窗发展史""门窗与生活""门窗与居家安全"等门窗相关知识。通过视觉化、场景化、实验化的学习课堂，兼顾互动问答、小组手工制作的学习趣味，激发学生们的学习热情，拓宽知识面和提升创新思维，增强团队合作精神，学习企业家精神，提高学生的综合素质和社会实践能力。

（二）活动主题

企业探索之"老赖不赖"超安全门窗馆研学活动。

（三）活动时间

11月下旬。

（四）活动地点

"老赖不赖"超安全门窗馆（松岗松鹤路山南大道20号）。

（五）活动对象

部分家长及其孩子。

（六）活动内容

（1）集中出发。学生家长在学校集中，统一坐大巴车前往。

（2）欢迎仪式：发放参观证、贴纸。

（3）了解门窗发展史。①门窗知识：课件、视频形式讲解；②随堂互动问答：回答正确奖励"熊猫超人"玩偶一个。

（4）普及居家门窗安全知识。①场景介绍：门窗安全隐患六大场景；②场景体验：感受门窗夹手、碰头会给自己带来的伤害；③安全实验：超安全玻璃试验（专业人员操作，学生现场观看实验）；④学习分享：是否曾有被门窗夹手、碰伤等亲身经历，以及课堂感受。

（5）手工制作。①手工盖房子，限定时间内完成者奖励"熊猫超人"玩偶一个，手工作品可带走留念；②制作过程中，普及门窗在居家生活中的重要性。

（6）结束合照。全程拍照、录制视频，最后合影和录制小视频。

五、"罗定爱之行"农家体验活动方案

（一）活动目的

通过"罗定爱之行"农家体验活动，增进小学生对农村的了解，体验农村生活，培养学生的动手能力、团队合作精神和关爱他人的品德。

（二）活动主题

"罗定爱之行"农家体验活动。

（三）活动时间

第二学期十六周星期六。

（四）活动地点

罗定替兵村小学。

（五）活动对象

家长及学生（不超过50人）。

（六）活动内容

（1）集合出发（时间早上8：00）。

（2）主持人开场。

（3）游戏热身，团建增进感情。①一起玩游戏；②团建活动。

（4）美食分享，送礼物。①我校家长及学生分享自己制作的美食给罗定替兵村小学的学生；②我校家长及学生给罗定替兵村小学的学生送上我们的爱心礼物。

（5）农家体验活动。①体验摘菜等农活；②体验农家做饭。

（6）学习交流和纪念信分享。

（7）活动感受分享。

六、"关爱零距离，情暖老人心"走进养老院关爱老人活动方案

（一）活动目的

通过活动体验，增强小学生的社会责任感与敬老爱老意识，促进小学生与社区老人的互动，加深彼此了解。丰富老年人的文化生活，减少他们的孤独感和被遗忘感。

（二）活动主题

关爱零距离，情暖老人心——走进养老院关爱老人。

（三）活动时间

4月上旬。

（四）活动地点

春晖康养中心（大沥院）。

（五）活动对象

学校舞蹈队全体成员、部分热心家长和学生。

（六）活动内容

（1）集合。9：00于学校阅览室集合，化妆；9：40分集合，坐大巴出发。

（2）参观康养中心。参观春晖康养中心（大沥院）各区域。

（3）为老人们表演节目。节目1，唱歌表演；节目2，舞蹈表演；节目3，诗歌朗诵；节目4，讲故事。

（4）为老人们送花，交流。同学们给爷爷奶奶献花，听爷爷奶奶讲年轻时候的各种故事。

(5) 与老人们开心合照。

(6) 活动推文。家长撰写报道,宣传组进行推文。

七、"画出梦想的职业"暑假职业体验实践活动

(一)活动目的

随着时代的发展,孩子们从小就应培养对未来职业的认识和规划能力。本活动旨在通过一系列丰富多彩的活动环节帮助小学生了解各种职业,激发他们的梦想与兴趣,画下梦想的职业,引导他们为自己的未来打下良好的基础。

(二)活动主题

画出梦想的职业。

(三)活动时间

暑假。

(四)活动对象

4~6年级全体学生。

(五)活动内容

(1)作业设计。(如图7-1,图7-2所示)

图7-1 作业设计1   图7-2 作业设计2

（2）活动宣传。各班主任在班级中向学生宣传，讲解活动内容。

（3）活动开展。①学生开展活动，班主任、语文老师及美术老师加以辅导；②暑假返校后，各班在第一周班会课进行分享交流；③进行班级内评比。班主任填写5个优秀名单和优秀作品放到"优秀作品"文件夹。

（4）活动颁奖。第二周星期一大课间进行全校颁奖。

（5）活动推文。朱国威老师撰写报道，宣传组进行推文。

（六）奖项设置

各班推荐5份学生作品，评选优秀作品奖。

（七）评价标准

（1）内容正面，符合小学生良好的精神风貌；

（2）语句通顺，用词用句正确；

（3）图文并茂，绘图精美，色彩搭配佳。

第八章　校外导师进校园课程

一、利用家长资源，提升职业认知
——家长进课堂活动方案

（一）活动目的

每一位学生家长都来自不同的行业，从事着不同的职业，其中不乏行业精英、道德模范。他们有着丰富的人生阅历、广泛的兴趣爱好和特色绝活，这是每一位学生身边最宝贵的资源。为了让学生近距离地接触生活、亲近生活、感受生活，结合我校"生涯教育"项目，学校邀请学生家长走进课堂，对学生进行职业启蒙教育。通过活动，让学生获得更多的课外知识，拓宽视野，养成良好的品德。在活动中，帮助学生更好地了解自己，认识社会，从小立志，并在实践中适当调整自己，发展自己，实现个人价值。

（二）活动主题

利用家长资源　提高职业认知 ——大沥镇中心小学2023学年家长进课堂活动方案。

（三）活动时间

各班统一在10月份、3月份邀请1名以上家长进课堂。

（四）活动地点

各班教室或道德讲堂。

（五）活动对象

各班家长代表和各班学生。

（六）活动内容

学校制定活动方案，班级落实本学年"家长进课堂"的活动安排。积极发动家长报名，名单上传至德育文件夹（由级长统一印制证书）。

（1）为了保证活动效果，活动前，班主任要和家长落实授课内容。请家长在家里先给自己的孩子试讲，讲课时间控制在20—30分钟，内容要符合孩子的认知水平，最好有课件，用学生易懂的语言进行讲解，尽量生动有趣。

（2）班主任提前布置教室环境，装饰美化黑板，全程参与活动，帮助家长组织课堂。班主任课前介绍家长，课后总结并感谢家长。班主任要通过语言表达对家长的敬重和感激，让家长、学生感到自豪。

（3）家长讲稿或PPT上传至德育文件夹。

（4）级长提前制作奖状，课后由班主任颁发奖状。

（5）活动过程中拍照，挑选5张有代表性的照片上传至德育文件夹，照片文件名为"班别+学生姓名"。

二、以校友之名，分享成长路

——校友返校分享经验活动方案

（一）活动目的

小学六年级学生对未来充满憧憬，也存在着对未来学习之路的迷茫和彷徨，通过活动，增强校友之间的联系与交流，给予在校学生指导和鼓励，帮助他们规划未来学习与生活道路，营造积极向上的校园文化氛围。

（二）活动主题

以校友之名，分享成长路。

（三）活动时间

4月中旬。

（四）活动地点

多功能报告厅。

（五）活动对象

六年级全体师生。

（六）活动内容

（1）主持人开场。

（2）校长致辞。

（3）校友开展讲座。①请初中校友分享初中学习生活；②请高中校友分享高中学习生活；③请大学生校友分享大学学习生活；④请步入工作的校友分享职业生活。

（4）交流、提问环节。

（5）分享学习感受。

（6）校长为校友们颁发证书。

（7）集体大合照。

三、小学生数字货币启蒙教育计划

——校外专家导师进课堂活动方案

（一）活动目的

本活动旨在向小学生介绍数字货币的基本概念，培养他们对新兴金融技术的初步理解与兴趣。通过校外专家的引导，学生将了解数字货币在现代经济中的作用及其对未来社会可能产生的影响，有助于拓宽学生的财经知识视野，而且能够激发他们对科技和创新的思考。

（二）活动主题

小学生数字货币启蒙教育计划。

（三）活动时间

3月中旬。

（四）活动地点

多功能报告厅。

（五）活动对象

六年级全体师生。

（六）活动内容

（1）主持人开场。

（2）校长致辞。

（3）专家开展讲座：由广东省科普教育基地的讲师开展《数字货币起源与发展》讲座。

（4）交流、提问环节。

（5）分享学习感受。

（6）校长为专家导师颁发证书。

（7）集体大合照。

第九章 小学生涯教育资源

一、小学生涯教育专设课堂之职业启蒙活动手册

活动一 家人职业我知道

（一）活动目标

（1）通过竞猜、观看视频等方式认识家人的职业。
（2）通过采访活动，了解家人的职业内容。
（3）通过家务活动，养成认真劳动的职业态度。

（二）活动准备

采访家人关于他们职业的一些情况（上班时间、地点、工作内容、喜欢这个工作的原因），并适当记录下来。

（三）活动过程

1. 做一做

同同说："请你做小记者，采访家人工作的一些情况，并与同学分享。"

心心说："我爸爸的职业是医生。他8点上班，他在医院工作，常给小朋友看病。他喜欢这份工作，因为能帮助别人。"

同同说："小朋友，你们也一起来说说家人的职业吧。"

我____的职业是____。他____点上班，他在_____工作。
他喜欢这工作因为_____。

2. 看一看

爸爸妈妈都很认真工作哦。我们要向他们学习，让我们一起来看一个视频吧。

（视频"妈妈的工作故事"）

同同说："同学们看完这视频之后，你有什么感受呢？和同学们分享吧。"

心心说："爸爸妈妈都很热爱工作，我们要跟他们一样棒。"

3. 练一练

心心说:"让我们一起认真、细心地做做家务吧。"

4. 评一评(见表9-1)

表9-1 活动评价

请根据自己的活动表现,在相应一栏涂星星。	
日期:_____年_____月_____日	
能积极地参与活动	☆ ☆ ☆ ☆ ☆
能积极思考问题	☆ ☆ ☆ ☆ ☆
能了解家人的职业内容	☆ ☆ ☆ ☆ ☆
能完成家务活动	☆ ☆ ☆ ☆ ☆
能养成认真劳动的职业态度	☆ ☆ ☆ ☆ ☆
优秀:5个☆　　良好:4个☆　　一般:3个☆	

活动二　校园里的职业

(一) 活动目标

(1) 通过认识校园职业游戏,了解校园里的职业及其工作的内容。
(2) 通过游戏体验,明白职业劳动的珍贵。
(3) 通过做一做,畅想校园未来的职业。

(二) 活动准备

查找校园职业的一些相关资料,准备轻黏土。

(三) 活动过程

1. 说一说

同同说:"心心,我发现学校除了学生还有很多人,他们是做什么的?"
心心说:"他们有着各种各样的职业,一起来看看吧。"
校园里的部分职业:教师　校车司机　财务　清洁工　保安　维修工
同同说:"小朋友,你还认识校园中哪些职业呢?"

2. 做一做

同同说:"在我们学校,职业分工很明确,你来帮忙分一下,在括号下写序号吧!"

"校园职业分工选一选"游戏

①校长　　②主任　　③室场清洁工　　④营养师
⑤语文老师　⑥厨师　⑦绿化带卫生清理工　⑧体育老师

教育工作（　　　　）　清洁工作（　　　　）　厨房工作（　　　　）

你还能说出哪些工作内容呢？

3．玩一玩

"校园职业演一演"游戏

小组成员各选择一种校园职业，用轻黏土做一做你的职业道具，在小组中演一演，并说一说你的感受。

4．练一练

同同说："看来，校园里的职业可真不少呢！小朋友们，请大胆想一想，未来校园还可以有什么职业呢？"

心心说："赶紧动手设计职业吧！"

画一画你想象的校园职业服装或工具，并大胆展示你的作品，把作品介绍给好朋友听吧！

5．评一评（见表9-2）

表9-2　活动评价

请根据自己的活动表现，在相应一栏涂星星。					
日期：＿＿＿年＿＿＿月＿＿＿日					
能积极地参与活动	☆	☆	☆	☆	☆
能积极思考问题	☆	☆	☆	☆	☆
能了解家人的职业内容	☆	☆	☆	☆	☆
能完成家务活动	☆	☆	☆	☆	☆
能养成认真劳动的职业态度	☆	☆	☆	☆	☆
优秀：5个☆　　良好：4个☆　　一般：3个☆					

活动三　社会职业知多少

（一）活动目标

（1）通过视频学习，认识社会上形形色色的职业。

（2）通过故事分享、调查研究，了解不同的职业特点和职业要求，知道职业在社会中的价值体现。

(3) 通过制作职业介绍卡，明确自己喜欢的社会职业。

（二）活动准备

观察身边能接触到的职业。

（三）活动过程

同同说："心心，这个社会上有很多很多的职业，你身边能接触到的职业有哪些呢？"

心心说："有很多，小区保安、学校老师、医院医生、环卫工人、超市收银员……"

同同说："不同的职业都有什么特点和要求呢？快和我一起去看看吧！"

1. 生涯活动园

（1）特点要求我探索。

社会上有各种各样的职业，每种职业又有不同的岗位。以医生为例，同学们看看下表，这是某医院的预约挂号表（见表9-3），看完之后谈谈你的发现。

表9-3 某医院的预约挂号

门诊	特诊	检查
内科	儿科门诊	
外科	儿科特需门诊	
脊柱外科：关节	高靖儿保门诊	
妇产科	儿科保健专科门诊	
儿科	儿科中医门诊	
中医	儿科肾内专科门诊	
中西医	儿科呼吸、哮喘专科门诊	
综合	儿科消化专科门诊	
分院	儿科内分泌专科门诊	
体检科	儿科神经康复专科门诊	
我的发现：		

心心说："原来医生这个职业还有这么多不同的岗位呢！你对医生还有哪些

了解呢？对于他们的职业要求和职业特点，你又知道多少呢？"

故事一：【84岁院士再度为国出战】

2003年，钟南山领军战非典；2020年新冠病毒来袭，84岁的他又一次为国出战！他一边建议公众"没什么特殊情况，不要去武汉"，自己却义无反顾地踏上了去武汉的列车。他带领医护人员，与病毒做抗争，甚至冒着生命危险亲自拯救危重病人。他的话犹如定海神针，让中国人民看到了胜利的希望。

故事二：【努力跑赢时间的张院长】

武汉金银潭医院的院长张定宇，身患渐冻症，双腿已经开始萎缩，却在抗疫一线日夜坚守。为了守护更多的生命，他顾不上自己和家人，争分夺秒地与时间赛跑。他说："生命留给我的时间不多了。必须跑得更快，才能跑赢时间，把重要的事情做完。"

思考：从这两个故事中，你看到了医生这个职业有怎样的要求和特点呢？

_____

_____

同同说："同学们，2020年的春节，疫情突袭，我们居家隔离的同时，也被'白衣战士'们深深感动着。"

心心说："是呀，经过这次疫情，我更加认识到医生这个职业的伟大之处。"

同同说："各行各业都有它们对社会的贡献，虽然岗位不同，但都在推动着社会的进步。"

（2）职业价值我深思。

我们接触到很多的职业，它们有什么社会价值呢？请调查、搜集相关资料，完成表格（见表9-4）内容。

表9-4 职业价值

职业名称	工作内容	主要工作工具	主要工作场所	社会价值
医生	治病救人	听诊器、手电筒……	医院	拯救生命、稳定情绪、科普医学知识……
教师				
警察				
……				

同同说："三百六十行，行行出状元。只要在自己的岗位上兢兢业业，做出自己的贡献，就是有价值的。"

心心说："没错，在平凡的岗位上做出不平凡的成绩，就是对社会最大的贡献，就实现了自己的人生价值和社会价值。"

（3）社会职业我喜欢。

每个职业都有自己的要求和特点，你喜欢哪些职业呢？请选择你最喜欢的几个职业做职业介绍卡，和同学分享。

心心说："同学们还可以多挑几个你喜欢的职业，多做几张职业介绍卡，装订成一本《职业介绍图册》哦！"

2. 生涯练兵场

<u>判断题</u>：判断下列的说法，正确的打"√"，错误的打"×"。

（1）无论是什么职业，都需要专业技能和爱岗敬业精神。（　　）

（2）有些职业看起来对社会没有多大贡献，是没有价值的。（　　）

<u>选择题</u>：请在下列选项中选择正确的做法，把答案填在括号中。

（1）"桃李芬芳满天下，传道授业解惑人。"指的是哪个职业？（　　）

A．工程师　　　B．教师　　　C．技师

（2）小王梦想成为一名无人机驾驶员，他现在应该努力的方向是（　　）（多选题）

A．学习有关无人机驾驶的知识和技能。

B．关注无人机驾驶员这个行业的发展动态。

C．长大以后再说。

3. 生涯评价表（见表9-5）

表9-5　生涯评价

日期：＿＿＿年＿＿＿月＿＿＿日

我学会	认识了不同的职业	☆ ☆ ☆ ☆ ☆
	了解不同职业的特点和职业要求	☆ ☆ ☆ ☆ ☆
	知道职业的价值体现	☆ ☆ ☆ ☆ ☆
我做好	调查资料收集准确丰富	☆ ☆ ☆ ☆ ☆
	观点表达清晰完整	☆ ☆ ☆ ☆ ☆
	任务完成效果良好	☆ ☆ ☆ ☆ ☆

续上表

我参与	围绕"问题"进行思考	☆ ☆ ☆ ☆ ☆
	积极、认真完成任务	☆ ☆ ☆ ☆ ☆
	主动参与活动	☆ ☆ ☆ ☆ ☆

通过本课的学习，你有什么启发？请记录下来，并与你的同学分享。
我认识了形形色色的职业，知道了每种职业都有其价值。
我还想分享这些：_____

4．生涯瞭望台

新奇的职业

大千世界无奇不有，随着社会的不断发展，新兴的行业不断涌入，一些特殊而新奇的职业应运而生。我们一起来看看吧！

狗粮试吃员　极光守护者　地铁"推手"　食物摆拍员　数鱼者

活动四　新兴职业我知道

（一）活动目标

（1）通过查阅资料、调查访问等活动，了解新兴职业的名称、内容及特点。
（2）通过模拟招聘会，知道从事新兴职业所需具备的素质。

（二）活动准备

按"活动一"的内容了解身边的一种新兴职业。

（三）活动过程

同同说："心心你知道吗？随着社会的快速发展，出现了一些新兴的职业，现在让我们一起来了解一下这些新兴的职业吧。"

心心说："嗯，好啊。社会确实变化很快，我们要知道现在的社会需要人们具备怎样的能力，才能做足准备面对未来的社会。"

1．生涯万花筒（见表9-6）

表9-6 新兴职业

网约代驾司机	电子竞技员
"网约代驾司机"是向客户提供有偿驾驶劳务活动的服务者。主要有酒后代驾、旅游代驾和商务代驾等服务	"电子竞技员"是从事不同类型电子竞技项目比赛、陪练、体验及活动表演的人员
理财规划师	无人机飞手
"理财规划师"是运用科学的方法和特定的程序为客户制定切合实际的、具有可操作性的财务方案,它主要包括现金规划、消费支出规划、教育规划等	"无人机飞手"是指无人机驾驶员,根据2018年9月1日中国民航局发布的《民用无人机驾驶员管理规定》,要求无人机驾驶员须持有无人机驾驶执照才能飞行

新兴的职业还有网络写手、同声传译、私人裁缝、职业规划师、网络主播、酒吧聚会达人、旅游体验师、网游陪练等。

小组讨论,说说为什么会出现这些新兴职业?

_____

_____

同同说:"同学们,新兴职业的出现给我们的生活带来了很多影响,让我们一起来寻找身边更多的新兴职业吧。"

2. 生涯活动园

(1) 新兴职业我调查。

请同学们调查身边的一种新兴职业,把情况记录到表9-7中,完成后小组内分享。

表9-7 新兴职业调查

	职业名称	
请在右方空白处尝试用画笔描绘出这种新兴职业的特征	工作时间、地点	
	工作薪酬、待遇	
	工作内容、方式	
	职业所需条件(身体、学历、工作经验等)	

(2)新兴职业招聘会。

①参加老师组织的面试培训,并根据"面试评分表"(见表9-8)内容学习面试技巧。

②以小组为单位开设模拟招聘摊位,由小组长担任摊位的面试官,由组员扮演应聘者进行应聘面试(见表9-9)。

③应聘者可以选择喜欢的岗位进行应聘,应聘内容为1分钟自我介绍后回答面试官的1个问题。

④小组内分享模拟招聘会中的收获。

表9-8 应聘人员面试评分

姓名			应聘岗位				
类别			综合素质能力				
(以下内容由面试官填写)							
面试评分要素	分值	评分要点		评分等级			评分
				好	中	差	
仪态举止	5	仪表端庄自然、服饰得体大方、举止稳重朴实,精神面貌良好		4~5	2~3	0~1	
沟通表达能力	5	言语是否清晰、标准,表达是否准确、流畅,以及条理性、感染力与说服力		4~5	2~3	0~1	
专业素养	5	对专业理论及相关知识的了解、掌握程度,专业素养的高低		4~5	2~3	0~1	
解决问题能力	5	能否理论联系实际;处理问题是否具有原则性、灵活性、有效性;是否具有适应岗位需求的实际工作能力与业务能力		4~5	2~3	0~1	
总评	是否录取:□是□否 面试官意见:						总分:

表9-9 面试官面试情况记录

序号	应聘者姓名	应聘者分数	是否录用	情况记录
1				
2				
3				

续上表

序号	应聘者姓名	应聘者分数	是否录用	情况记录
4				
5				
6				
7				
8				

3. 生涯练兵场

（1）通过本课的学习，你目前知道的新兴职业有_____
_____

（2）新兴职业的大量出现，是经济快速发展、社会分工不断细化的必然结果。随着经济社会的发展与人们生活方式的不断改变，新兴职业不断涌现，折射出社会发展的活力。

请通过网上搜索、人物访谈、实地调查等方式了解更多的新兴职业，从中选择一种最感兴趣的新兴职业并把其职业特征描绘出来。

4. 生涯评价表（见表9-10）

表9-10　生涯评价

日期：_____年____月____日

我学会	知道目前的新兴职业	☆	☆	☆	☆	☆
	了解新兴职业需要具备的能力	☆	☆	☆	☆	☆
	新兴职业产生的意义	☆	☆	☆	☆	☆
我做好	资料收集准确丰富	☆	☆	☆	☆	☆
	观点表达清晰完整	☆	☆	☆	☆	☆
	任务完成效果良好	☆	☆	☆	☆	☆

续上表

我参与	围绕"问题"进行思考	☆ ☆ ☆ ☆ ☆
	积极、认真完成任务	☆ ☆ ☆ ☆ ☆
	主动参与活动	☆ ☆ ☆ ☆ ☆

通过本课的学习,你有什么启发?请记录下来,并与你的同学分享。
我知道了从事新兴职业所需具备的基本素质。
我还想分享这些:_____

5. 生涯瞭望台

人力资源和社会保障部正式发布13个新职业

2019年4月1日,中华人民共和国人力资源和社会保障部、国家市场监督管理总局、国家统计局发布13个新职业信息。这13个新职业主要集中在高新技术领域,对从业人员知识、技能水平具有较高要求。具体包括:人工智能工程技术人员、物联网工程技术人员、大数据工程技术人员、云计算工程技术人员、数字化管理师、建筑信息模型技术员、电子竞技运营师、电子竞技员、无人机驾驶员、农业经理人、物联网安装调试员、工业机器人系统操作员、工业机器人系统运维员。新兴职业的出现体现了信息时代的典型特征,也在一定程度上集中体现了当前出现的新职业的时代精神和特征,主要表现在以下3个方面:

创新。新兴职业是在技术创新发展的支持下产生的,例如无人机驾驶员、大数据工程技术人员等,就是互联网技术催生的崭新职业。随着新技术的创新发展,将有更多的技术创新转化为新产品、新产业,进而催生新职业。

多元。新兴职业体现了年轻一代的多元个性和职业发展,在"大众创业、万众创新"的大背景下,越来越多的80后、90后将自己的技术特长甚至兴趣发展为职业,年轻人更倾向于选择自由职业,个性化地选择创业,他们的新鲜想法甚至成为创业融资的核心。

共享。互联网技术使得世界更加扁平化,共享经济风生水起。例如,手机支付技术使共享单车成为可能,解决了城市公共交通"最后一公里"的问题,是"互联网+"创新创业的成功典型。滴滴打车使得出租车行业资源充足,提升了行业资源利用效率。

二、小学生涯教育校长说

为了帮助学生更好地认识职业,建立起对职业的初步了解,激发他们对未来可能从事的职业的思考,激发他们学习的动力,增强他们实践的意识,大沥镇中心小学制作发布了 30 期"生涯教育校长说"。第 1 期是开篇,第 2～13 期说的是与职业纪念日有关的职业,第 14～25 期说的是新兴职业,第 26～30 期说的是本土企业及相关企业工作人员讲述的工作内容。

(一) 开篇

主持人:大家好,我是六(5)班刘泽丽凡的妈妈,也是今天的主持人张翠。非常荣幸,我能作为家长代表来采访校长。未来一个半月,我们将推出"生涯教育校长说"的节目,希望通过这种形式能和视频前的所有家长一起去探寻教育的真谛。

说到这里,咱们美丽端庄的校长已经在旁边静候已久了。校长,您好!

校长:您好!丽凡妈妈。

主持人:今天是"生涯教育校长说"的第 1 期节目。我们家长都知道学校的生涯教育进行得如火如荼,可是还是有很多家长不明白生涯教育是什么。

校长:经过 7 年多的探索,我们学校对小学生涯教育有着属于我们的理解:小学生涯教育就是帮助学生更好地认识自我,认识世界,联结未来,为成为全面发展的社会主义建设者和接班人做准备的教育。

主持人:为什么我们学校要开展生涯教育呢?

校长:我校生涯教育是为了更好地改变一些现状和对学生进行个性化指导而开展的。

记得教育部基础教育司在起草关于劳动教育的文件时,委托了一家机构对上万名学生做了职业理想方面的调查。结果发现,比较多的学生选择当"主持人""网红""老板",愿意当工程师的仅 2.06%,他们认为当工程师"又脏又累","有时还有风险"。

我们也发现,很多孩子只知道认真学习就是为了考出好成绩,并不清楚怎样与生活、社会等外部环境联结起来,从而实现自我,满足未来社会发展需求。

以上这些,让我们认识到需要加强对学生理想等多方面的发展指导,我们开展生涯教育,对小学生进行个性化发展指导,为孩子们未来的发展做准备。

主持人:潘校不仅立足当下学生发展,还着眼学生未来的去向,更心系为党育人、为国育才。能成为中心小学的学生家长,我感到很幸运。刚才潘校提到孩子想干什么,学校尽可能创设条件,可能很多人都想知道咱们学校是怎么开展生涯教育的,您能介绍一下吗?

校长:我校开展生涯教育是通过开发与实施校本课程落实推进的。我们的校本课程包括"童梦生涯专设课程和五彩人生拓展课程"。童梦生涯专设课程是运用我校开发的活动手册在专设的生涯课上落实的,五彩人生拓展课程包括学科渗透、主题班队会、家长进课堂、生涯日·主题活动课程等。像科创节、财商游戏节、学业生涯体验之旅等就是生涯日主题活动。

主持人：生涯教育的课程让孩子们获益良多。那么未来，我们还会开设其他活动吗？

校长：会的。未来，我们将在以往的基础上通过"一宽一窄"的策略，开展更多的活动。

"一宽"就是拓宽辐射领域。第1期，我们将重点放在校内，第2期，我们将把生涯教育辐射到集团学校和有兴趣开展生涯教育的学校，也将更好地融入我校的家庭教育。为此，我们将定期在微信公众号上推出"生涯教育校长说"节目，并给孩子们下发与视频配套的"家校生涯教育的职业台历"，让家长们借助"生涯教育校长说"这个栏目了解生涯教育的重点，并在家里引导孩子借助家校生涯教育的职业台历进行生涯教育。

"一窄"就是聚焦研究领域。第1期，我们在"认识自我，探索生涯，适应生涯"等方面开展研究。第2期，我们将聚焦"认识职业"这一领域进行深入研究，将会开展一年级"入学梦起航"活动；二、三年级"职业梦想秀"活动；四、五、六年级"职业梦想说"活动；全校开展"家校生涯教育的职业台历"等活动。

主持人：听到潘校长这么说，我立刻就想拿出手机把我们学校的公众号设为置顶了，才能确保不错过每一期的"生涯教育校长说"栏目。家校协同共育，助力生涯教育。这期节目就到这里，再见。

单位：佛山市南海区大沥镇中心小学
执笔者：潘淑幼 许洁 钟志慧

（二）人民警察

视频前的家长们、孩子们，大家好。我是大沥镇中心小学校长潘淑幼。欢迎大家观看"生涯教育校长说"第2期节目。

近段时间，我们给孩子们下发"家校生涯教育台历"。这本台历每个月都介绍一种职业。请家长们引导孩子认识职业。

1月10日是警察节，家长们该如何引导孩子认识警察这一职业呢？

一、二年级的家长，请在具体的场景中给孩子介绍常见的警种和他们的职责。在马路上看到指挥交通的警察，告诉孩子，这就是交警；在电视上看到维护网络安全的警察，可以告诉孩子，这是网警；当然还有户籍警察；等等。除此之外，我们还可以问孩子："你喜欢警察吗？为什么？我们能为警察做些什么？"

三、四年级的家长可以把引导的重点放在警察的技能和精神品质上。比如：我们可以问问孩子："你觉得要拥有什么样的技能和精神才能成为警察？"最好能引导孩子通过采访、做调查、查资料等获得更多相关的了解。还可以追问孩子："你想学习警察的哪些精神品质？"

五、六年级的家长则可以把引导的方向落在梦想上。我们可以问问孩子："假如长大了当警察，你最想当什么类型的警察？这一类型的警察需要什么技能，需要什么品质？目前你最需要提升的是哪个方面？"条件允许的家长还可以创造机会，让孩子化身小记者，和我们的警察叔叔聊天。如果孩子说不想当警察，那么家长则告诉孩子无论长大后当什么，都要学习警察为人民服务、为社会做贡献等优良品质。

以上的沟通可以在茶余饭后、散步闲聊中轻松进行。假如大家想更好地了解警察，请登录中国警察的官网，阅读《人民公安报》《人民公安》杂志和采访警察等。希望我们在引导孩子们认识职业过程中，也能更好地认识自我。

这一期的节目就到这儿，我们下一期再见。

单位：佛山市南海区大沥镇中心小学
执笔者：潘淑幼 许洁 钟志慧

（三）春运乘务员

大家好！我是大沥镇中心小学校长潘淑幼，欢迎大家来到"生涯教育校长说"第3期节目。

本期节目是关于春运乘务员的。每年的春运高峰期，几亿人往返于祖国各地。但是一线的乘务员，越是逢年过节，越是坚守在一线，用最尽心的诚意，给旅客最温暖的旅途。2022年春运是1月17日到2月25日，共40天。今年因为疫情，很多人选择"原地过年"。但即使是这样，春运的压力也仍然严峻，而顶住这压力的除了我们的乘警，就是我们的春运乘务员。下面，让我们连线高铁站现场，一起了解了解。

校长：您好！思敏。

乘务员（思敏）：您好，校长！大家都看到我们的春运乘务员为大家，舍小家。她们在做好疫情防控的同时，还把温暖的服务带给我们的旅客。

请各位家长告诉您的孩子：乘务员的主要职责是为旅客提供优质的服务。他们的工作主要有：调整行李架、提醒和组织重点旅客到车门口等候下车等。

我们还可以告诉孩子要做好春运乘务员的工作，第一，要有良好的身体素质；第二，要有吃苦耐劳的品质；第三，要有积极乐观的精神；第四，要有大局意识，服从管理，听从指挥；第五，要能灵活应对各种突发事件；第六，要有热情待人的品质。

乘务员将昼夜和孤独留给了自己，把安全与团聚留给了旅客。请大家看到乘务员时，带领孩子给他们点赞，并跟他们说一声："谢谢！"让我们一起用行动致敬乘务员。

这期的节目就到这儿，我们下期再见。

单位：佛山市南海区大沥镇中心小学
执笔者：潘淑幼 许洁 钟志慧

（四）园林设计师

第一幕：

家长场景1：孩子一放学就直奔阳台，作业也不马上做，就喜欢养花种树，该不该阻止他呢？

家长场景2：孩子喜欢去花园阳台里摆设花花草草，还时常和我说怎样搭配最好看，总把阳台摆弄得乱七八糟。

家长场景3：孩子出门最喜欢和我说，哪个地方的绿化有意思，哪个地方的绿化很单调。说得头头是道，可却不见得他上课回答问题那么积极。

家长场景4：让孩子多看文化类的课外书，他却偏偏只爱看植物类百科书籍。哎……总喜欢和昆虫打交道，有什么用呢？

第二幕：

屏幕出现字幕：家长遇到的困扰，看看校长是怎么说的……

第三幕：

校长场景：

相信有不少家长遇到同样的问题，因为我们学校很多孩子喜欢种植和设计。其实，园林设计师的工作范畴就是对园林进行规划、设计、栽培、养护及管理。城市的建设、公园的设计、园林的打造都是出自园林设计师之手，大家称其为城市美容师、生活美学者。

如果孩子喜欢种植和设计，家长不必太过担忧，大可放开双手让孩子去探索，同时，还可以为孩子的探索助力，提供资源。可以在家专门为孩子开辟一处小小园林角，让孩子在实践中探索，当孩子在探索中遇到问题时，陪同孩子寻求解决问题的办法，例如：去图书馆查阅相关资料；购买书籍；采访美术老师或从事园林设计行业的人；等等。还可以带孩子到附近的公园走走看看，条件允许的家庭还可以带孩子去著名的园林增长见识。如果有需要，还可以让孩子学学素描、平面构成和色彩构成等相关美学知识。

当孩子探索得如火如荼时，要肯定孩子；当孩子坚持不下去，要鼓励孩子再试一试。

成长就是在寻找自己的过程，孩子在寻找自己的途中，家长要适时扶其上马，促其扬鞭，让孩子去寻找属于自己的诗和远方。

第四幕：
家长和孩子快速摆弄花园。
第五幕：
生1：我喜欢种植，我要当园林设计师。
生2：我喜欢设计，我想当园林设计师。
生3：我喜欢和大自然打交道，我要当园林设计师。
生录音：我要当园林设计师……
汇成图片。

单位：佛山市南海区大沥镇中心小学
执笔者：潘淑幼 许洁 钟志慧

（五）考古学家

正值清明时节，本期校长说带你了解考古学家，走进南海博物馆探秘。

尊敬的各位家长，大家好！我们又见面了。这里是南海博物馆。南海博物馆里收藏了许多文物。我们能在馆内看到这么多文物，其中要感谢的是考古学家。考古学家们专门挖掘古迹并对其进行研究和保护，让我们更好地了解历史，传承文化。也许您的孩子会对考古学家比较陌生，那我们可以利用假期带领我们的孩子到博物馆参观，还可以与孩子一起观看与考古相关的电影等。在参观博物馆或观看电影的过程中，我们可以跟孩子说：揭开历史神秘面纱的其中就有考古学家。有的考古学家只是看了文物几眼就能从文物的花纹、材质、颜色等判断文物是什么时候的产物。

也许您的孩子会问：考古学家为什么那么厉害？

我们可以耐心回答：那是因为他们阅读过大量古籍，包括文学、历史、哲学等。他们阅读了历史学家的著作，掌握了历史研究的方法，还经常到实地考察，包括参观各地的博物馆等等。考古学家还有相当的耐心和信心。因为挖掘、寻找、发现等过程都需要有耐心和信心。考古是艰辛的。勘察测绘、制图建模、文献比对是考古人的日常。出于对历史、对文化的使命感，他们很多穷尽一生就为让我们看到更真实的过去，帮助我们寻找民族的根。

假如您的孩子对考古学家这一职业有兴趣，我们可以引导孩子去了解大学里考古专业学习的内容，需要具备的条件等等。

各位家长，也许是您的一次带领，也许是您的一次偶然介绍，也许是您的适时引导，就给孩子种下理想的种子，并让他自觉奋斗，得到属于他自己的一片天空。

单位：佛山市南海区大沥镇中心小学

执笔者：潘淑幼 许洁 钟志慧

（六）护士

潘校长：大家好，我是大沥镇中心小学校长潘淑幼。欢迎收看"生涯教育校长说"第6期节目。5月12日是护士节。今天我们很荣幸邀请了一位护士家长来到现场，跟我们聊聊护士这个职业。

潘校长：罗晞妈妈您好！

护士（罗晞妈妈）：潘校长您好！

问题1：罗晞妈妈，大家对护士这个职业都不陌生，但可能很多人都没能全面了解护士工作的内容，您可以跟大家讲一下吗？

【回答1】可以的。护士主要从事护理工作，包括病情观察、基础护理、协助治疗、帮助康复、健康指导、医疗文件和物品管理等。

问题2：嗯，护士是被称作"天使"的职业，是一份高尚的职业，特别是疫情期间，很多护士奔赴一线，废寝忘食。我们感恩有你们这些白衣天使为大家负重前行。罗晞妈妈，你们这么辛苦，是什么信念支撑着你们，使你们坚持下来的呢？

【回答2】护士工作烦琐劳累，我们能坚持下来，我想是因为每一个医护人员心里都有这么一个信念："敬佑生命""救死扶伤""甘于奉献"。这些训语从我们入读医学院的第一天老师就教我们，这些都是涌动于我们医护人员心中的一股清流，只因为健康所系、生命所托。

问题3：如果孩子以后想成为护士，家长们该怎么引导，为孩子成为护士做准备呢？

【回答3】如果孩子想做护士，家长们应该在日常生活中引导孩子要有爱心，培养他们乐于助人、乐于奉献的精神。还要在平时的学习生活中培养他们良好的沟通能力和高度的责任心以及严谨的态度。平常让孩子学习简单的自救自护技巧，鼓励他们学好文化知识，为以后报考护理这个专业做好准备。

潘校长：谢谢罗晞妈妈的分享。今天是护士节，祝所有的护士节日快乐；愿我们的孩子好好读书，正能量满满，温暖自己，也温暖别人。本期"生涯教育校长说"节目到此结束，我们下期再见！

单位：佛山市南海区大沥镇中心小学
执笔者：潘淑幼 许洁 钟志慧

（七）环保工程师

这些，这些，这些，大家在哪里见过呢？（图片出示：污染的环境）

这些，这些，这些，大家又在哪里见过呢？（图片出示：不被污染的环境）

你希望生活在第一种环境还是第二种环境里呢？

相信很多人都会选择在干净舒适的环境下生活。环境的整洁是怎么来的呢？除了我们每一位公民为环境保护出一份力外，还有我们的环保工程师的付出。

那什么是环保工程师呢？环保工程师是指保护和合理利用自然资源，防止自然环境受到污染，也对受到污染和破坏的环境进行治理，创造适合人类生活和工作环境的人员。

环保工程师应该具备哪些能力呢？环保工程涉及多方面的领域，必须得掌握多学科的知识，如：环境相关知识、土木工程、机械工程、房屋设备、化学知识等。

这是一个平凡又伟大的职业。环保工程师穷毕生之力，图碧水蓝天，他们不仅造福当代，还造福我们的子孙后代。如果您的孩子通过今天的视频，对环保工程师感兴趣，您可以引导孩子从日常生活中保护环境，比如垃圾要分类，多植树，也可以引导孩子用餐余垃圾进行沤肥，让孩子去体验这些可用资源重复利用的神奇，同时也要培养孩子全面发展。

这期的校长说就到此结束，谢谢大家的观看！

单位：佛山市南海区大沥镇中心小学
执笔者：潘淑幼 许洁 钟志慧

（八）建筑设计师

各位家长，孩子们，你们好！每年的7月1日是什么节日呢？相信很多家长和孩子都可以说出建党节、香港回归纪念日。其实，7月1日还是国际建筑日，所以本期校长说和大家来聊聊建筑设计师这个职业。

那建筑设计师到底是做什么的？或许你会觉得建筑设计师应该是优雅自信地介绍自己的设计理念或是在办公室里画图设计。

但是，现实中，建筑设计师可没我们想象中那么悠闲。他们一天之中有

90%的时间是在画图和反复修改方案，10%—20%的时间是在开会、出差、去场地沟通、汇报方案等等。很多时候他们需要加班加点赶项目。

而我们的城市就是因为有这些建筑设计师而变得美丽、多样、特别。

如果您的孩子对建筑设计师有憧憬的话，不妨鼓励孩子多留意有关美学、设计等方面的知识，还要鼓励孩子大胆想象，动手绘画心中的设计图；也可以带孩子到附近城市看看有名的建筑；同时也要培养孩子团结协助的能力，因为一项建筑工程的完工，是需要各部门团结协助才有可能实现的，设计只是其中一个环节。

本期的校长说就到此结束，谢谢你的观看，拜拜！

单位：佛山市南海区大沥镇中心小学

执笔者：潘淑幼 许洁 钟志慧

（九）中国人民解放军

我们又见面了，欢迎收看第9期的"生涯教育校长说"节目。

今天是八一建军节，让我们致敬中国人民解放军。

提起中国人民解放军，你会想到什么？是挺拔如松的站姿，是庄严肃穆的军礼，还是逆行冲锋的身影？为了保卫祖国，为了人民的幸福与安康，中国人民解放军把对党和人民的无限忠诚，落实到实际行动中；他们把无私奉献，书写在日常生活和平凡岗位上；他们把坚定的脚步，印刻在茫茫戈壁和千里边防线上。洪水中留着他们年轻的背影；地震中他们用双手救出一条条鲜活的生命；疫情中他们"义无反顾"，迅速奔赴抗疫一线。哪里有危难，哪里有需要，哪里就有军人在冲锋。中国人民解放军，他们保卫祖国，守护人民，他们是这个时代的最强音！

少年强则国强，让我们带领孩子向中国人民解放军致敬，学习中国人民解放军的优秀品质。假期中，家长可以带领孩子走进大沥革命展示馆，走进中国人民解放军粤中纵队纪念馆，一起重温光辉历程，追寻红色足迹。引导孩子关注国家大事，陪孩子看看报纸，看看新闻，了解更多关于中国人民解放军的光辉业绩，学习解放军为大我舍小我的无私奉献精神。如果有条件的话，还可以陪同孩子参加社区的志愿者活动，培养孩子的奉献精神。

祝所有军人节日快乐！本期的"生涯教育校长说"节目到此结束。我们下期再见！

单位：佛山市南海区大沥镇中心小学

执笔者：潘淑幼 许洁 钟志慧

（十）教师

各位家长朋友、亲爱的同学们，一年一度的教师节悄然而至，本期校长说，和你聊聊教师这一职业。

教师的一天忙碌而充实，像彩虹一样五彩斑斓！早上7点多在干净整洁的教室里等待孩子们的到来；8点左右晨检、晨练；8：30，进入上课、备课、批改作业模式；1点左右，结束短暂的午饭休息后，开始备课，批改作业；下午4：15，开展课后服务；6点之后和孩子们说"再见"。晚上继续批改作业、备课，与家长沟通等，这是教师真实的一天，也是无数教育工作者的缩影。对这份职业，他们心存敬畏，一篇课文、一份教案、一次活动、一件小事……日子一天天过去，他们欢送一批又一批学生毕业，拥抱一批又一批新生入学，唯一不变的信念是：将学生牵挂心上，让三尺讲台熠熠生辉。

如果您的孩子长大后想当老师，您可以鼓励孩子在家当小老师，用他学到的东西教教你们，用他喜欢的方式解说。我们还要鼓励孩子博览群书，因为想要给学生一杯水，教师本身要有源源不断的活水。我们还可以鼓励孩子对他人多关心，多倾听，多帮助，做一个品学兼优的孩子，因为教师的职责，除了教书还要育人，以身作则是最好的育人方式。

红花离不开绿叶的扶持，花儿离不开泥土的滋润，学生离不开老师的教诲。今天是教师节，让我们道一声："老师，谢谢您，您辛苦了！"

单位：佛山市南海区大沥镇中心小学
执笔者：潘淑幼 许洁 钟志慧

（十一）演奏家

各位家长好！"我和我的祖国，一刻也不能分割"，当这首歌响起的时候，相信很多家长和孩子都会不自觉地想起"国庆节"。今天是国庆节，10月1日除了是国庆节外，还是国际音乐日，借着国际音乐日，第11期校长说就和大家来聊聊演奏家这一职业。

我想大家对郎朗、刘诗昆这些名字并不陌生。因为他们都是演奏家，演奏家就是拥有精湛的音乐演奏技术的音乐家。演奏乐器有助于个人智力的发展，因为它需要眼、耳、手多感官协助，演奏乐器也能提高学习能力和记忆力，还能够给我们紧张枯燥的生活带来愉悦感和松弛感。

我们不难发现，很多孩子都喜欢乐器，如果您的孩子喜欢乐器，而且喜欢演奏的话，请您支持他。给他选择的机会。如果您的孩子对演奏家这一职业感兴趣，请给孩子一个好的环境，给孩子一个更好的进步以及发展的空间。我们可以带孩子观摩相关乐器的表演,还可以和孩子一起学习,让孩子有练习的乐趣。当孩子取得点滴进步,要及时鼓励,让他有坚持下去的动力和演奏的信心。当孩子失落时,要及时陪伴及助力孩子找到解决办法。还可以鼓励孩子争取更多表演的机会,通过表演,提高自信心。

每个孩子都是一个跳动的音符。您的每一次用心聆听和拨弦,都可能让它变得无比动听!

本期"生涯教育校长说"到此结束,感谢您的聆听,下期再见!

单位:佛山市南海区大沥镇中心小学
执笔者:潘淑纫 许洁 钟志慧

(十二)记者

各位家长,11月8日我们迎来了我国的记者节。本期的校长说,就和大家聊聊"记者"这一职业。

记者节像护士节、教师节一样,是我国仅有的6个行业性节日之一。记者于时代,于国家,于民生作用极大,他们是时代精神的记录者,是国家名片的宣传者,也是人民心声的反映者。记者如侠客般穿梭在我们身边,为我们传达最新、最真实的资讯,为我们横贯中西,连接古今。

要想成为记者,需要具备什么素养呢?首先是要有责任担当意识,为时代、为国家传达声音,为社会、为人民反映最真实情况。接着是社会观察能力,要有新闻的嗅觉,有敏锐的观察能力。然后是写作能力,写好新闻稿是记者的必备条件。最后是口头表达能力和随机应变能力,很多时候记者还需要根据实际情况播报当地实况。

如果我们的孩子对记者感兴趣,作为家长,我们可以怎样引导孩子呢?首先,我们可以给孩子多一些鼓励,建立孩子的自信心,让孩子更加开朗、阳光、自信。其次,家长们在日常生活中多引导孩子细心观察生活,鼓励孩子大胆地对自己的发现进行口头表达或者书面记录,培养孩子口头表达和书面表达的习惯。最后,家长还可以根据孩子所说所写,引导孩子往说得清楚、说得生动等方面去提升。

陪伴孩子是一场修炼,也是孩子最需要的。伴随着孩子的进步,我们也在一起成长。

本期"生涯教育校长说"到此结束,感谢您的聆听,下期再见!

单位:佛山市南海区大沥镇中心小学
执笔者:潘淑纫 许洁 钟志慧

（十三）法官

尊敬的各位家长：大家好！12月4日是国家宪法日和全国法制宣传日。在这特别的日子里，生涯教育校长说，就和大家聊聊"法官"这一职业。

提起法官，你会想起什么呢？正义的化身或是敲锤子、戴假发的法官大人，还是古代眉间印有月牙、铁面无私的包青天呢？我们对法官的印象，大多来自电视或网络。那么，现实中的法官是怎样的呢？现实中的法官是依照法律规定的程序，在司法机关（一般指法院）中依法行使国家审判权的审判人员，是司法权的执行者。他们主要通过审判活动惩治犯罪分子，解决社会矛盾和纠纷，维护公平正义。

那担任中华人民共和国的法官应具备什么条件呢？

第一，具有中华人民共和国国籍。

第二，拥护中华人民共和国宪法，拥护中国共产党领导和社会主义制度。

第三，具有良好的政治、业务素质和道德品行。

第四，具有正常履行职责的身体条件。

第五，具备普通高等学校法学类本科学历并获得学士及以上学位；或者普通高等学校非法学类本科及以上学历并获得法律硕士、法学硕士及以上学位；或者普通高等学校非法学类本科及以上学历，获得其他相应学位，并具有法律专业知识。

第六，从事法律工作满五年。其中获得法律硕士、法学硕士学位，或者获得法学博士学位的，从事法律工作的年限可以分别放宽至四年、三年。

第七，初任法官应当通过国家统一法律职业资格考试取得法律职业资格。

法官一直在我们身边，守卫着公平正义。

如果您的孩子梦想成为一名法官，您可以让孩子多了解成为法官的条件，注重培养孩子的正义感，引导孩子做到公正廉洁、实事求是。鼓励孩子多读书，拓宽知识面。给孩子普法、育法，在他们的心中埋下一颗法治的种子，让这颗种子生根发芽，以便日后长成参天大树，为法治社会做贡献。

单位：佛山市南海区大沥镇中心小学

执笔者：潘淑幼 许洁 钟志慧

（十四）健康管理师

大家好，新的一年来了，我们又见面啦！今年的校长说，我们将和大家聊一聊新兴职业。

新春伊始，大家在走访亲戚、拜年时说得最多的一句话是"身体健康，万事如意"。那在新一年的开篇里，我们就一起来了解与健康相关的新兴职业——健康管理师。

健康管理师，到底是一个怎样的职业呢？健康管理师是从营养和心理两方面，对个体和群体进行健康的检测、分析、评估以及健康咨询、指导和危险因素干预等工作的专业人员。

健康管理师是营养师、心理咨询师、体检医生、预防医学医生、健康教育专家、医学信息管理人员的综合体，是一个高端职业。那么，想要成为一名健康管理师，就需要具备基本的营养学、心理学、医学等知识。同时还要具备积极向上的心态，以自己积极向上的乐观心态，带动来检查的来访者。最后，还需要一定的共情能力，因为这是一个需要和人接触的职业，需要与来访者深入沟通。

如果您的孩子对健康管理师感兴趣，现阶段，首先，家长可以引导孩子在面对疾病的时候学会调节自己的心情。其次，培养孩子的同理心，让小孩学会站在他人的角度去思考问题，善于与不同的人沟通，锻炼沟通的语言艺术。长大后，可以鼓励孩子学习与这个职业相关的专业知识。

孩子的成长方向需要家长的积极引导，耐心陪伴，愿每个孩子都能朝着未来想要成为的目标人物进发！

本期生涯教育校长说到此结束，感谢您的聆听，下期再见！

单位：佛山市南海区大沥镇中心小学

执笔者：许洁 蒋文彤

（十五）潮玩设计师

大家好，欢迎收看本期的校长说！近年来，潮玩文化兴起，潮流设计师这一职业应运而生，越来越多的年轻人通过极具个性化的设计语言，创造了形象各异的潮流 IP，在追求个性和艺术审美的年轻圈层中引发了强烈共鸣。今天就让我们一起走近"潮玩设计师"。

潮玩只是普通玩具吗？为什么它比普通玩具造价更高？其实，潮玩是一种融入艺术、设计、潮流、绘画、雕塑等多元素理念的玩具，是需要潮玩设计师融入更多个人思想和艺术审美进行精心创造的潮流玩具。

潮玩设计师的工作内容：首先，需要负责潮玩形象的概念挖掘与整体设计；其次，需要出具潮玩形象的三视图/六视图；接着，需要对接供应链，把控成品生产；最后，要负责潮玩的相关宣传资料的设计。所以，潮玩设计师从概念设计到成品的宣传都需要亲力亲为。

那么，成为一名潮玩设计师需要具备什么素质呢？首先，需要具备独特的审美视角，对于"美"有灵敏的触觉；另外，除了具备鉴赏美的能力之外，还要掌握一定的美术功底，对于色彩的搭配和画工都有一定的要求；当然最重要的是有自己独特的个性见解，如何将自己的个性和态度化作艺术，融入作品里，也是设计师应该要具备的能力。

家长们！如果您的孩子对潮玩设计师感兴趣，你可以从以下几方面去支持他。首先，家长们可以从培养孩子的审美做起，平时周末、节假日可以去"美术博物馆""艺术展馆"多看一下，培养孩子的审美能力；其次，家长们平时可以多留意孩子的"兴趣"，观察孩子是否热爱美术，对美术色彩搭配等是否有自己的独特见解。最后，家长还可以培养孩子的动手能力和创造能力。在可控的范围内，激发孩子们的创新思维，放手让他们遵循自己的思维去完成自己的事情。

您的一次次耐心引导是给孩子最棒的教育！本期校长说，到此结束，谢谢观看。

单位：佛山市南海区大沥镇中心小学

执笔者：许洁 蒋文彤

（十六）策展人

大家好，欢迎收看第16期"生涯教育校长说"！新学期，新进展，大沥镇中心小学即将成立生涯教育策展中心，欢迎孩子们积极参与策展活动。本期校长说就和大家聊聊"策展人"。

策展人就是将作品"二次创作"的人，他们会给整个展览赋予一个主题，这个主题将和展示的作品相契合。如果说把展览比作一场视觉盛宴，那么策展人就是赋予它灵魂的"大师"；如果说把作品比作电影，那么策展人就是编剧和导演。策展人需要思考办展的意义、目标观众、作品的摆放位置、空间格局、传播媒介，等等。

要想成为一名策展人，需要具备以下素质：

首先，要有一定的展览知识储备。强大的知识储备是非常必要的，因为策展人需要在展览上解答观众的问题。其次，要拥有策划能力。策展人需要了解每一份展览作品的含义，而且需要通过理解和观察，在展览中用一根"引线"串联所有的展览作品。再者，要有创造力。策展人既要有天马行空的大胆想象，但是也要切合实际；既要有新意，但是不能违背作品本身的理念。最后，要有执行力，要懂得把脑海中的想法运用到现实。

如果孩子对策展人这一职业感兴趣，家长朋友们，你们可以利用节假日陪伴孩子多参观各种类型的展览，如画展、车展等，开阔视野。还可以引导孩子通过查阅资料或采访策展人了解策展相关的专业知识与技能。家长们还可以鼓励孩子积极参与我校策展中心举办的活动。我校策展中心举办的活动将在小星星电视节目、宣传栏等地方展出通知，请鼓励孩子积极报名参加策展。希望我们一起让孩子埋下梦想的种子，扬起梦想的风帆。

本期校长说到此结束，感谢您的聆听，下期再见！

单位：佛山市南海区大沥镇中心小学
执笔者：潘淑幼 潘泳欣

（十七）花艺师

大家好，欢迎收看第17期"生涯教育校长说"。今天，我跟大家聊聊花艺师。

花艺师又称花艺设计师。我们平时看到的插花、造型、植物的摆放，酒店大堂、大楼中庭、小型庭院的设计，都出自花艺师之手。

看到赏心悦目的花艺作品，你是否已经对花艺师这个职业感兴趣了呢？下面我们就看看要成为一名花艺师需要具备哪些能力。

作为一名花艺师，首先要有熟悉各种花材的能力。要了解和熟知各种花材的形状和颜色，花期的长短，养护过程的变化，以及熟悉各种花材的花语。想要成为花艺师，还要有一定审美能力。人们都喜欢具有美感的事物，因此想要成为一位优秀花艺师，就需要有较好的审美眼光，保持对颜色搭配的敏感度。如果要成为一名优秀的花艺师，还要有判断力，要能够充分了解客户的需求，准确地判断客户的喜好，确定花艺主题并形成风格。

家长朋友们，在日常生活中，我们可以这样做，让孩子更好地认识花艺和培养孩子与花艺师相关的能力。首先，家长朋友们可以利用周六日带孩子到花店、植物园、公园等地方，引导孩子认识更多的花草，培养孩子的审美能力。其次，利用节日让孩子自行搭配、插花、造型，培养孩子动手能力和创新能力。

本期"生涯教育校长说"到此结束，感谢您的聆听，下期再见！

单位：佛山市南海区大沥镇中心小学
执笔者：潘淑幼 李柳青 朱国威

（十八）互联网营销师

大家好，欢迎收看第18期"生涯教育校长说"！近年来，直播电商迎来快速发展，不仅拓展了传统产业的营销渠道，还带来了新的巨大消费市场，并催生了一系列围绕直播电商产业出现的新就业形态，如：互联网营销师。今天就和大家聊一聊互联网营销师这一职业。

互联网营销师，是指在数字化信息平台上，运用网络的交互性与传播公信力，对企业产品进行多平台营销推广的人员。

要想成为互联网营销师，基本要求包括职业道德和基础知识两个大类，需要掌握的基础知识中，又包含计算机及网络应用、营销、传播内容制作、产品、安全及相关法律法规。

如果我们的孩子对互联网营销师这一职业感兴趣，作为家长，该怎样引导孩子呢？首先，平时引导孩子了解互联网营销师需要具备哪些职业道德；其次，在日常生活中注重培养孩子的语言表达能力，鼓励孩子积极交往，在不同场合大胆、清楚地表达自己的观点。最后，家长还可以陪伴孩子多了解时事热点，鼓励孩子运用所学知识积极思考并加以创新。

一个家庭，如果能站得高，看得远，那孩子便能在宽阔的视野中，拥有更多的人生选项。请家长们积极引导孩子。本期的"生涯教育校长说"到此结束，感谢您的聆听，下期再见！

单位：佛山市南海区大沥镇中心小学
执笔者：潘淑幼 李柳青 朱国威

（十九）美食评论家

大家好，欢迎收看第19期"生涯教育校长说"！今天和大家聊一聊美食评论家这个新兴职业。

美食评论家是对美食进行评论的专家。他们一方面是作为一个中间人的角色帮助餐饮业以及公共媒体更好地协商以及沟通；另一方面，对于食材、烹饪技巧以及菜品进行评鉴。美食评论家可以帮助餐厅提升菜品质量。

那怎样才能成为美食评论家呢？要想成为美食评论家就需要懂做菜。因为只有懂做菜，知道如何搭配、食材如何处理、调味汁如何勾兑，才能对食材、美食有深入的了解，才知道如何评价一道菜。要想成为美食评论家还要有较广的知识面，需要对不同地方的烹饪文化、烹调技巧都有较深的研究。要想成为美食评论家还需要有好口才和好文笔。

家长朋友们，假如您的孩子想了解更多，可以跟孩子一起看看关于美食评论家的节目、书籍等。希望大家在引导孩子认识职业过程中，引导孩子更好地认识自我。本期的"生涯教育校长说"到此结束，感谢您的聆听，下期再见！

单位：佛山市南海区大沥镇中心小学
执笔者：潘淑幼 郑名凤 朱国威

（二十）无人机驾驶员

大家好，欢迎收看第 20 期"生涯教育校长说"！本期校长说就和大家来聊一聊无人机驾驶员这一新兴职业。

无人机驾驶员是指通过远程控制设备，驾驶无人机完成既定飞行任务的人员。他们的工作任务包括根据任务规划航线、操控无人机完成既定飞行任务、评价飞行结果和工作效果等。

作为家长，我们该如何引导孩子认识无人机驾驶员这一职业呢？

首先，家长可以和孩子一起通过看绘本、看电视新闻、网上搜索等方式给孩子介绍无人机在不同行业中的应用，了解无人机行业的工种。

其次，我们还可以问孩子："你喜欢无人机吗？为什么？"在了解了无人机行业之后，还可以引导孩子思考，想要成为一名无人机驾驶员需要具备哪方面的素质。最好可以引导孩子通过采访、做调查、查资料等获得更多相关的信息。

此外，家长朋友们还可以在生活中想办法培养孩子的方向感、手眼协调能力等。

家长朋友们，只要从生活入手，由表及里，由近及远，持之以恒地渗透、协助并创设条件，您定能把孩子引向科学发展之路。

本期的"生涯教育校长说"到此结束，感谢您的聆听，下期再见！

单位：佛山市南海区大沥镇中心小学

执笔者：潘淑幼 郑名凤 朱国威

（二十一）农业经理人

大家好，欢迎收看第 21 期"生涯教育校长说"！随着农业生产向产业化、规模化、现代化迈进，"农业经理人"应运而生。今天就和大家聊一聊农业经理人这一职业。

农业经理人作为新兴职业，已经被正式纳入我国职业分类大典。农业经理人作为专门人才，是指在农民专业合作社等农业经济合作组织中，从事农业生产组织、设备作业、技术支持、产品加工与销售等管理服务的人员。我国已经有几百万农业经理人，遍布在全国各地乡镇和村组。未来，随着我国乡村振兴战略的深入推进，农业经理人将迎来更加广阔的职业前景。

家长朋友们，我们如何引导孩子更好地认识农业经理人这一职业呢？首先，我们可以带领孩子参观祖国美丽乡村，培养孩子对祖国大地的热爱，让孩子了解农业经理人工作的相关对象。此外，我们可以引导孩子采访相关的农业经理人，让他们了解农业经理人的必备素质等。农业经理人是新型职业农民队伍中的

"白领",更是乡村振兴中的领军人才,将为祖国和社会发展做出重要贡献,如果孩子对这一职业感兴趣,请家长朋友们积极引导。本期"生涯教育校长说"到此结束,感谢您的聆听,下期再见!

单位:佛山市南海区大沥镇中心小学
执笔者:潘淑幼 朱国威

(二十二)收纳师

家长朋友们,换季了,又到"衣柜换季慌",很多人想到换季收纳整理就觉得"压力山大"。假如您有这种压力,收纳师可以帮您解决。第22期"生涯教育校长说",就和大家聊一聊"收纳师"这一职业。

收纳师,是真正的空间管理大师,是为个人、家庭、企业提供咨询服务的专业人士;是为物品、环境、思路、规划等方方面面不够清晰的需求者提供帮助的引导者。在工作中,收纳师根据科学的方法、专业的技能、需求者的生活习惯,个性化地规划收纳空间,来升级家庭空间和生活品质,协调人与物之间关系的平衡。

要想成为收纳师,需具备哪些品质和能力呢?首先,要热爱生活,喜欢整理;其次,要有系统的专业的整理收纳知识储备;接着,要有足够的耐心和与人沟通的能力;最后,需要有对色彩风格、空间诊断和改造的能力,这样才能更有针对性地为需求者提供适合的服务。

家长朋友们,如果您的孩子对收纳师这一职业感兴趣,您可以先培养孩子收纳的信心,平时多鼓励孩子动手收纳自己的东西,并及时肯定表扬。其次,可以通过书籍、社交平台大咖分享等方式学习收纳的专业知识与技能。

收纳看得见的物品,改变看不见的世界。本期"生涯教育校长说"到此结束,下期再见!

单位:佛山市南海区大沥镇中心小学
执笔者:潘淑幼 周碧莹

(二十三)宠物美容师

大家好,欢迎收看第23期生涯教育校长说!随着人们生活水平的提高,宠物业飞速发展,宠物美容深受新时代人们的喜爱,宠物美容师也随之成为了新兴职业。今天我们一起聊聊"宠物美容师"吧!宠物美容师是集体力、脑力、美感于一身的职业,需要使用工具以及辅助设备,对各类宠物进行毛发、羽毛、指爪等清洗、修剪、造型、染色，使它们的外观得到美化和保护。宠物美容师需要熟悉每一种宠物的特点，依据不同宠物的身材、骨架、习性，让宠物们享受到专业的美容，并且还需掌握一些常见病的识别以及护理。宠物美容师可以是专职或兼职人员。

要成为宠物美容师需要具备哪几方面的素质呢？首先，要有爱心、责任心，喜爱宠物。其次，要细心和耐心。因为需要细致关注宠物的情绪变化，耐心护理。最后，还需要懂得造型设计，通过对宠物造型设计，为它们增添美感。作为家长，我们应该如何培养孩子成为一名"宠物美容师"呢？我们可以在日常生活中培养孩子的爱心、细心和耐心。从小事做起，培养孩子的责任心。还可以培养孩子的审美能力、创造能力，在安全、可控的范围内，放手给予孩子动手实践的空间，让他们遵循自己的想法进行一些美术、手工等作品的创作。每个孩子都是一粒种子，愿孩子们的梦想都能在心中发芽！本期"生涯教育校长说"到此结束，下期再见！

单位：佛山市南海区大沥镇中心小学
执笔者：潘淑幼 赖夏崇

（二十四）研学旅行指导师

大家好，欢迎收看第 24 期"生涯教育校长说"。"读万卷书，行万里路"，研学旅行延续和发展了我国传统游学的教育理念和人文精神，成为素质教育的新内容和新方式，继而出现了研学旅行指导师这一新兴职业。想必大家对于这一职业比较陌生，今天就让我们一起走近"研学旅行指导师"吧！

研学旅行指导师，顾名思义就是指导中小学生研学旅行的老师。在研学旅行的过程中，研学旅行指导师起着至关重要的作用，研学旅行指导师要根据学生需求确定教学目标，设计既有体验性又有教育意义的课程内容和形式。他们的工作任务主要有：①收集研学受众需求和研学资源等信息；②开发研学活动项目；③编制研学活动方案和实施计划；④解读研学活动方案，检查参与者准备情况；⑤组织、协调、指导研学活动项目的开展，保障安全；⑥收集、记录、分析、反馈相关信息。

假如长大了想当研学旅行指导师，孩子们现在需要做哪些准备呢？首先，家长可以从丰富孩子的知识储备做起。周末、节假日可以带孩子到图书馆、博物馆、旅游景点多走走看看，接触大自然，开阔视野。其次，激发孩子的求知欲，引导孩子多问为什么。最后，培养孩子的计划能力。每次外出参观旅行，先让孩子做好计划，特别是做好参观旅行的路线规划，并让孩子表达为什么这样规划，家长再根据实际情况适时指导。

愿孩子们都能成为自己人生的舵手，在惊涛骇浪中独自扬帆起航。各位家长，让我们支持孩子的成长，成为他们远航路上最亮的灯塔！

本期"生涯教育校长说"，到此结束，下期再见！

单位：佛山市南海区大沥镇中心小学
执笔者：赖夏崇　潘淑幼

（二十五）数字化管理师

大家好！欢迎收看第 25 期生涯教育校长说！本期的校长说，和大家聊聊"数字化管理师"这一新兴职业。

可能很多人不是很了解数字化管理师这一职业，但是对于数字化管理应该有所了解。现在到一些餐厅就餐，我们用手机扫一扫餐桌上的二维码点餐。过一段时间，所点的菜肴就会上桌。结账时，只要你在手机上点击结账即可完成。

我们到一些医院就医，挂号后在相应的等候区等候。医科室门口的显示屏和叫号广播将通知我们就医。就医交费后，看着药房显示屏显示通知即可取药。

每天，孩子们刷脸打卡进出学校，学校的老师通过管理系统了解班级考勤等情况。

以上提到的这些餐厅、医院、学校都采用了数字化技术进行管理。能实现以上提及的管理效果，需要数字化管理师的努力。

那什么是数字化管理师？数字化管理师是指利用数字化办公软件平台，进行企业及组织人员架构编辑、组织运营流程维护、工作流协同、大数据决策分析、企业上下游在线化连接，使企业组织在线、沟通在线、协同在线、业务在线、生态在线，实现企业经营管理在线化、数字化的人员。

数字化转型，目前已经成为了各行各业的广泛共识，数字化管理师也成了数字化转型关键角色。如果我们的孩子对数字化管理师感兴趣，我们可以引导孩子查一查数字化管理师的国家职业标准等，了解怎样才能成为数字化管理师。其次，在平时的学习生活中鼓励孩子提高分析、推理和判断能力等。还可以陪伴孩子多了解时事热点，多参观企业展览馆、金融展览馆，开展数字管理师社会调查等活动。

一段印象深刻的生活经历，一次偶然的机会都有可能激发孩子的梦想。让我们一起为孩子助力。本期"生涯教育校长说"到此结束，感谢您的收看，下期再见！

单位：佛山市南海区大沥镇中心小学
执笔者：周碧莹　潘淑幼

（二十六）走进门窗行业

尊敬的家长们，亲爱的孩子们，大家好！"生涯教育校长说"已进入第三个年头。前年，我们说的是与每月节日相关的职业。去年，我们讲述新兴职业。今年，我们将走进本土产业，了解工匠精神，感悟家乡变化。

大沥享有中国铝材之都的美誉。第26期"生涯教育校长说"，我们将走进门窗行业。

企业追求产品品质，致力于解决儿童居家安全问题。铝门窗企业的发展离不开严谨、执着、敬业、创新的劳动者。这些劳动者就是设计师、工程师、生产工人、质检员、采购人员、售后服务人员等。下面我们邀请其中的门窗设计师和生产工人谈谈他们的职业。我们先请门窗设计师说一说。

门窗设计师：我们主要负责门窗方案的设计，因为每个家庭所需要的尺寸和场景都不一样，所以，我们要从家庭、国家标准、安全出发，从居住的实用性出发，为我们每一个家庭来设计一个安全且实用的门窗方案。这是我们主要的责任和使命。

下面我们有请门窗加工生产师傅。

门窗加工生产工作人员：我们主要负责门窗的加工生产。根据设计师的图纸和要求去进行加工和生产组装，确保产品的质量和工艺达到用户的需求。我觉得作为一个门窗人，应该以"欲做不赖人，先做不赖事"这种原则去把工艺做好，把产品做好，把客户服务好。谢谢！

"精心制作，关注细节，尽善尽美，追求卓越"是门窗工匠们的真实写照。日拱一卒无有尽，功不唐捐终入海。请家长们引导孩子多参加校外实践活动，多了解身边的门窗工匠并向他们学习。孩子们，每天努力一点点，争取进步一点点。本期"生涯教育校长说"到此结束，感谢聆听，下期再见！

单位：佛山市南海区大沥镇中心小学
执笔者：潘淑幼 钟志慧

（二十七）走进零售行业

尊敬的家长们，亲爱的孩子们，大家好！欢迎收看第27期"生涯教育校长说"。本期"生涯教育校长说"我们一起走进零售业。

零售业是指通过买卖形式将工农业生产者生产的产品直接销售给居民作为生活消费用或售给社会集团供公共消费用的商品销售行业。[①]

[①] 文字资料来源于百度百科。

南海拥有 13 个产值超 200 亿元的产业集群。作为广佛商贸重镇的大沥拥有 46 个专业市场，很多专业市场实行零售批发一条龙服务，走线上线下相融合之路。大沥镇连续多年入选中国乡镇综合竞争力百强，零售业非常发达，大大小小的超市、商店随处可见。这些超市、商店大多有董事长、经理、店长、会计、出纳、收银、仓管、采购员、配送员、广告宣传、导购员等工作人员。店长，您好！请您谈谈您的工作。

店长：店长是店铺的管理者，负责店铺的日常运营和管理。他们需要制订销售目标和策略，监督员工的工作表现，确保店铺的正常运作，还需要与供应商和客户进行沟通，负责员工培训等工作。

每一种职业都有其独特的价值和意义，他们用自己的行动告诉我们，无论做什么工作，都应该全力以赴，用心去做，做到最好。孩子们，专注职责，精益求精，点滴积累，方能迈向进步的阶梯。本期"生涯教育校长说"到此结束，感谢聆听，我们下期再见！

单位：佛山市南海区大沥镇中心小学

执笔者：潘淑幼　朱国威

（二十八）走进铜工艺品制造业

尊敬的家长们，亲爱的孩子们，大家好！欢迎收看第 28 期"生涯教育校长说"。本期"生涯教育校长说"我们一起走进铜工艺品制造业。

铜工艺品是铜质工艺品的简称，即通过手工对原料或半成品进行加工而成的产品。铜工艺品制造业就是对铜工艺品进行生产加工、销售等一系列操作的相关行业。

大沥镇是中国有色金属的名镇，现已培育出多个相对成熟的有色金属产业和市场。随着人们生活水平的提高，越来越多人喜欢选用铜门、铜摆件等铜元素产品作为生活的装饰品，甚至是必需品。铜产品的创作过程比较复杂，涉及多个步骤和多种技术。它的发展与成熟是由设计师、工艺师、商务运营者、新媒体运营者等劳动者共同推进的。其中，铜工艺师的主要职责是提升企业产品的工艺水平以及产品质量，赋予产品文化、艺术和美学价值。下面我们请工作人员给我们介绍一下铜艺术品。

工作人员介绍铜工艺品：大家好！现在我们看到的就是镛正堂的墙面作品。它的名字叫作《风镜》。这款产品是用了纯手工热着色的技术去进行创作的。它表面的颜色都是通过我们的工艺师配合化学的药水，还有高温去烧制而成的。整个墙面一共是十米的长度。我们一共用了三个月的时间制作。上面这些图案还有纹理，是我们模仿书法家在写草书的时候肆意挥毫的那种气韵、那种感觉制作而成的，所以我们把这个作品命名为《风镜》。另外，大家凑近看可以看到，它上面的拼接板，我们是做得特别细的，所以可以看到它是由一根一根很细的条去做拼接。为了模拟书法家写书法的气韵，我们把铜的整个墙面也做成了像竹简一样的造型。它的拼接方式跟竹简一样。

精雕细琢，巧夺天工。工艺师让每一件铜产品在工匠精神和各种艺术形式之间绝妙碰撞，赋予了生活更多的浪漫。一锤、一锉、一錾、一砧都包含了力量，倾注了心血。

尊敬的家长们，如果有条件的话，请带孩子多参观、多访问，深入了解铜工艺师的工匠精神。本期"生涯教育校长说"到此结束，感谢聆听，我们下期再见！

单位：佛山市南海区大沥镇中心小学
执笔者：潘淑幼 潘泳欣

（二十九）走进机器人行业

尊敬的家长们，亲爱的孩子们，大家好！欢迎收看第29期"生涯教育校长说"。本期"生涯教育校长说"，我们一起走进机器人行业。

机器人，是一种能够自动执行任务的机器装置，被誉为"制造业皇冠顶端的明珠"。机器人行业，指的是设计和制造机器人的行业。近年来，南海区不断抢抓机器人产业发展风口，加快布局机器人产业，逐步形成"核心零部件—机器人本体—系统集成"产业全链条。在数字化转型的推动下，南海区的机器人产业顺势而起，许多国内外机器人龙头企业纷纷落户。

机器人行业的发展，离不开研发人员、装配人员、营销人员等劳动工作者。下面，我们邀请其中的研发人员和装配人员谈谈他们的职业。

研发人员：我们主要负责设计、研发机器人。我们深耕行业工艺，根据客户的不同需求进行定制，提供全生产流程的综合解决方案，为企业"靶向"定制智能化生产整线。现在，我们还在不断改进产品的结构和模式，研发更具性价比的机器人。

装配人员：我们主要负责机器人零部件的组装工作。在生产车间内，有分片、拉伸、抛光、喷涂、组装、包装、仓储一整条生产线，我们工作时要掌握整机组装机器人的技能，为客户生产相应的产品。

"心中有信仰，手上有绝活。"家长们，看了本期的校长说，您在支持孩子发展方面有什么想法呢？孩子们，你们在观看后有什么收获呢？本期"生涯教育校长说"到此结束。感谢您的聆听,再见!

单位:佛山市南海区大沥镇中心小学
执笔者:潘淑幼 陈雅文

(三十)走进精密机械加工行业

欢迎收看第 30 期"生涯教育校长说"。佛山的制造业闻名遐迩,精密机械零部件的研发和制作就是其中之一,像我们佛山市南海中南机械有限公司,就是从事该行业,它常与"上天入地"的标签相连。中国最大极地科考船"雪龙"号、国产大飞机等"大国重器"零部件都出自中南机械。本期"生涯教育校长说"就让我们一起走进精密机械加工行业!

精密机械加工行业无处不在,广泛应用于新材料、新能源、生命科学等领域,航空、汽车、船舶等行业。精密机械加工行业的一大特点是高精度。正常而言,人眼能识别的最小的物体为 1/10 毫米,但精密机械加工的精确度却可以达到 1/1000 毫米,甚至更高。

精密机械加工离不开生产人员、技术人员和工程师等劳动工作者的辛勤付出。下面我们邀请技术人员和加工人员谈谈他们的工作。

技术人员:我们主要负责根据客户提供的相关资料和要求,对产品进行分析,编制合理的加工方案。在生产过程当中,按照现场的实际情况,不断优化调整工艺,力求在确保达到客户产品的需求与质量标准的基础上,提高生产的效率。

加工人员:我们主要根据生产计划和工艺要求,负责机床操作,完成各类零部件的机械加工任务。遵循工艺流程和操作规范,通过操作车床、铣床、钻镗床、磨床、电火花等设备,确保加工质量符合公司要求和行业标准。

家长们,孩子们,现如今,精密机械加工已经逐渐走进我们的工作和生活,它需要我们具备细致的手艺、创新的思维和不畏艰难的工匠精神。

家长们,看完本期校长说,请您引导孩子多思考,谈收获。同学们,看了本期校长说,你对精密机械加工行业是否有了新的想法?将来,你想加入这个行业吗?

放飞梦想,筑牢根基。家长们给力,孩子们加油!本期"生涯教育校长说"到此结束。"生涯教育校长说"已播出了 30 期,已圆满结束。将来将播出新的栏目,敬请期待,再见!

单位:佛山市南海区大沥镇中心小学
执笔者:潘淑幼 蒋文彤

三、构建生涯"生态圈",让作业焕发活力

伴随着"双减"政策的全面落地,优化教学方式,有效减轻义务教育阶段学生过重的作业负担,成为新时期义务教育发展的政策导向。我校第一时间成立作业管理领导小组和工作小组,制定作业管理方案,建立作业统筹机制,全程管理作业设计、作业布置、作业批改和反馈等。基于我校创建"生涯教育"品牌,我校以综合实践活动为立足点,根据学生的身心发展规律与认知规律,融合生涯教育办学特色,设计生涯项目式作业,形成全课程融合、全社会参与、全过程评价的生涯教育生态圈,给学生赋能,让作业焕发活力,促进教育教学高质量发展。

为实现作业的生命感、趣味性、创造力,更好地拓展学生学科知识的应用,我们从课程的视角出发,在开展生涯教育课程时,实施基于小学生涯项目式作业创新设计。小学生涯项目式作业,就是以小学生涯教育课程内容为主题,以问题为导向,贴近学生生活实际,引导他们发现问题、解决问题,激发他们探究真实世界的欲望,培养学生创新创造能力、科学探究思维、工程设计素养等高阶素养。

我校实施小学生涯项目式作业创新设计主要有以下尝试。

(一)以单元整体规划为导向,编制项目式作业

我校生涯教育校本课程其中之一就是学科渗透,当教学生涯教育主题的单元时,我校各科组老师就以生涯教育主题为内容,以单元整体设计的方式设计生涯项目式作业。生涯项目式作业设计单元任务贯穿始终,体现单元的整体性和课时之间的梯度性,能有效提高学生迁移应用学科知识来解决问题的能力,帮助学生形成正确的价值观念。如在六年级上册第二单元"Ways to go to school 上学方式"的单元整体教学设计中,英语科组编制了生涯项目式作业,本单元的大主题是智慧出行,幸福生活。单元活动项目确立为让学生在出行生活中认识自我,认识该如何智慧出行,让自己生活更幸福。于是举行"智慧出行之星"评比活动,选出"智慧出行之星"并进行表彰活动。学生的任务是首先明确"智慧出行之星"的评审标准,然后学习和实践关于"绿色出行、安全出行和文明出行"的相关知识,申请成为"智慧出行之星"。为更好地检测学生探索生涯和适应生涯的情况以及各课时的学习情况,我们把单元整体设计的项目式作业分课时落实。各个课时的作业设计如下:第一课时为调查身边常见出行方式的碳排放情况,并概括其优缺点。这是学生自行思考所学知识的优势和不足的过程。第二课时:结合自己实际的上学出行方式,完成绿色出行倡议书。这是学生对自己日常生活的审视

与评价。第三课时：完成日记回顾所学的关于安全出行的知识，找一找，画一画交通安全标志。第四课时：根据出行习惯补充更多出行提示，并小组完成一份出行安全宣传海报。第五课时：为家庭做一份出行计划，运用绿色出行、安全出行和文明出行的知识解决生活中问题。第六课时：综合运用本单元所学关于出行方式、出行安全注意事项等内容，写一份"智慧出行之星"的申请表。申请表要表达的内容包含智慧出行的三个方面：绿色出行、安全出行、文明出行。该活动让学生综合运用本单元的核心语言和核心价值观念来与他人交流，内化了学生本单元所学的核心价值观念，帮助学生形成正确的生涯价值观念，升华了本单元的学习。

（二）以大型主题活动为契机，设计项目式作业

财商游戏节是我校生涯教育品牌的活动之一，旨在培养学生的企业家思维、理解商业社会的运作模式，从而能对整个社会的企业运作有更深入的认识，也更清晰自己未来发展的方向。每年的财商游戏节前一个多月，我校均会以财商游戏节的内容为主题，根据年级特点，设计长作业。

如我们以第四届进博会为活动背景开展财商游戏节活动，全校各个班级扮演"一带一路"中的某一个国家，以参展国的形式来参加我们活动当天的进博会。活动前两个月，每个班级通过抽签的方式确定一个虚拟国籍。从确定国籍那天起，学生就开展相关代表国参展活动项目式作业。

为了在财商游戏节那天有更好的参展效果，学生们都会通过各种方式调查本班代表国的相关信息，了解代表国的经济文化、人文文化等，有的班级还会根据秋天的季节特点种植相关盆栽，用于活动当天的售卖。学生们还合作设计、制作参展旗以及 DIY 文化产品，撰写本班代表国的宣传标语。因为涉及货币汇率，学生还会通过各种方式学习汇率等相关知识，将外国货币按当前的汇率折算成人民币。学生们还会根据活动当天摊位工作安排，学习营销策略等。

这样的作业，实现学生多学科学习，多能力的提升。让学生在沉浸式学习活动中，深深地感受从古至今的"贸易方式""贸易商品""贸易对象"的演变；在此过程中，调动了主观能动性，提高学生运用各学科知识解决问题的能力。

（三）以多学科融合为手段，优化寒暑假作业设计

近几年，我校尝试打破以往各学科分别布置作业的做法，以传承传统文化、教育热点、学生相关年级学习的内容等为主题，开发假期生涯项目式作业，把各学科的作业融入相关生涯项目式作业当中，使寒暑假作业更具整合性、实践性、趣味性和创新性。

例如：我们根据四年级的学科学习内容及学习要求设计了学科融合暑假生涯项目式作业"魅力佛山，我来代言"。该作业有三大任务。任务一"美妙歌声伴

我前行"涉及的主要是音乐学科作业；任务二"美丽佛山我来推广"涉及英语、语文、美术、综合实践活动等学科作业；任务三"心灵手巧描绘佛山"涉及的是美术学科的作业。又如五年级"垃圾分类我能行"生涯项目式作业，任务一"连续一周每天收集并称一称家中餐厨垃圾和生活垃圾的重量"是数学作业；任务二"做一张关于垃圾分类的英文思维导图"是英语作业；任务三"制作一个'垃圾分类 变废为宝'为主题的手工创意作品"是美术、科学学科整合作业；任务四"写一封垃圾分类的倡议书（用原稿纸）"是语文作业。

这样的作业设计，能提升学生对自然、社会和自我内在联系的整体认识，激发他们探索生涯的欲望，从而促进学生生涯发展。

单位：佛山市南海区大沥镇中心小学
执笔者：潘淑幼

四、寒假生涯教育项目式作业

（一）我是家庭美容师（适用于一年级）

美好的假期来啦！老师聘请小朋友们担任"家庭美容师"。作为家里的小小美容师，我们不仅可以通过清洁工作去让家里保持干净、整洁，还可以通过手工、绘画等装饰用品来打扮自己的家。让我们一起来做一做吧！

（1）请小朋友们先思考，我们用什么工具，怎么做才能让家变得更美？与家人交流交流。

（2）积极参与年前大扫除，和家人一起把家变得干净整洁迎新年。请把你参与的家务涂一涂。看看你能获得几颗☆（见表9－11）。

表9－11 家务

☆扫地、拖地	☆整理书桌	☆整理衣柜
☆洗碗筷	☆倒垃圾	☆办年货、买新衣
☆洗、晒衣服	☆帮忙做年夜饭	☆其他_____

（3）请小朋友们发挥想象，自选材料，完成一件家庭新年装饰品，如窗花、黏土龙年小摆件、自制龙年挂饰、新年对联、新年灯笼……

（二）缤纷美食贺新年（适用于二年级）

春节将至，每个家庭都会准备品种丰富的新年特色食品，寓意新年吉祥如意、幸福安康等。南海本土也有很多富有特色的新年食品——蝴蚜、煎堆、蛋散、油角、果盘等。让我们跟随家长一起认识和动手制作富有特色的新年美食吧。

(1)"识"美食——询问家中长辈或查找有关新年食品的名称，并记录：

我认识的新年食物有：_____

(2)"画"美食——选择你最喜欢的一种新年食品，并用 A4 纸把它画下来。要求构图饱满，颜色丰富鲜艳。

(3)"做"美食——跟家人学做一种新年美食，拍下制作步骤，并在照片下面简单叙述每个步骤。要求步骤清晰、叙述清楚，word 文档打印。长短不限。

(4)"说"美食——用视频介绍你喜欢的新年食物，分享到班级群，让大家都了解认识此新年美食，了解不同地方的新年特色美食。要求画面、语言清晰。（选做）

以上三项任务可与同学合作完成。有条件的单独完成就更优秀了。新学期请在班上分享视频。

(5)请填写时间安排表（见表9-12）。记录自己一天的时间安排：

表 9-12 时间安排

序号	时间	活动内容
1		
2		
3		
4		
5		

（三）我们的节日——春节（适用于三年级）

亲爱的同学们，经历过一个学期的学习后，我们又迎来了愉快、有意义的寒假。在这个假期里，你将如何合理规划，让自己的假期过得更有质量呢？让我们来完成"我们的节日——春节"这一项作业吧！

任务一：

请同学们参照下表中的例子，结合"分数的知识"制作一个寒假活动计划安排表（见表9-13）。并按计划完成相关活动内容，请家长对完成情况作简单的评价。

表9-13 寒假活动计划安排（共29天）

天数	占假期总天数的几分之几	活动内容	完成情况、家长评价
例如：7天	(7) / (29)	做作业	认真按时完成、书写工整

任务二：

做一份手抄报。内容：关于中国传统节日（春节）相关内容，可以是有关春节的习俗、诗句等，也可以以日记的形式写下自己的活动。规格要求：A4纸，图文并茂，内容丰富。

任务三：

学唱英语歌"Happy New Year"及制作一张春节祝福贺卡，写上节日的英文祝福语。

任务四：

收看中央电视台的春节联欢晚会节目，学唱一首庆祝春节的歌曲。

任务五：

回校后，请同学们把你在假期完成的成果向全班同学展示。

（四）"龙"的传人（适用于四年级）

同学们，缤纷寒假即将开始，让我们通过做一做，画一画，读一读，把我们的快乐记录下来，在"快乐+健康"的生涯体验中创造精彩！

今年寒假的项目式作业主题是"龙"的传人。

龙是中国的十二生肖之一，代表权力、尊贵和吉祥。在中国传统文化中，龙的寓意是尊崇、吉祥、腾飞、奋进，龙被视为神圣的象征，代表着力量、智慧和勇气。2024年是龙年，希望同学们继续传承中华优秀传统文化，厚植文化自信，创作更多优秀作品，共同展现龙的风采，吐纳龙的气势，传承龙的精神。请同学们以龙为主题，结合自己的生活，结合中国传统文化，结合对新年的一种期盼，发挥想象力，完成以下项目：

项目1：关于龙的故事，同学们一定知道不少吧！请收集有关龙的故事，选取其中一个你认为最有趣的片段，以故事配画的形式表现（A4纸）。

项目2：学唱一首与龙有关的歌曲，如《龙的传人》。

项目3：创作一个龙年台历，形式不限。可以是平面的绘画，也可以是立体的手工，将对龙年的期盼融入创作中吧！

项目4：参与迎新大扫除，与家人一起开展办年货、贴对联、炸油角、吃年夜饭、逛花街、拜年等活动庆祝龙年的到来。（拍一张照片或一个视频上传到班群。）

（五）迎新贺岁（适用于五年级）

寒假悄然而至，春节即将来临，我们衷心希望同学们能过一个充实、愉快、文明的寒假。在这个假期里，请同学们完成以下的实践任务：

项目1：佛山的非遗项目丰富多彩，有包油角、贴春联、制作狮头、藤编、剪窗花……请你选择其中一项参加实践。

项目2：春节是中国最重要的传统节日之一。每年春节，人们会举行庙会、灯会、舞龙舞狮、放烟花爆竹等庆典活动。请用小视频记录你参加的其中一项活动的过程，分享到班群上（选做）。

项目3：观看央视春节联欢晚会，从中选取自己印象最深刻的节目进行赏析（可从喜欢的原因，特别是节目的主题、表演形式、风格特色等角度），在新学期音乐第一课进行分享。

（六）"云厨房"邀你一起来做年夜饭（适用于六年级）

年夜饭是新年最有仪式感的活动，学会运用中国传统文化元素及中国居民膳食宝塔，解决年夜饭营养不均衡、年味儿不足及容易食用过量等问题，规划健康版的吉祥年夜饭方案，传承中国传统文化，体验浓浓年味儿。

项目1：品味诗人笔下的年夜饭。（请同学们学习相关的诗歌或自己写有关主题的小诗。）

项目2：探寻长辈记忆中的年夜饭。（请同学们以图文或者视频的形式进行记录。）

项目3：展示自己拿手的年夜饭。（拍一张照片或一个视频上传到班群。）

项目4：年夜饭小厨师。（请同学们以图文或者视频的形式记录。）

五、暑假生涯教育项目式作业

（一）小小美食家（适用于一年级）

中国历史悠久，其烹饪文化源远流长，闻名于世。佛山是岭南有名的美食之都。而就在大沥，也有被美食家评为瓜果界"君子"的盐步秋茄、清凉爽脆的大顶苦瓜、上过央视的濑尿烧鹅、流传百年的布拉肠等等。你知道多少呢？

任务一：了解大沥美食。

通过向身边人或网络搜索等方式了解盐步秋茄或大顶苦瓜背后的故事。

任务二：学做大沥美食。

选定自己最感兴趣的1种大沥美食，如：秋茄煲、蒜蓉蒸秋茄、苦瓜刺身、酿苦瓜等，了解制作所需材料，并用简笔画把材料画下来。与家长一起计算其制作费用，并填写下表（见表9-14）。

美食名称：＿＿＿＿＿＿＿＿＿＿＿＿＿＿＿

表9-14 美食记录

所需材料（画图）	材料名称（中英文名）	数量和价格	制作步骤
1.			
2.			
3.			
4.			
5.			

任务三：记录美好瞬间。

制作美食时拍照留念，把照片打印出来，并用文字记录过程和感受。用A4纸完成。（开学后在班级展示栏和板报展示）

任务四：代言大沥美食。

根据前面3个任务了解到的内容，拍摄一段介绍大沥美食的视频，分享到班级群或在新学期在班上现场分享。

（二）佛山剪纸艺术我来推广（适用于二年级）

佛山是我们生活和学习的地方。它山清水秀，人杰地灵。佛山的剪纸是民间传统手工艺。一直以来，它们都是佛山城市记忆的载体之一，凝聚了佛山手工艺人的工匠精神。这个暑假，让我们用自己的眼睛去发现和寻找佛山剪纸艺术之美。通过网上资料收集、查阅书籍、实地考察、实际操作等渠道深入了解，让剪纸艺术得到更好的传承。

（1）"寻"剪纸——查找有关剪纸的历史资料（可用手抄报的形式记下收集到的资料。要求使用 A4 纸，构图合理，色彩和谐）。

（2）"学"剪纸——向前辈学习剪纸（拍下学习剪纸的照片）。

（3）"做"剪纸——对劳动实践的体验提升（拍下每个步骤的照片并在照片下面叙述每个步骤。要求步骤清晰、叙述清楚，word 文档打印。可根据他人作品学着做）。

（4）"创"剪纸——对艺术审美的个性体现（自行创作一种作品，回校后与大家分享）。

（5）"说"剪纸——剪纸艺术线上推广（可用视频拍下介绍剪纸艺术，让大家都了解并乐意传承剪纸艺术。要求画面、语言都清晰）。

以上前三项（"寻"剪纸、"学"剪纸、"做"剪纸）为必做题。可与同学合作完成。有条件的单独完成就更优秀了。后两项（"创"剪纸、"说"剪纸）为选做题，有条件的同学请积极完成，这样，你的收获会更大哦。

（三）小小导游（适用于三年级）

亲爱的同学们，经历过一个学期的学习后，我们又迎来了愉快的暑假。在这个暑假里，你将如何合理规划，让我们的假期过得更有质量呢？不如来一场奇妙的旅行吧！试着当一次小导游，给家人朋友留下一个美好的回忆吧！怎样才能成为一名合格的导游呢？我们试着完成以下四个任务吧！

任务一

出游前，确定旅游地点，了解景点信息。我们可以采用多种方法收集有关资料，以便后续资料整理。（见表 9-15）

表 9-15　活动项目资料

活动项目资料收集	方法导航
行程路线	收集城市地图、收集景区地图、网络搜索、访问身边的人、观察同行人规划……
行程景点时间安排	网络搜索、访问身边的人、观察同行人规划……
准备用品	观察同行人筹备物品、访问身边的人……
费用	收集旅游途中的车票、门票、网络票据、访问同行人……

续上表

活动项目资料收集	方法导航
景点介绍	网络搜索景点介绍。 访问景区人员和同行人有关景点的由来和故事。 用笔和纸记录下景点环境和旅游心情。 品尝特色美食。 ……
……	……

任务二

旅途中，请从旅游小册、景点介绍牌、地图等关注景点的相关信息，并用本子记录下来，也可通过拍照、视频等方式记录游览过程。

任务三

旅游后，同学们要分类整理好文字，挑选具有代表性的照片和视频。同学们作为一名小导游，要对本次出游，进行出游展示，包括以下内容（见表9-16）。

表9-16 出游展示

成果	呈现形式
行程路线	1. 表格； 2. 绘本、思维导图； 3. 作文（旅游报导）； 4. 课件、短视频 （备注：可选择多种呈现的形式）
行程景点时间安排	
准备用品	
费用	
景点介绍（导游词）	
……	……

任务四

回校后，请同学们把你在假期完成的出游成果向全班同学展示。

（四）垃圾分类（适用于四年级）

垃圾分类是社会进步和生态文明的标志，是一种新时尚。在我们的生活中，有各种各样的垃圾：食品包装袋、破旧衣服、用完的电池……利用假期，请同学们好好地了解一下垃圾分类的相关知识，然后请同学们按各科老师的要求，完成下面作业：

任务一：每天记录你家的餐厨垃圾和生活垃圾的重量，填在下面的统计表里

(单位：千克)。(见表9-17)

表9-17 垃圾记录

(单位：千克)

分类	星期一	星期二	星期三	星期四	星期五
餐厨垃圾					
生活垃圾					

请根据上面的统计表，完成下面的复式条形统计图。(如图9-1所示)

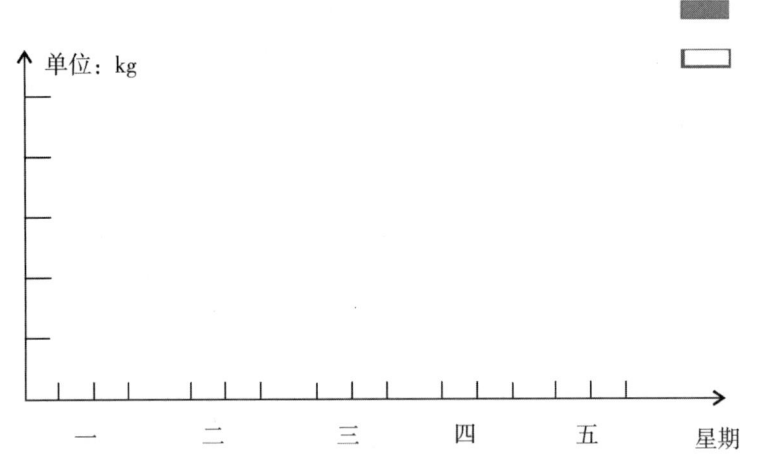

图9-1 复式条形统计

(1) 从上面的统计图中，你得到什么信息？

(2) 请你提出一个数学问题并解答。

(3) 观察这些数据，你有什么感想？

任务二：写一封垃圾分类的倡议书（用原稿纸）。

任务三：制作一个"垃圾分类 变废为宝"为主题的手工创意作品。

任务四：做一张关于垃圾分类的英文思维导图。可以选择将垃圾分为"可回收物（Recyclable waste）""餐厨垃圾（Household food waste）""有害垃圾（Hazardous waste）""其他垃圾（Other waste）"四大类。

（五）探索科技的能量（适用于五年级）

科学给我们智慧，科学给我们光明！生活中离不开科学，就像种子离不开阳光和水分！科技创新其实并不遥远，它与我们的生活紧密联系。这个暑假，让我们积极参与科普活动，例如：

任务一：寻找身边的能量形式。

能量有多种表现形式，如声、光、电、热、磁等。找一找：我们身边都有哪些能量形式，它们最终使物体发生了哪些变化？（见表9-18）

表9-18 我们身边的能量形式

观察到的现象	能量的表现形式 （能量的来源）	物体发生的变化
转动的电风扇	电	叶片的转动

任务二：设计一个与能量有关的小实验或手工。

例如：组装一个电路，点亮小灯泡；制作神奇的小电机；制作杠杆……创作形式不限，请大家发挥想象力和创造力，新学期回来我们将进行作品展示交流活动。

任务三：介绍我的作品。

拍一段小视频介绍自己制作的作品，介绍它的名称、设计思路、制作步骤等，新学期回来把视频交给班主任（如果没有条件拍摄的，请现场介绍）。

（六）以劳润心 为童年添色彩（适用于六年级）

劳动最光荣，我们在行动！这个暑假，让我们积极参加劳动实践活动，每周参加劳动不少于5天，劳动内容不限，例如：扫地、拖地、浇花、整理房间……劳动时长不限。幸福是劳动创造出来的，让我们从小爱劳动，为童年增添色彩。

任务一：设计每周劳动计划表（见表9-19）。

表 9-19 劳动计划

内容	星期一	星期二	星期三	星期四	星期五	星期六	星期日
劳动项目							
劳动准备（材料、工具、知识等）							

任务二：把劳动过程拍摄下来或用图画记录，有条件的可以做一个小视频。

任务三：撰写劳动日记，记录劳动的过程和收获，与同学分享。

六、大沥镇中心小学生涯教育"彩虹桥联盟"成立活动方案

（一）活动目的

尊师重教是中华民族的优良传统。为调动社会各界、各行各业支持教育事业的积极性，为学生提供开放性的教育环境，营造人人关心教育、理解教育和支持教育的良好氛围，我校根据生涯教育的实施需要，整合社区、企业、高校、学校、家庭五方资源建立生涯教育"彩虹桥联盟"，建设生涯教育联动机制，共同制定生涯教育方案，合力协同开展系列活动。拓宽渠道，挖掘校外优质资源，使校内的课程与校外的资源得到有机结合。

（二）活动时间

10月29日15:00—16:30（14:40开始签到）。

（三）活动地点

大沥镇中心小学朗心楼三楼多功能报告厅。

（四）参加人员

（1）领导：南海区教育发展研究中心和大沥镇教育发展中心代表。

（2）企业：15家南海区企业代表。

（3）社区：沥苑社区、沥雄社区代表。

（4）高校：广州1所、佛山2所。

（5）兄弟学校：南海区内小学2所，大沥镇内小学1所。

（6）家委会代表（主任、副主任）。

（7）校友：已工作的优秀毕业学生、在高校学习的优秀毕业生。

（8）校内：全体行政；四年级的班主任、会议到班老师和全体学生。

（五）仪式流程

（1）暖场：大沥镇中心小学特色社团表演。

（2）介绍领导嘉宾。

（3）领导致辞。

（4）校长致辞。

（5）观看视频：大沥镇中心小学生涯教育品牌视频。

（6）宣读联盟名单。

（7）宣读联盟合作职责。

（8）签协议：高校、企业、社区、兄弟学校。

（9）颁发联盟牌匾。

第十章　小学生涯教育导师成长研究

一、教师职业生涯第一课

（一）课程目标

（1）通过树立榜样，了解教育家精神，激发新教师发展动力，促使新教师树立教育理想。

（2）通过认识教育事业发展途径和认识自我，引导教师学习规划教育生涯。

（3）通过认识学校、分享身边优秀教师发展的成功经验，让新教师掌握自我发展、实现价值的方法。

（4）通过体验开学第一课，提高新教师专业技术水平。

（二）课程重点

通过体验第一课，提高新教师发展内驱力，培养新教师自我发展、自我实现的能力。

（三）课程用时

2个小时。

（四）课程准备

教育家故事、身边优秀教师发展的成功案例、课件、便利贴6叠、水牌多个、水彩笔等。

（五）课程座位安排

6人为一组，分组围坐。

（六）流程

1. 热身

（1）组内自我介绍。

（2）推荐组长。

(3) 设计组名、组徽、小组展示方式。
(4) 各小组展示风采。

2. 活动

活动一：榜样的力量

(1) 写一写：你认识的教育家有哪些？你所教学科的特级教师或名师有哪些？

(2) 小组内谈一谈：他们当中你最喜欢谁？你觉得他（她）哪些方面值得你学习？

(3) 各小组找代表说一说：你最喜欢哪位教育家？为什么？

活动二：学习规划

(1) 观看教育家、特级教师等卓越教师发展故事。
(2) 谈一谈观后感受。
(3) 小结发展方向。
(4) 各自写一写：你的教育生涯将如何规划？（含职称评定、名师方向或管理方向的内容，时段包括：一年、三年或五年、八年、十五年、二十年、三十年……）
(5) 张贴写下来的内容，组内分享。
(6) 请个别新教师班上分享。

活动三：圆梦计划

(1) 介绍学校理念和培养教师的机制。
(2) 请学校优秀教师介绍自我发展的成功经验。
(3) 请学员写一写个人发展的计划。
(4) 组内分享。

活动四：体验开学第一课

(1) 学习记住学生的名字。
(2) 各学员在组内学习组织轻松愉快而又有秩序的课堂：①自我介绍；②跟学生玩一个游戏；③跟学生讲班规或学科要求；④教学常规训练；⑤表扬表现好的学生。
(3) 学习与学生家长沟通。

活动五：学习评价

(1) 学员自我评价。
(2) 组内评价。
(3) 导师评价。
(4) 给优秀学员颁奖。

3. 总结

总结后齐唱《我的未来不是梦》。

二、基于教师职业生涯发展的增值评价探索

随着我国教育改革的不断深入和发展，如何适应时代发展进行教师评价成为一个新的研究问题。经调查发现，现行教师评价大多从结果评价教师，从结果导向教师发展，并未能很好地根据教师的个性特点和个人发展状况激发教师寻找新的生长点，未能很好地激发教师职业生涯发展内在动力，促进教师可持续发展。中共中央、国务院印发的《深化新时代教育评价改革总体方案》[①] 中明确指出，需深入探索增值评价机制，并着力改革教师评价体系，以切实推动教师践行教书育人的崇高使命。

教师评价是检验提升教师教学水平的重要方式，是激活教师发展内在动力，促进教师职业生涯发展的一项有效举措，也是推进教师队伍建设的重要手段。为建设不断追求、不断进步的教师队伍，促使教师实现生命价值，整体提高素质，我们关注教师职业生涯发展，在教师评价方面开展增值评价探索。通过建设成长档案、建立荣誉体系、召开爱心故事会和学生发展跟踪等方面探索增值评价，改革教师评价，以此激发教师工作热情，激发教师工作活力，促进教师职业生涯发展。

（一）从内涵出发：理解教师增值评价

1. 教师增值评价的概念

教师增值评价是对教师进行个性化评价的方式。要开展教师增值评价，激活教师发展内在动力，先要清晰理解什么是教师增值评价。教师增值评价是以促进教师成为"有理想信念、有道德情操、有扎实学识、有仁爱之心"四有好老师为根本宗旨，以推动教师践行教书育人个性、自主发展为目标，以考量教师自我认知、自我完善、自我管理能力提升为主要内容，考核教师进步情况，促使教师认识自身价值，人人发展，人人成才。

2. 教师增值评价的特点

（1）独特性。

每一位教师都是独立的个体，他们的职业梦想和发展起点都不尽相同。每一位教师都有自己的发展轨迹，他们在发展过程中都有着不同的经历。增值评价需要关注个体，对每一个教师进行量身定制式的评价。

（2）发展性。

增值评价是以教师发展为中心的，关注的是教师的进步情况，不只关注结

[①] 中共中央、国务院印发：《深化新时代教育评价改革总体方案》，见央广网（https://news.cnr.cn/native/gd/20201014/t20201014_525294870.shtml）。

果。增值评价需要对教师发展起点和阶段性成果进行对比,综合评估教师发展状况。

(3) 主动性。

教师是职业生涯增值的主动塑造者,只有教师个人不断追寻,才能实现增值。教师需要主动思考,主动计划,在主动行动中认识自我,争取发展机会,在自我和外部发展环境的联结中找到适合自我发展的道路,并不断完善自我。教师增值评价要体现教师发展的主动性,从一点一滴的表现中发现他们发展的主动性。

(二) 从进步着眼:践行教师增值评价

良好的增值评价是促进教师良性发展的重要举措,关系到每一位教师个人成长,关系到教师教书育人内在动力的激发。每一个教师都是在发展中的,不是一成不变的,增值评价需要以人为本,尊重人的主体地位,关注进步情况,促进人的自主发展。教师增值评价,我们要从进步着眼,从教师成长的过程、成才的印记、成人的故事践行教师增值评价。

1. 建立成长档案,评价教师成长

成长是教师发展的一种美好状态。我们都希望每一位教师在职业生涯中保持良好的成长态势,引领学生一起成长。教师是鲜活而具有个体差异的。教师增值评价要关注每一位教师的差异,关注教师的成长过程,关注每一位教师发展起点、节点和终点的情况,发现他们的进步。为此,我们给教师建立便于查阅、易于对比的成长档案。成长档案是由学校自建网页和文本组成,记录着教师个人专业成长业绩和教书育人事迹,记录着每一位教师努力和进步的点点滴滴。成长档案包括个人简介、个人规划、继续教育、教学计划、课堂教学行为观察量表、教学业绩、日常考勤、各项活动的组织与参与情况等内容。通过学校评价、教师互评等,综合评价结果,得出教师整体发展或某方面进步的结论。如学校和科组老师通过比较同一教师执教的两节或以上的公开课,评价教师课堂教学能力情况。学校要求每位教师每一学年最少上两节校级以上公开课,每一节公开课的视频和观察记录表都保存到学校网站上,作为教师成长档案中的一部分内容。相关听课教师在听课过程中均对目标设定、目标达成度、学生参与度、教学效果、教学设计的创新点等方面进行观察和记录并登记在听课记录表上。课后,学校和听课教师通过对比相关教师一年中不同公开课的情况,得出相关教师在课程教学的成长状况,并及时跟上课教师进行反馈。学校和科组等通过会议等定期与不定期对相关教师进行表扬,给教师发喜报、证书等。表扬教师的报道、喜报、证书等均收录在教师成长档案中。这样,成长档案成为教师增值评价的载体,指向教师课堂教学能力成长,让教师的进步看得见,促进教师主动成长。

2. 建立荣誉系统，促进教师成才

增强教师教书育人的意义感、获得感和职业的成就感，并能激发教师积极向上的评价才是理想的增值评价。我们相信每一个教师都有教育教学的兴趣点、兴奋点。帮助他们找到职业发展的兴趣点、兴奋点，他们就能深入其中，在钻研中发现自己的潜力，找到自信。因此，我们设置全面的荣誉系统，关注不同教师个体，多维度增值评价教师，助力教师发挥优势，发展兴趣，体验成功的乐趣。帮助教师找到别人的闪光点，从而激励教师不断超越自我，超越别人，保持专业发展的激情，促进他们成为更好的自己，不断成为教书育人的人才。建立荣誉系统要关注教师发展的多方面，如教师职业理想、职业道德、学识和专业等。为了既激发教师追求个人发展，又能促进团队共同进步，荣誉系统设置团队荣誉和个人荣誉。团队荣誉包括：特色年级组、先进教研组、卓越课题组、突出贡献后勤组、同心团队、创新团队等，团队荣誉内容涉及德育、教学、后勤、科研、团队精神等。个人荣誉设置师德标兵、优秀班主任、优秀辅导员、教学能手、优秀导师等，包括职业道德、教学能力、考勤、教育教学成绩、科研成果等方面。学校对每一项荣誉均设置相关荣誉标准。每项活动过后或每个学期均对团队和个人进行颁奖。只要达到标准，团队和教师个人就可以获得相关荣誉。每位教师都有擅长的地方，他们都能取得团队或个人荣誉的某一方面的荣誉。赋予荣誉及时肯定了教师的付出，让教师真切感受到认可和付出的价值，给他们带来获得感、成就感和幸福感。

3. 讲述育人故事，考量教师成长

教书育人中的感人故事，教师常常津津乐道，引以为豪。很多教师兢兢业业，默默奉献，在教育教学过程中发生了许多感人而值得回味的故事。在这些故事里，我们能看到教师教书育人的风格特点以及成就学生的效果。正是这样，我们在评价教师的时候，可以通过多种形式，让教师讲述他们的育人故事，让他们在展示中得到同行们的好评甚至是赞誉。透过故事，我们还可以看到教师的努力情况，看到教师育人的过程和育人的成效。我们还能透过多个育人故事，追踪与分析教师教书育人的发展情况，从而考量教师成就学生成长的有效性和自我成长的自主性。例如，一位年轻教师讲述家校共育的故事。在一次年级分享会上，她讲述的是她在刚出来工作时有计划、有目的地与家长沟通，虽取得了一定的效果，但有时候会得不到家长的支持。在工作一段时间后，她开始将心比心与家长沟通，取得可喜的成效。在教师娓娓道来的故事中，我们感受到了教师对教育工作的收获，甚至是享受。感人的育人故事让教师在一点一滴的职业体验、职业轨迹中感悟，促进自我成长，而学校和旁人也能从这些故事细节中收获教育成果，考量教师成长。

增值评价，从日复一日的积累到年复一年的观测，以发展的角度评价老师，以进步的期待激励老师，激发教师成长的内在动力，有效推动教师充满激情地迎接职业生涯的每一天。

三、构建小学生涯教育家长导师培训体系

父母是孩子的第一任教师，这已是人们的共识。家庭教育对孩子发展的重要性也是不容置疑的。小学生涯教育于近年悄然兴起，但国内外小学生涯教育家长导师培训的经验不多，家长对开展小学生生涯教育这方面的认识和实施方法还不清晰。因此，学校开展小学生生涯教育家长导师培训研究，引导家长指导小学生生涯发展，家校共同为学生未来的学业、职业、家庭以及社会生活进行积极的准备和积累。本文旨在深入探讨学校开展小学生涯教育家长导师培训的原因，确定小学生涯教育家长导师培训的目标、内容，并研究实施策略和评价反馈等，构建一套完善的小学生涯教育家长导师培训体系，以确保家长在小学生涯教育中发挥积极作用，促进学生的全面发展。

美国教育学家伊娃·艾斯萨在儿童发展同心圆理论中认为儿童的发展由三个同心圆组成，分别是家庭、学校和社会，家庭处于儿童发展同心圆中最核心的位置。可以说，家庭对学生的心理和行为产生的影响是最直接的、最显著的。[1] 家庭、学校、社会三者合作，是提高小学生涯教育效果的重要举措。学生与家长相处的时间最长，家庭教育中落实小学生涯教育有着不可估量的作用。现代学生家长的文化程度已比以前的学生家长高，自我提高的愿望和学习的途径较广，他们通过自己看书、参加校外培训、跟亲朋学习等学到一些教育孩子的理念和方式方法，但这些来自不同渠道的学习是零碎的，是不系统的，不一定与学校的办学方向一致。为了让家校方向一致，我们以学校的办学理念与办学方向引领家长共同教育学生。为此，我们开展小学生涯教育家长导师培训。开展小学生涯教育家长导师培训，需要明确的培训目标，有清晰的培训内容，采取有效的培训策略，适时反馈并了解培训效果，这样，小学生涯教育家长导师培训才能系统、有效。

（一）确立小学生涯教育家长导师培训目标

小学生涯教育家长导师培训目标的确立要考虑学校生涯教育的理念、目标，要考虑家长对生涯教育方面的需求和学生生涯发展的需要。学校生涯教育理念和目标是小学生涯教育家长导师培训的指引，家长与学校同心、同向、同步，这些都需要学校作为主导，引导家长前行。因为家长来自不同的家庭，有着不同的思想，靠家长们统一思想的可能性是很小的。而学校可以以学校的办学理念、特色品牌理念等引领家长实现共同的教育目标。只有家长与学校同心，教育才会事半功倍。另外，只有确立目标，我们行动的方向才明确。为此，我们开展小学生涯

---

[1] 刘硕：《没有考试，如何评估教与学？》，载《上海教育》2019年第17期，第12页。

教育家长导师培训前,先确立培训目标。我们从小学生涯教育的理念出发,把"培养心智和谐、自主成长的出彩少年"作为培养目标,从知识、能力、情感态度价值观几个角度确立小学生涯教育家长导师培训目标。

我们确立的小学生涯教育家长导师培训目标是:

(1)通过宣传和教育,培养家长教育子女的责任感,提高家长参与培训的积极性和营造良好的家长培训氛围。

(2)向家长传授小学生涯教育的理念,引导家长树立以生为本、尊重发展规律的家庭教育观念。

(3)向家长传授小学生涯发展的知识,以便家长传授给孩子。

(4)引导家长学习在繁忙的工作生活中学会关照家庭,营造良好家风,让孩子能在良好的环境中健康成长、心智和谐。

(5)引导家长学习关于小学生涯教育的方法,引导他们掌握一些科学的教育工具,促进孩子自主成长。

(二)明确小学生涯教育家长导师培训内容

围绕小学生涯教育家长导师培训目标,我们选取了适合我们小学生涯教育的内容和适合小学生涯教育理念相关的内容对家长进行培训。在涉及家长小学生涯教育的内容中,生涯教育方面的内容有所侧重。小学生涯教育是帮助学生更好地认识自我,认识社会,联结未来,为成为全面发展的社会主义建设者和接班人做准备的教育。它涉及的内容有道德力、生活力、学习力和职业力。为此,小学生涯教育家长导师培训应涉及认识自我、认识社会和联结未来的内容,也就是关于道德力、生活力、学习力和职业力方面的内容。

1. **总体了解小学生涯教育**

小学生涯教育家长导师培训,家长需先学习了解小学生涯教育,知道什么是小学生涯教育,小学生涯教育涉及什么内容,指导孩子生涯发展时应该采用什么方式进行教育,如何实现目标等。

2. **认识自我**

小学生涯教育重在引导自我觉察,了解自己的优点、缺点,知晓自己的兴趣、爱好、特长。我们开展小学生涯教育家长导师培训,应该引导家长指导孩子自我觉察,认识自我。所以,小学生涯教育家长导师培训内容应该包括指导家长指导孩子认识自我,自我觉察的内容,包括发现自己的兴趣、爱好、特长、优缺点、天赋等。

3. **认识社会**

小学生涯教育在学生了解自我的基础上,还应该认识社会,了解社会生活,了解社会上的相关职业,了解社会职业的变化和从事相关职业所需的知识、技能和资源。小学生涯教育家长导师培训就是要指导家长成为孩子认识社会的导师,引导孩子了解社会中的职业，认识这些职业的社会价值，了解相关职业的工作性质和工作内容，用小学生能理解的方式引导孩子结合自身的兴趣、爱好和优势等，帮助他们逐步朝着自己梦想的职业方向努力。家长要成为孩子的导师，就必须自己先学习，先认识社会中的职业，认识职业的价值、意义等。

4. 联结未来

小学生涯教育家长导师需要帮助孩子逐步朝着自己梦想的学业和梦想的职业方向努力。那努力的方向是什么？涉及哪些方面的内容？小学生涯教育主要包括道德力、生活力、学习力和职业力。其中，道德力、生活力和学习力就是小学生生涯发展中联结未来努力所需的内容。因此，小学生涯教育家长导师培训联接未来方面的内容应该包括道德力、生活力和学习力方面的内容。也就是引导孩子有良好的道德素养，能有保障生命安全的应对能力，能合理安排时间，能积极参加劳动，能养成良好的行为习惯和学习习惯，培养自主学习能力。

（三）小学生涯教育家长导师培训实施策略

根据小学生涯教育家长导师培训的目标和内容，根据家长导师对小学生涯教育的现有认知水平，要采取合理、科学、多样化的培训策略。从参与的家长导师培训人数来划分，可以分为全体培训、团体培训和小组培训。从家长导师培训的形式划分，可以分为主题讲座、沙龙、体验活动等。

1. 开展主题讲座培训，增强教育意识

主题讲座培训，目标明确，可以在较短的时间内让受训者迅速了解一些知识。由于主题讲座可以通过现场讲座、电视、网络直播等形式开展，对场地的大小要求不是很高，培训参与面会较广，可以面向全体学生家长导师开展，也可以面向部分家长导师开展。因此，对于小学生涯教育的总体了解，包括小学生涯教育的理念、内涵等内容，涉及理论、知识性的内容，家长应知内容，我们都可以采用开展主题讲座的形式，面向全体家长进行培训。例如在开展小学生涯教育家长导师培训初期，我们召开全体家长导师会议，通过主题讲座的形式，给家长阐述什么是小学生涯教育，小学生涯教育包括什么内容，我们可以通过什么形式对学生进行教育。对家长进行职业力培训时，我们采用主题讲座形式开展。如邀请"最美工匠""十大杰出青年"等给家长导师讲故事，让家长导师们知道职业道德、职业能力和职业价值等；开展过去、现在、将来的职业大观园主题讲座，这样，家长导师们在主题讲座后就能了解过去、现在有哪些职业，将来会出现哪些职业，从而更好地引导孩子们感知未来。

2. 实施小组辅导，提升家长心力

鉴于现代家长对孩子教育的普遍重视，为提升一年级学生家长的教育指导能力，我们特此开展家长导师培训项目。在正式培训之前，为确保培训内容的针对性和实效性，我们进行了一项关于家长导师对家庭教育认识现状的调研工作。调

查结果显示,100%的家长认为家庭教育重要,其中 90.56%的家长认为家庭教育非常重要。(见表 10-1)

表 10-1　家长导师培训前对家庭教育的认识调查

选项	小计	比例
非常重要	259	90.56%
重要	27	9.44%
不重要	0	0%
本题有效填写人次	286	

90.56%的家长认为家庭教育和学校教育同样重要,8.74%的家长认为家庭教育比学校教育重要,只有 0.7%的家长认为学校教育比家庭教育重要。(见表 10-2)

表 10-2　家长导师培训前对家庭教育的认识调查

选项	小计	比例
家庭教育重要	25	8.74%
学校教育重要	2	0.7%
都重要	259	90.56%
本题有效填写人次	286	

综合以上结果分析,接受调查的一年级学生家长基本上都能认识到家庭教育的重要性。

另外,家长对教养孩子问题的认识方面,93.71%的家长认为在教养孩子方面,父母的责任同样大,4.2%的家长认为母亲的责任比父亲的大,2.1%的家长认为父亲的责任比母亲的大。(见表 10-3)

表 10-3　家长导师培训前对家庭教育的认识调查

选项	小计	比例
父亲	6	2.1%
母亲	12	4.2%
同样大	268	93.71%
本题有效填写人次	286	

我们从调查中了解到家长们都认识到家庭教育的重要性，也了解到在教育子女方面，父母的责任都大。但是，我们经常听到现在的家长说："带一个已经够累了。""带两个我已经疯了。""在外面已经忙坏了，回家还要带小孩，唉……"分析家长的这些话语，我们知道由于工作、生活压力和培养孩子成本、要求不断增高，令家长教育小孩心力不足。于是，我们综合调查结果以及小学生涯教育的内容和体验实践的实施原则，我们开展了"认识自我，提升心力"家长导师培训。我们以小组辅导的形式开展，以点带面，让部分辐射全体。"认识自我，提升心力"培训先从一年级全体学生家长开始专题培训，让全体家长都了解到只有家庭有良好的家风，充满正能量才能促使孩子健康成长。接着分别辅导多个12人小组，用小组辅导的方式引导家长清理负能量，唤醒正能量，并朝着成为孩子的生涯规划师的方向而努力，让父母更加懂得尊重孩子的成长规律，懂得如何促进孩子的个性发展，支持孩子明辨通往成功的路向，在生涯的起点上心智和谐，努力前行，持续成长。参加了"认识自我，提升心力"培训后，家长们都写下感恩信。其中一位说："感谢学校让我有了改变的机会，在参加这个培训班之前，我是个很迷茫的人，完全看不到未来的路。在这两三年里家里发生了太多的事，让我变得情绪有点暴躁，总是忍不住发脾气，很多时候都不知道该怎么面对我可爱的孩子们，就在这个时候在家长会上听到有这样的课程。现在上完课程后，我感觉我有所改变了，不再是迷途的羔羊了。"另一位家长说："有幸成为家长导师，在此收获到自信的自己、幸福的家庭，同时有信心引导好孩子向着身心健康与完善人格的方向成才。"可见，在这个过程中，家长导师们不仅能感受到提升心力，能滋养孩子、家庭，还能在这个过程中了解到如何认识自我。家长导师在培训过程中体验到的生涯认知方法，也可用在教育孩子身上。

经过一个学期的实践，参加了小组辅导的导师们都看到家庭的变化，家庭变得和谐，孩子也不断进步，有的孩子还从B级的成绩进步到A+，有的孩子做事变得主动，从班上倒数进步到班里前十名。可见，小组辅导切实有针对性地滋润家长导师心灵并赋予他们培养孩子的工具，是唤醒心灵与智慧正能量的培训，很好地促进学生的生涯发展。

3. 专题体验活动，感悟指导方法

专题体验活动，可以聚焦某一问题，让体验者更深刻。我们开展体验活动的专题应该是家长们的关注点、兴趣点、疑问点或矛盾点，这样家长们参加培训的热情才会高，感悟才会深。所以，开展专题体验活动前，我们充分调研后确定专题。而小学生涯教育是重实践、重体验的，它并不仅仅向学生传授一些生涯规划方面的知识，它强调学生的参与投入，能在生涯教育活动中获得真实的体验，在体验中引发他们的思考，在认知、情感和行为多个方面发生变化。因此，我们进行家长导师培训时，要为学生家长创设专题体验活动情境，让学生家长亲身体验，在体验实践中充分感受，在感受中反思总结，培养家长的自主性和自我教育

的意识,感悟通过实践体验培养小学生自我教育的意识和能力,也就是体验感悟小学生生涯发展指导的方法。

例如,我们面向各年级的学生家长,开展"正向引导"家长导师培训活动。我们培训前调查了解到家长最关心孩子的作业问题,大部分家长每天都与孩子沟通关于作业的问题。于是,我们先创设孩子做作业的情境,让家长模拟教子现场,体验专制教子、娇纵教子和正向引导的效果。我们设计了关于孩子不完成作业或较晚完成作业的角色扮演体验活动,两位家长结成一个小组,每小组家长根据平时了解或使用以下情境语扮演角色,在扮演中好好感受。

专制型教子体验活动:

父(或母):怎么不完成作业!不完成作业就不准看电视,假期也不准去玩。

这种方法用多了,孩子回应:不看就不看,不玩就不玩。故意一直在拖。

娇纵型教子体验活动:

父(或母):哎呀,宝贝,这么晚了还没做完作业啊?好,好,好,先别做了,我跟老师求求情就是了,快去睡觉吧。

孩子马上撒娇说:好吧。谢谢妈妈(或爸爸)

正向指导教子体验活动:

父(或母):孩子,你觉得先做语文还是先做数学?你准备什么时候完成?有不懂的需要问爸爸(或妈妈)的吗?

扮演孩子的家长表现由家长根据平时接触过的情况发挥。

这样,通过角色扮演,在交流体验感受中,家长们觉得,专制型教子方法开始使用时能在短时间内让孩子听从家长的话,但用的时间长了,孩子就会皮。娇纵型教子,会放任孩子,久而久之,孩子的独立自主能力得不到锻炼。而正向教育或启发或鼓励或正向引领孩子积极发展。"正向引导"家长导师培训,我们还设计了引导孩子看电视、上网的情境,让家长在有趣的体验活动中学习既不惩罚也不娇纵的管教方法,掌握育儿智慧,让孩子在一种和善而坚定的气氛中培养自律和自己解决问题的能力。因为亲身体验,所以感悟深刻,因为正向引导,能给人力量,家长导师们兴致高、积极参与,培训活动后还积极交流并大胆实践。又好像家长导师礼仪培训活动,我们创设了餐桌、坐车等礼仪情境,让家长充分思考,参与体验,学习礼仪培训。家长们热情很高,从孩子们礼仪方面的进步,我们看到了家长导师们学习的成果。可见专题体验活动,能让家长们感悟先进科学的教子方法。

4. 沙龙探究式培训,提高自我发展能力

小学生涯教育,需要培养学生发现问题、解决问题的能力,自我发展能力等联结未来的能力。要培养孩子发现问题、解决问题的能力,自我发展能力,家长首先要提升自己发现问题、解决问题和自我发展的能力。那如何培养家长导师这些方面的能力呢？在进行家长导师培训时，我们采用沙龙探究式培训。沙龙探究式培训就是让一些有着相同或相似教子话题的家长聚在一起，开展生动的主题讨论，详谈教子的案例和探讨教子的方法的培训。培训通常先由老师或其中一位家长根据近期家长们提出某一问题或根据某一案例发起主题，再由有兴趣参与的家长导师报名以后参与活动。一场沙龙参与人数在 10～15 人为宜，请老师或调控能力强的家长当主持。为了提高交流效果，参与沙龙的家长围坐一圈开展探究式培训。在探究式培训过程中，参与的每一位家长导师轮流围绕着主持人提出的话题发表自己的看法，主持人对每一位家长的看法做整理归纳提升。主持人围绕主题，在 1 个小时左右不断引发新话题，把家长导师们引向深入思考。例如，二年级各班老师在班级微信群里发起开展关于养成良好读书习惯的沙龙探究式培训活动。1 小时内，各班已超过 10 名家长导师报名参与。沙龙探究式培训当天，主持人围绕着如何让孩子养成良好的阅读习惯引导家长们讨论。首先研讨通过平时的观察，谈孩子阅读的时间和阅读的安排。各位家长各抒己见后，主持人引导家长们讨论孩子阅读的效果如何，并追问家长对孩子阅读的时间和阅读安排是否合理的看法。当一位家长讲述孩子每天做完作业都安排时间看书，现在已把四大名著、三十六计等经典书目看了多遍，甚至有些可以背出来，主持人和其他家长均问孩子是如何做到的，家长是怎么做的。这位家长针对这个问题分享说，她的孩子刚开始只喜欢看带图片的书籍，对纯文字的书，尤其是那些二年级孩子不容易理解的经典名著不太感兴趣。家长每天在孩子完成作业或送孩子上学放学时给孩子讲经典故事，睡前一家人静静地一起看同一本书，定期交流阅读的快乐。渐渐增强孩子对文字读物的兴趣，孩子对阅读感兴趣后，阅读的习惯很快就养成了。接着，其他家长也讲了一些他们听到的或亲身经历过的事情，介绍一些好的做法。整个过程，围绕一个主题，家长导师们轻松愉快地讨论，在讨论中学习发现问题、解决问题，提升自我发展能力。

（四）反馈与跟踪

家长导师培训后，培训效果怎样，是否实现目标，我们需要反馈和跟踪。因为导师培训涉及家长，家长要指导学生，也就是我们从家长本身和家长指导的学生身上就能了解到家长导师培训的效果，家长导师培训是否达到预期目标。我们对照培训目标和培训内容，对家长导师和学生进行反馈和跟踪。

1. 问卷调查反馈与跟踪

为了解小学生涯家长导师培训的情况，针对某一主题，我们采用面向家长和学生的方式进行问卷调查反馈与跟踪。通过调查分析，了解家长的认识提高情况和指导孩子水平的提升情况。为了解指导孩子解决自己的问题能力的培训情况，我们设计了调查问卷（详见附录一），在培训前，我们让家长们做了一次问卷，并按年级整理了调查情况。接着，我们通过主题讲座和专题体验活动，培训家长导师指导孩子自己的问题自己解决。培训后一个学期，我们又让家长完成了一次问卷。并对两次问卷情况做对比，具体情况如下（见表10-4）：

表10-4　六年级学生家长关于孩子都可以自己想办法解决调查结果对比

调查时间	完全不同意	有点不同意	不知道	有点同意	完全同意
培训前	3.72%	31.16%	0	41.4%	23.72%
培训后	1.85%	15.28%	0	47.69%	35.19%

结果发现，家长发现孩子自己解决问题的能力已提高，从中，我们了解到家长导师培训有效果。

2. 多元化评价反馈与跟踪

小学生涯教育情况，我们还可以进行多元化评价，我们设计评价表让家长、学生、老师参与评价。或就某一个内容，让学生通过讲自己或身边的故事，反思自己的表现，老师和同学就讲述和反思进行评价等方式，及时反馈和跟踪培训后产生的效果，也就是反馈与跟踪培训情况。如家长导师进行职业力培训，我们发放评价表让家长评价自己指导孩子了解职业和进行适当的职业实践情况。也让学生讲讲家长指导下参加职业体验的故事，老师和其他同学作评价。通过评价了解家长导师的认识、实施情况，从而了解培训效果，并落实进一步跟踪。

小学生涯教育家长导师培训体系，以"培养心智和谐、自主成长的出彩少年"为目标，以小学生涯教育为内容，采用多彩多样的实施途径，及时反馈，长期跟踪，实现家校合力，共同努力培养新时代中国特色社会主义建设者和接班人。

生涯教育之问题解决情况调查问卷

亲爱的家长，某种意义上说，人生就是解决一系列问题的过程。您能让您的孩子自己解决力所能及的问题吗？您的孩子喜欢自己解决问题吗？能自己解决力所能及的问题吗？下面，请您根据实际情况如实作答，并把问卷交给孩子的班主任。谢谢！

您的孩子班级：　　　孩子姓名：　　　答卷时间：　　年　　月　　日

（1）我认为我的孩子在很多的问题上都可以靠自己想办法解决。（　　）
　　A. 完全不同意　　B. 有点不同意　　C. 不知道　　D. 有点同意
　　E. 完全同意
（2）我的孩子能坚持很长一段时间来专心解决某个难题。（　　）
　　A. 完全不同意　　B. 有点不同意　　C. 不知道　　D. 有点同意

E. 完全同意

（3）接到任务，即使遇到困难和挫折，我的孩子也要坚决完成任务。（　　）

　　A. 完全不同意　　B. 有点不同意　　C. 不知道　　D. 有点同意

　　E. 完全同意

（4）我的孩子会以行动来解决问题，并且有动手实做的习惯。（　　）

　　A. 完全不同意　　B. 有点不同意　　C. 不知道　　D. 有点同意

　　E. 完全同意

（5）如果没有达到预期的目标，我的孩子会自觉地采取一些补救的措施。（　　）

　　A. 完全不同意　　B. 有点不同意　　C. 不知道　　D. 有点同意

　　E. 完全同意

（6）解决问题前，我的孩子会想好解决办法再行动。（　　）

　　A. 完全不同意　　B. 有点不同意　　C. 不知道　　D. 有点同意

　　E. 完全同意

（7）遇到问题时，我的孩子会尽量想出所有可能解决问题的方法，直到想不出方法为止。

　　A. 完全不同意　　B. 有点不同意　　C. 不知道　　D. 有点同意

　　E. 完全同意

（8）当遇到复杂的问题时，我的孩子会把它分解成几个小问题去逐个解决。（　　）

　　A. 完全不同意　　B. 有点不同意　　C. 不知道　　D. 有点同意

　　E. 完全同意

（9）我的孩子会使用学过的知识、策略和工具来解决问题。（　　）

　　A. 完全不同意　　B. 有点不同意　　C. 不知道　　D. 有点同意

　　E. 完全同意

（10）我的孩子会与他人分工合作来解决问题。（　　）

　　A. 完全不同意　　B. 有点不同意　　C. 不知道　　D. 有点同意

　　E. 完全同意

（11）我的孩子能观察到问题解决过程中的不足之处和可以改进的地方。（　　）

　　A. 完全不同意　　B. 有点不同意　　C. 不知道　　D. 有点同意

　　E. 完全同意

（12）当我的孩子遇到问题时，他通常的态度是属于下列哪一种？（单选）（　　）

　　A. 对问题能先做思考和判断，并能积极主动地去解决。

B. 接纳问题，并认真去思考和处理。

C. 承接问题，动手去执行指令。

D. 没有参与的意愿。

四、家长导师成长茶话会活动方案

第一期　做轻松家长之有效规划

（一）活动目的

有效地规划会为事情的成功增加更多的可能性。很多家长都会给孩子做一些学习计划、习惯培养计划、外出旅游计划等，但这些计划有时候没有详细规划，没能有效执行。为此，学校百米义工护畅队成员开展家庭教育交流活动，旨在给予家长教育方法，培养孩子成为有责任感、有计划性的人，能够独立面对生活中的挑战。

（二）活动主题

做轻松家长之有效规划

（三）活动时间

学期初期 3 月 11 日。

（四）活动地点

大沥镇中心小学阶梯室。

（五）活动对象

百米义工护畅队和各班积极报名参加活动的家长、德育行政助理。

（六）活动内容

（1）活动签到。

（2）志愿活动，多参与。大沥镇中心小学义工家长一（4）班潘睿英的妈妈向参加活动的家长们讲解如何加入 i 志愿，学习如何加入义工活动，如何规划参加义工活动，为孩子们树立榜样。家长进行提问，潘睿英妈妈进行解答。

（3）义工队旗，齐敬礼。展示百米义工护畅队的队旗，三（4）班王一涵爸爸进行含义解释，组织集体合照。

（4）课程分享，共交流。王一涵爸爸分享讲座《有效规划》。现场交流活动。

（5）讲师颁奖、行政总结。德育行政助理佘桂娜老师为两名家长讲师颁奖。德育行政助理佘桂娜老师进行活动总结。

（6）集合大合照。

（七）活动奖励

颁发优秀家长讲师奖状。

第二期　做智慧家长，以亲子活动助力孩子多元成长

（一）活动目的

在快节奏的现代社会中，亲子互动经常因为各种外界因素而被忽视。然而，高质量的亲子活动对于孩子的多元成长至关重要。通过精心设计的活动，可以促进孩子的认知发展、社交技能、情感交流和身体健康等多方面的能力提升。本方案旨在提供一系列切实可行的亲子活动经验分享，帮助父母和孩子共同创造有意义的成长体验。

（二）活动主题

家长义工志愿服务队培训。

（三）活动时间

9月中下旬。

（四）活动地点

大沥镇中心小学阶梯室。

（五）活动对象

百米护畅队家长义工和积极报名参加活动的家长。

（六）活动内容

（1）活动签到。

（2）校长致辞。潘淑幼校长进行致辞，感谢百米义工护畅队的付出。

（3）义工知识，齐了解。大沥镇义工联张振滔老师分享讲座《志愿者培训——基础知识培训》。

（4）经验分享，共交流。学校优秀家长义工代表王一涵爸爸授课《义工护畅经验分享》。

（5）讲师颁奖、校长总结。校长为两名家长讲师颁奖；校长进行活动总结。

（6）集合大合照。

（七）活动奖励

颁发优秀家长讲师奖状。

第三期　做智慧家长，以亲子活动助力孩子多元成长

（一）活动目的

在快节奏的现代社会中，亲子互动经常因为各种外界因素而被忽视。然而，高质量的亲子活动对于孩子的多元成长至关重要。通过精心设计的活动，可以促进孩子的认知发展、社交技能、情感交流和身体健康等多方面的能力提升。本方案旨在提供一系列切实可行的亲子活动经验分享，帮助家长与孩子共同创造有意义的成长体验。

（二）活动主题

做智慧家长，以亲子活动助力孩子多元成长。

（三）活动时间

3月中旬。

（四）活动地点

大沥镇中心小学阶梯室。

（五）活动对象

百米义工护畅队和积极报名参加活动的家长。

（六）活动内容

（1）活动签到。

（2）行政致辞。行政进行致辞，感谢百米义工护畅队的付出。

（3）经验分享，齐了解。①二（6）班学生黄梓霖的妈妈刘敏嫦女士以广东省博物馆为例，设计了一次亲子活动的详细流程。②四（7）班陈城睿的妈妈周敏仪女士以拓宽孩子视野，促进孩子开放性思维能力为切入点，分享了其设计的

多次亲子活动案例,阐述了设计亲子活动的方法和注意事项。③三(4)班王一涵的爸爸王家辉先生基于班级情况,以组织班级家长委员共同开展亲子活动为例,介绍了亲子活动的益处,分享了亲子活动的一些有效方法。

(4)自由交流,共探讨。家长自由交流,共同讨论亲子活动的形式、内容、注意事项等。

(5)讲师颁奖、行政总结。德育行政助理为三名家长讲师颁奖。德育行政助理进行活动总结。

(6)集合大合照。

(七)活动奖励

颁发优秀家长讲师奖状。

第十一章　集团经验

一、健康生活之快乐毽球

——邵边小学毽球校本课程构建与实施案例

（一）课程背景

邵边小学是一所有着近百年悠久历史的学校，体育特色项目建设小有名气。秉持着"绿色教育，幸福和美"的办学理念，培养德、智、体、美、劳全方面发展的社会主义接班人，我校开展多个"五育融合"课程，毽球就是其中之一。毽球运动具有灵敏性、观赏性、普及性等特点，适合小学生学习，丰富校园生活，促进身心健康发展。我校有18年的毽球发展历程，如今毽球运动已经渗透学生的校园生活中，课间操、第二课堂、课间十分钟等随处可见毽球运动的身影，体育运动氛围浓厚。毽球训练队的学生在参加镇、区、市乃至省级比赛中获得多项优异成绩，并逐渐形成毽球特色项目。

（二）课程理念

（1）全面贯彻党的教育方针，落实立德树人的根本任务，坚持"健康第一"的教育理念，以本校学生核心素养的发展为引领，重视德、智、体、美、劳五育与健康教育的融合，引导学生形成良好的生活方式，培养终身体育的意识。

（2）课程实施，面向全体学生，落实"教会、勤练、常赛"要求，注重"学、练、赛、评"一体化教学。坚持课内外有机结合，落实"校内锻炼一小时，校外锻炼一小时"。

（3）顺应新课标要求，注重教学方式改革，加强课程内容的整体设计，关注理论讲授、交流互动与实践应用相结合，保证基础、重视多样、关注融合、强调运用，促进学生核心素养的发展。

（4）重视综合性学习评价，邀请鼓励学生、其他科任老师、家长等参与到学生的评价中，为每一位学生创造公平的学习机会，并在原有的基础上得到更好的发展。

（三）课程目标

（1）通过毽球教学，掌握毽球运动的基本练习方法和技能，能科学正确地开展锻炼，并逐步养成爱运动的习惯，具有一定的毽球运动欣赏能力。

（2）借助毽球运动调节心理状态，增强自信心，并掌握有效提高身体素养、全面发展体能的知识和方法。

（3）培养勇敢、顽强、拼搏的进取精神和团队协作能力，积极参与体育活动，养成良好的体育品德，并转移到日常学习和生活中。

（四）课程内容

毽球课程的开设，将从体育课入手，从基本的动作教起，强化基本功，让所有学生会踢毽球，培养良好的运动品质。其中还穿插理论知识的拓展、竞技视频的欣赏等对智育与美育的培养。对学有余力的学生，进行竞技技术的训练，磨练意识，培养德育品质。课程内容的安排（见表11-1和图11-1）兼顾三个水平学生学情，从理论到基本功，再到竞技技术的学习，层层递进，在课程设计方面，我们特意安排了毽球游戏、二三人比赛等实践活动，并深入探讨了毽球的攻防战术，以提升学生的技能水平和战术理解。通过学、练、赛等形式，渐向娱乐毽球和竞技毽球方向发展，展示多元化的毽球运动，促进学生体育核心素养的发展。

表11-1 毽球校本课程内容一览

年级	课程内容	
水平一 （一、二年级）	毽球基本理论知识	1. 毽球运动的起源 2. 毽球运动的价值 3. 毽球运动的发展
水平二 （三、四年级）	毽球基本技术	1. 准备姿势与移动 2. 踢传球技术
水平三 （五、六年级）	毽球攻守技术与基本战术	1. 进攻技术 2. 防守技术 3. 进攻战术 4. 防守战术

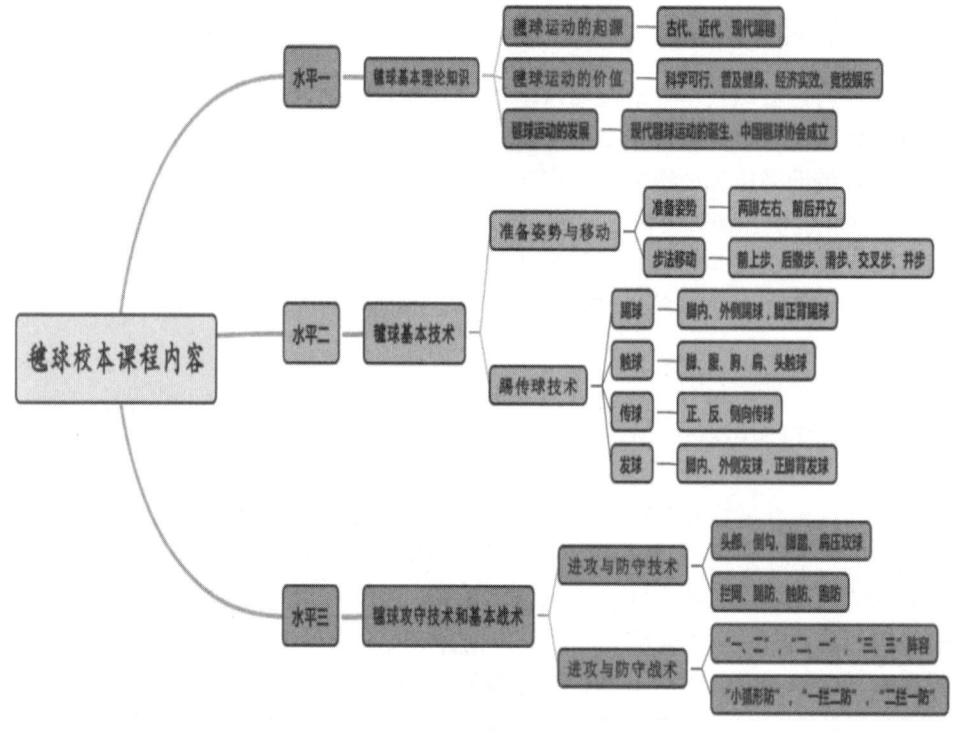

图 11-1　毽球校本课程结构

（五）课程实施

（1）课程内容面向全体学生。对不同年龄段的学生开展对应的内容教学：水平一以"情境激趣式"为主，打好入门基础关；水平二以"递进学习式"为主，分层次教学与分类指导，循序渐进地引导个人技术学习；水平三以"合作竞争式"为主，开展团队合作式攻关战术提升。

（2）特色课间操与课间活动。在大课间开展毽球操加 10 分钟自主练习，充分调动学生对毽球运动的热情。课间 10 分钟随处可见毽球运动的身影就是最好的证明。

（3）体艺节系列竞赛活动。为了给学生提供更多施展才能的舞台，我校对传统的体育竞技项目及运动会进行了全面改造，在体艺节中增加各种形式的毽球比赛，增设"三人赛"的新颖表演赛项目，充分激发学生的积极性，真正实现"全校毽球"的体育运动精神。

（4）成立毽球兴趣活动小组。既满足特长学生发展的需要，又能为各级体育竞赛做好准备，促进学生平衡协调能力和下肢力量的发展，形成学校的特色活动小组。

（六）课程评价

本课程制定了多种激励评价方式，如观察评价，通过教师、同学以及自我观察，让师生评价、生生评价以及自我评价自然发生，更好地认识自我，及时查漏补缺，共同进步；又如竞技展示，通过个人或团体的花样球技展示或者技术比赛等形式，激起学生的荣誉感，激发上进心；再如建立个人成长档案，记录学生毽球运动成长的点点滴滴，对学生进行系统综合评价；对回家仍坚持毽球运动的学生，给予口头激励性评价或适当的小奖励；最后开展等级评价，检验学生的毽球水平，激励体育品质的生成。通过这样的日常激励机制，全方位、立体化、实时性对学生进行鼓励、引导，促进毽球运动遍地开花。

（七）课程管理

（1）制度保障。建立健全校本课程保障制度，制订课程计划、实施方案、场地器材管理制度和课程评价方案等，让课程的开展变得有章可循。

（2）组织保障。成立毽球课程小组，以校长为组长，主管体育主任为副组长负责统筹安排，三位体育教师作为主要成员负责课程的开发与实施，明确分工、职责，保障毽球课程及相关活动的顺利开展。

（3）场室保障。落实好毽球课程专用场地、训练队专用场地以及课间操场地等安排。现阶段由于学校扩建工程的影响，场地受限，会定期定时向上级学校借用体育馆为训练队场地，保障毽球训练队的场地需求。

（4）经费保障。学校每年有一定的经费用于毽球教师的培训、购买硬件设备设施和各种毽球活动的开展，以提升教师的业务能力，丰富学生的课余活动，落实一人一毽子，保障毽球教学质量的稳步提升。

（八）课程成效

（1）形成较为完善的课程体系。包括课程纲要、课程内容（编有校本教材《绿色教育之体育特色项目课程》）、课程实施方案、评价方案等内容，促进我校毽球运动的可持续发展。

（2）让学生喜欢毽球运动，促进身心健康发展。每逢课间10分钟随处可见的毽球飞舞，比数量、互相传球对接比拼、攻守对垒PK等，爱运动的习惯自然养成，用运动氛围替换凌乱无序的追逐打闹，呈现竞技上的你追我赶，校园井然有序，运动氛围浓厚。

（3）打出名气，取得成绩。自建队以来，我校毽球队在各级别赛事中屡获佳绩。曾获得镇赛第一名10个，区赛第一名8个，市赛第一名5个，还曾获广东省毽球锦标赛少年组男子第二名、女子第六名的好成绩。打好基础，梯队发展，技术攻关，毽球课程小组将继往开来，努力争取更好的成绩，打出毽球特色项目的名气。

（九）课程反思

我校开展毽球课程以来，取得区级、市级乃至省级的优异成绩，离不开学校领导和各科老师的支持。然而，由于学校扩建工程的影响，体育运动场地严重受限，需要借场地训练，对队员的训练有一定的影响。还有，对毽球运动的理解还不够到位。下一步计划认真学习新课标的精神，积极开展课程研究和开发，提升毽球运动技术，促进毽球运动的生长式发展。同时，努力为毽球训练队争取更多的时间和资金投入，为训练队解决后顾之忧，使我校毽球队为大沥镇、南海区，乃至佛山市争取更多的荣誉！

在毽球课程的建设中，我校注重学生多元发展与人格塑造，促进学生德智体美劳全面发展，并努力形成学校的品牌效应。且思且行，我们坚信我校毽球课程定能生根发芽、开花结果。课程实践将具备成长机能，拥有持续发展的生命力。梦想无限，我们定不负韶华，助力学生走向更广阔的蓝天！

单位：佛山市南海区大沥镇邵边小学
执笔人：梁嘉怡、何国星、梁效淮、陈文祥、欧森艳

二、立足校本，多元发展

——生涯教育集团"五育融合"课程构建的规划设想

大沥镇沥城小学是一所在建新校，学校把生涯教育理念融入校园文化建设中，致力于打造精品校园，为师生创设"实践体验，主动发展"的空间，让每一位师生都获得更好的发展。在建期间，学校已成为佛山市南海区生涯教育集团首批成员校，立足学生实际，提前规划学校课程体系，把生涯教育课程与国家课程契合融通，构建具有校本特色的课程体系。

参加以大沥镇中心小学为核心校的生涯教育集团以来，我们开展了多次研讨交流活动，对生涯教育的理念、实施逐渐有了更多的认识和理解。生涯教育理念与新课标精神和"五育并举"的课程理念相融相通，与我们学校自身的办学思路殊途同归。因此，我们在新校建设阶段着重从校园文化建设与课程规划构想方面做了一些思考：

(一)理念引领内涵发展

1. 学校文化背景规划设想

我们思考学校的办学愿景是沉淀一种既能贯穿传统又富有时代气息的校园精神,这种精神能不断传承发展,内化为学生的人格,转化为学生的信念。经过与一些专家交流研讨,我们学校的办学思想初步拟为"砺成教育",取名为"沥城"的谐音。"砺"的本义是磨刀石,"砺成"寓意人必须经历打磨锻炼才能成长,才能有所成就。这种"砺成"精神不会因时代的变化而改变,可以说是永不过时的。在"砺成"精神的引领下,我们采用成长型思维模式进行人的培养,勉励师生用乐观积极的态度去迎接各种挑战,解决各种问题,从而掌握新技能,把人带向越来越高的自我实现水平,形成不断学习、提高和超越的良性循环。学校里的主体是学生和教师,我们不仅关注学生的发展,更要关注教师的发展,而师生的发展是一个动态的过程,因此,我们拟定的办学理念是"让每一位师生都获得更好的发展"。让学生的学业有计划,教师的职业有规划,这与生涯教育培养人的方向是高度一致的。

2. 校园文化环境建设构想

学校把生涯教育理念融入学校文化建设中,通过整体布局,设计多功能的综合实践活动教室、新颖的劳动实践种植基地、动静相宜的信息化宣传栏、阳光活泼的校园网红打卡点等,致力于打造环境幽雅、富有时代气息的精品校园,着重为师生创设"实践体验,主动发展"的空间,让每一位师生都获得更好的发展。

(二)课程促进多元发展

1. 挖掘小学生涯教育的内涵

通过多方面的学习了解,我们找到小学生涯教育的核心理念,即以小学生的终身发展为目标,让小学生学会认识自己的个性特征、兴趣爱好,提高小学生对生命价值、生活意义的理解和对自身发展潜力与未来人生道路的关注,帮助小学生把所学的知识与理想追求建立联系,初步学会规划未来与人生发展的方向。总的来讲就是为学生以后的职业生涯做好铺垫。集团核心校大沥镇中心小学更细化精准定位为帮助学生更好地认识自我,认识世界,联结未来,为成为全面发展的社会主义建设者和接班人做准备。通过丰富的主题活动引导学生对自己的未来进行规划和设计,将自己的理想、憧憬与学校的学习相结合,使学生的学习更主动有效。

基于以上的认识和理解,我们找到本校与核心校生涯教育课程的契合点,以集团课程为底色契合融通,计划把学校开展生涯教育着力点放在培养学生掌控生涯的核心能力上,即内驱力、学习力和执行力的培养和持续发展。

2. 以校本特色为基调构建"砺成教育"课程体系

学校根据《义务教育课程标准（2022版）》及"双减"政策的指导精神，科学规划课程，把落实立德树人的根本任务，五育并举，发展学生核心素养融汇到课程体系当中。结合"让每一位师生都获得更好的发展"的办学理念，夯实国家基础课程，适度开发拓展课程，初步构建"砺成教育"课程体系（如图11-2所示）。

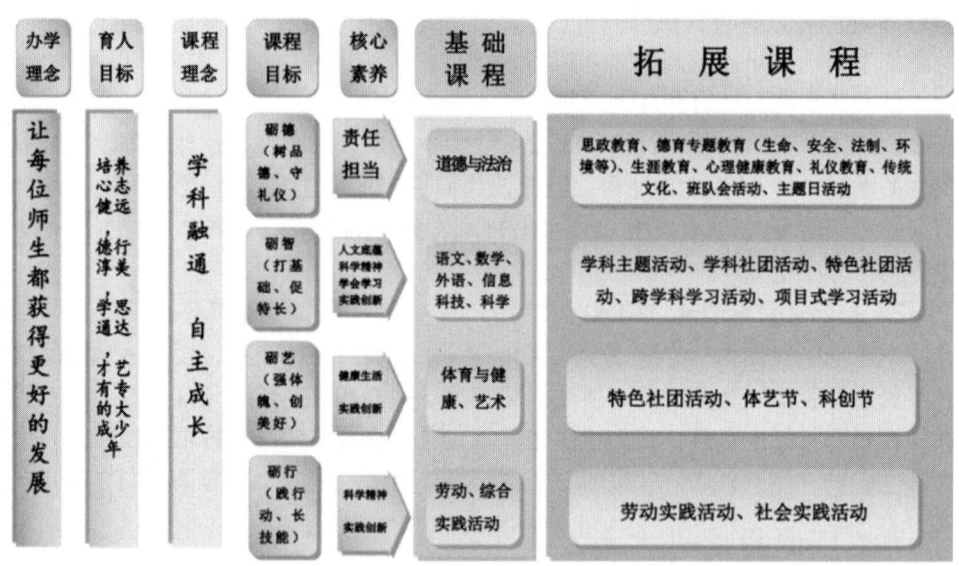

图11-2 "砺成教育"课程体系

3. 以养成教育为契合点构建"生涯教育"课程体系

生涯教育集团课程是以"让每一个孩子都出彩"为理念，以"培养有梦想、有本领、有责任的出彩少年"为目标，以"认识自我、探索生涯、适应生涯"为内容，指导孩子们认识自我，探索自我，适应目前学业、生活及未来生活和工作，发挥优势，树立梦想。

在与核心校的课程目标保持一致的基础上，依据课程内容和课程实施既有共性又有个性的原则，紧扣我们学校的办学理念，以"培养有梦想、有本领、有责任的大成少年"为目标，以养成教育为契合点，初步构建了"生涯教育"课程体系（如图11-3所示），让生涯教育的特色发展推动学校的整体发展。

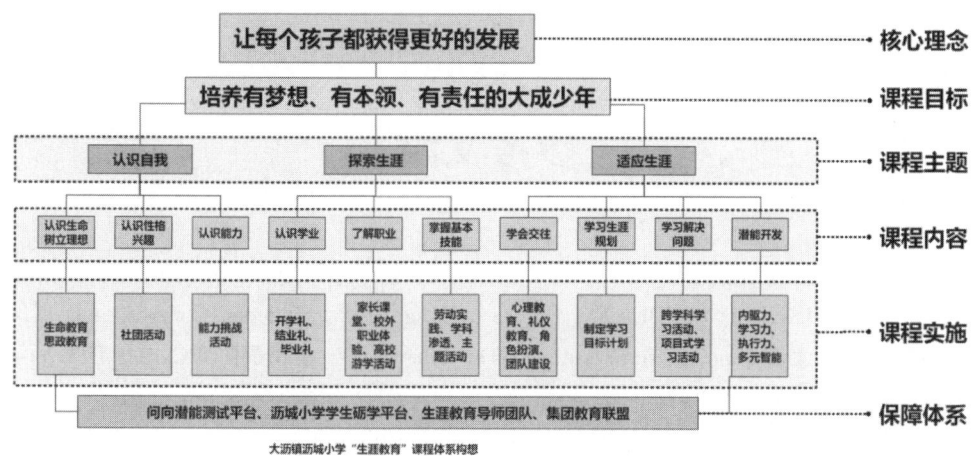

图11-3 沥城小学"生涯教育"课程体系

以上是我们学校生涯教育"五育融合"课程构建的初步规划设想，在学校开办后，还要继续深入领会集团核心课程体系的精髓，还需完善课程设置的系统性、逻辑性、可操作性，实施过程中不断调整和优化，争取做出有"砺成"特色的生涯教育课程系列。

单位：佛山市南海区大沥镇沥城小学

执笔人：李妙卿、魏冬生、黄宝仪

参考文献

[1] KRISTIN D L, DENNIS D. Examining Urban Students' Constructions of a STEM/Career Development Intervention Over Time [J]. Journal of Career Development, 2013 (1): 41-42.

[2] 胡琳娜. 生涯教育理念与小学语文教学融合分析 [J]. 江西教育, 2017 (12): 46.

[3] J. L. 库克, G. 库克. 儿童发展心理学 [M]. 和静, 张益菲, 译. 北京: 中信出版集团, 2020.

[4] 刘硕. 没有考试, 如何评估教与学? [J]. 上海教育, 2019 (17): 12-14.

[5] 刘芳菲, 汪霄霜, 宋琴, 等. 构建阳光体育校本课程体系 夯实学生体质健康基石: 以成都市双眼井小学为例 [C]. 人之为人的生长过程: 校长教育思想的凝练与践履会议, 2022.

[6] 上海市教育委员会. 上海市教育委员会关于加强中小学生涯教育的指导意见 [EB/OL]. (2020-09-02). https://www.shqp.gov.cn/shqp/zwgk/zxgk/20200902/792407.html.

[7] 沈之菲. 生涯心理辅导 [M]. 上海: 上海教育出版社, 2000.

[8] 苏红. 全面看待增值评价对基础教育的影响: 以美国为例 [J]. 人民教育, 2021 (21): 75-78.

[9] 习近平. 在中国少年先锋队第七次全国代表大会上的致词 [EB/OL]. (2015-06-03). https://zqb.cyol.com/html/2015-06/03/nw.D110000zgqnb_20150603_2-02.htm.

[10] 习近平. 高举中国特色社会主义伟大旗帜 为全面建设社会主义现代化国家而团结奋斗: 在中国共产党第二十次全国代表大会上的报告 [EB/OL]. (2022-10-25). https://www.gov.cn/xinwen/2022-10/25/content_5721685.htm.

[11] 中共中央、国务院. 国家中长期教育改革和发展规划纲要 (2010-2020年) [EB/OL]. (2010-07-29). https://www.gov.cn/jrzg/2010-07/29/content_1667143.htm.

[12] 中共中央办公厅 国务院办公厅. 关于深化教育体制机制改革的意见 [EB/OL]. (2017-09-24). https://www.gov.cn/xinwen/2017-09/24/content_

5227267.htm.

［13］中华人民共和国教育部. 义务教育体育课程标准（2022年版）［M］. 北京：北京师范大学出版社，2022.

［14］朱凌云，等. 中小学生涯教育理论与方法［M］. 北京：北京师范大学出版社，2015.